U0516089

权威·前沿·原创

皮书系列为
"十二五""十三五"国家重点图书出版规划项目

BLUE BOOK

智 库 成 果 出 版 与 传 播 平 台

创意上海蓝皮书
BLUE BOOK OF CREATIVE SHANGHAI

上海文化创意产业发展报告
（2020~2021）

REPORT ON CULTURAL AND CREATIVE INDUSTRIES
OF SHANGHAI (2020-2021)

主　编／王慧敏　王兴全　曹祎遐

社会科学文献出版社
SOCIAL SCIENCES ACADEMIC PRESS (CHINA)

图书在版编目（CIP）数据

上海文化创意产业发展报告.2020－2021/王慧敏，
王兴全，曹祎遐主编.－－北京：社会科学文献出版社，
2021.10
　（创意上海蓝皮书）
　ISBN 978－7－5201－9123－4

　Ⅰ.①上…　Ⅱ.①王…　②王…　③曹…　Ⅲ.①文化产
业－产业发展－研究报告－上海－2020－2021　Ⅳ.
①G127.51

中国版本图书馆 CIP 数据核字（2021）第 200368 号

创意上海蓝皮书
上海文化创意产业发展报告（2020~2021）

主　　编／王慧敏　王兴全　曹祎遐

出 版 人／王利民
责任编辑／恽　薇　孔庆梅
文稿编辑／刘　燕　王　倩　刘珊珊
责任印制／王京美

出　　版／社会科学文献出版社·经济与管理分社（010）59367226
　　　　　地址：北京市北三环中路甲29号院华龙大厦　邮编：100029
　　　　　网址：www.ssap.com.cn
发　　行／市场营销中心（010）59367081　59367083
印　　装／天津千鹤文化传播有限公司

规　　格／开　本：787mm×1092mm　1/16
　　　　　印　张：19.75　字　数：296千字
版　　次／2021年10月第1版　2021年10月第1次印刷
书　　号／ISBN 978－7－5201－9123－4
定　　价／128.00元

本书如有印装质量问题，请与读者服务中心（010－59367028）联系

▲▲ 版权所有 翻印必究

"创意上海蓝皮书"编委会

名誉主任 厉无畏

主　任 干春晖　黄兆强　强　荧

副 主 任 王慧敏

委　员（按姓氏笔画排列）

于秋阳　万　勇　王兴全　王如忠　刘　亮

孙　立　孙　洁　李　伟　李　湛　李小年

张剑波　陈则明　郑　琦　徐炳胜　曹永琴

曹祎遐　梁新华　蒋莉莉　蒋媛媛　靖学青

樊福卓

主要编撰者简介

王慧敏 博士，上海社会科学院创意产业研究中心执行主任，上海社会科学院应用经济研究所文化创意产业研究室主任，研究员，博士生导师，先后担任上海社会科学院文化创意产业特色学科负责人、上海市社会科学创新研究基地首席专家，长期从事文化创意产业、旅游产业研究。在《中国工业经济》《社会科学》等刊物发表相关论文 30 多篇，主持相关产业规划和决策咨询课题 20 多项，研究成果获上海市政府决策咨询奖。

王兴全 博士，上海社会科学院创意产业研究中心副主任，上海社会科学院信息研究所科技创新研究室主任，副研究员。主要研究领域包括文化创意产业、互联网内容产业、文化创意产业园区。独立出版决策研究专著 1 部、文创园区专著 1 部，合作主编文化创意和网络经济类专著 5 部，在《中国软科学》《社会科学》《文汇学人》等刊物发表学术论文和报刊论文 30 余篇。

曹祎遐 复旦大学管理学博士，上海社会科学院应用经济研究所副研究员、文化创意产业研究室副主任，上海社会科学院创新工程（第二轮）新文创理论与应用创新团队首席专家。主要研究领域为文化创意产业、创业与创新管理。现已出版专著 7 部，曾主持国家社会科学基金项目等 20 多项国家级、省部级及政府决策咨询课题，公开发表国内外学术论文 100 余篇。先后获得上海市哲学社会科学优秀成果奖二等奖、上海市"晨光学者"等荣誉奖项。

摘　要

2021年6月，文化和旅游部印发《"十四五"文化和旅游发展规划》。其中关于文化产业的部分，有三个重点值得结合上海的情况加以研究。第一，文化产业发展要坚持正确的导向，在守正的基础上积极创新。第二，加强区域间、城乡间文化产业的协调发展。第三，推动文化和科技深度融合，增强新时代我国文化产业的全球竞争力和影响力。

在此背景之下，我们完成了《上海文化创意产业发展报告（2020～2021)》，重点聚焦区域协调发展问题，即长三角一体化之下的文化创意产业融合发展。本书基于上海社会科学院创意产业研究中心课题组2020～2021年所进行的一系列课题研究，是全面而深入的研究论证和学理分析。总报告对两年来上海文化创意产业的发展进行了全面回顾与总结。这两年是上海"十四五"规划的谋篇开局之年，上海文化创意产业克服了新冠肺炎疫情的不利影响，实现了稳定增长，结构持续优化，特别是在数字文化创意产业领域，成绩斐然。但应该看到的是，上海传统文化创意产业仍面临数字化转型的难题，具有全国和全球影响力的文化创意精品还不多。这些问题将在产业集群不断升级、国际化程度不断提高、精品化意识不断加强的高质量发展中持续得到改善。

本书在专题篇中主要研究了上海的时尚创意产业、乡村创客、电影消费和城市文化空间四个领域，并在比较篇中集中研究了长三角文化创意产业的概况，6篇报告分别研究了长三角地区的会展产业、民宿业态、品牌发展、非遗特征、高铁旅游、文旅小镇。这些研究多数基于长三角地区文化旅游、

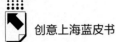

文化消费、文化遗产、文化品牌的鲜活案例，展示了长三角经济一体化和文化一体化的交集。从这些研究中我们可以看到，长三角作为文化、商业、旅游深度融合的区域平台，为文化创新提供了巨大的市场空间，为区域融合提供了富有活力的发展主题，为科技与文化深度融合提供了成熟的产业链支持。此外，借鉴篇的2篇报告分别考察了英国Watershed公司的文化创意发展情况，以及如何通过旅游IP重构休闲度假模式。

上海正处社会主义国际文化大都市建设的关键时期，文化创意产业在其间的作用日益显著。相信本书有助于进一步启发如何利用文化创意产业发扬城市精神和推动区域发展，为上海文化创意产业的理论和实践发展提供有价值的参照和启示。

关键词： 文化创意产业　文化旅游　文化消费　长三角

目 录

Ⅰ 总报告

Ⅱ 专题篇

Ⅲ 比较篇

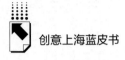

Ⅳ 借鉴篇

Ⅴ 附录

皮书数据库阅读 **使用指南**

总 报 告

General Reports

B.1
文化创意产业发展的全球视野
与上海"十四五"策略

王慧敏 王兴全*

摘　要：　从1998年英国政府提出"创意产业"起,全球文化创意产业发展
浪潮已历20余年,文化创意产业已经成为衡量国家和城市竞争力
的重要维度。本报告回顾总结了2013年以来全球的文化创意产业
版图,对全球国际文化大都市进行了对标研究,在此基础上分析
了"十四五"时期上海文化创意产业领域具备的优势和面临的挑
战,提出了以"集群化"构建高标识度的文化创意产业增长极、
以"融合化"协同提升文化创意产业链的现代化水平、以"生态
化"厚植上海城市的创意资本的战略思路。

* 王慧敏,博士,上海社会科学院创意产业研究中心执行主任,上海社会科学院应用经济研究
所文化创意产业研究室主任,研究员,博士生导师,研究方向为文化创意产业和旅游产业;
王兴全,博士,上海社会科学院创意产业研究中心副主任,上海社会科学院信息研究所科技
创新研究室主任,副研究员,研究方向为文化创意产业、互联网内容产业、文化创意产业
园区。

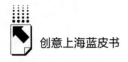

关键词:　文化创意产业　国际文化大都市　上海

以 1998 年英国政府提出"创意产业"概念和政策为标志,全球文化创意产业(CCI)历经 20 多年的动态演进,已经成为衡量一个国家和城市国际竞争力的重要维度,以创意产业、创意经济、文化产业、文化经济、版权产业、内容产业等为主体的文化创意行业和部门,逐渐走到了全球社会、经济、文化发展的舞台中心,发挥了促进经济增长、扩大就业、繁荣文化、创新社会等多重功能作用。作为推动全球持续发展的创新引擎、吸引人才的魅力平台、追逐盈利的投资热点、集聚高端要素的区域品牌,文化创意产业在世界各地备受推崇,而数字化、网络化、智能化浪潮的涌动和席卷,为新时代的文化创意产业打开了巨大的发展空间,勾画出令人向往的、更美好的文化创意未来图景。

一　全球文化创意产业版图

基于文化创意的广泛外延和丰富内涵,全球版图中的文化创意产业呈现立体、多维、动态的发展格局,文化、科技、服务三个维度构成其全景发展动态,联合国教科文组织、世界知识产权组织、联合国贸发会议发布的权威报告分别对此进行了研究。

(一)文化发展维度的创意图景

1. 联合国将文化创意产业定义为全球可持续发展的核心推动力量

以"文化多样性"及其可持续发展为聚焦点,围绕 2005 年出台的《保护和促进文化表现形式多样性公约》(以下简称《公约》)和 2015 年出台的《变革我们的世界:2030 年可持续发展议程》(以下简称《议程》),联合国积极倡导和推进全球文化创意产业发展,多年来连续发布了《衡量文化产业的经济贡献》(*Measuring the Economic Contribution of Cultural Industries*:*A*

Review and Assessment of Current Methodological Approaches，2012）、《创意经济报告》（*Creative Economy Report*，2008，2010，2013）、《文化时代：第一张文化创意产业全球地图》（*Culture Time: The First Global Map of Cultural and Creative Industries*，2015）、《重塑文化政策：为发展而推动文化多样性的十年》（*Reshaping Cultural Policies: A Decade Promoting the Diversity of Cultural Expressions for Development*，2015）和《重塑文化政策：为发展升级创意》（*Reshaping Cultural Policies: Advancing Creativity for Development*，2017）等具有广泛国际影响力的报告，在《公约》框架下系统阐述了文化创意产业在全球发展中的重要意义和地位，不仅为全球推动 CCI 提供了详细的统计分类方法和准则，还对全球 CCI 发展的基本格局和动态进行了深入研究分析，并提出了基于《议程》的全球 CCI 可持续发展路径。联合国教科文组织认为，CCI 作为经济社会发展的重要驱动力，有助于振兴国民经济，呈现异彩纷呈且生机勃勃的经济和文化交流，并从中孕育创新，但其积极意义不仅于此，由此产生的成果还有助于改善社会整体福利，提升个人自尊和生活质量，促进对话和增强凝聚力，推动全球迈向"鼓励创新、寻求公平、包容性和可持续性发展的新型发展道路"[1]，也正因如此，"文化"、"创意"和"文化多样性"第一次被写进了《议程》，CCI 也被提升到全球战略层面。

2. 文化创意产业是全球经济发展的重要驱动力

以《议程》的开启为标志，当前全球已经进入"文化时代"（Cultural Times），与文化和艺术有关的社会经济价值受到了全球性的广泛关注和认可。20 世纪 90 年代末期发端于发达国家，以知识为主要输出品的文化创意产业，如今已经成为发达国家和发展中国家共同的发展机遇，是全球发展最快的产业之一。文化创意产业驱动全球经济发展体现在两个方面。

一是 CCI 创造了可观的经济收入和就业机会，成为全球经济增长的重要来源。据《文化时代：第一张文化创意产业全球地图》报告，2013 年 CCI 在全球

---

[1] UNESCO & UNDP, *Creative Economy Report 2013（Special Edition-Widening Local Development Pathways）*, 2015.

创造了 2250 亿美元①的收入，占全球 GDP 的 3%，全球 CCI 收入超过全球电信
服务收入（1570 亿美元），并超过印度的 GDP（1900 亿美元）。在总收入中，收
入居前 3 位的行业分别是电视（477 亿美元）、视觉艺术（391 亿美元）以及报
纸和杂志（354 亿美元）。CCI 拥有 2950 万个工作岗位，雇用了全球 1% 的活跃
人口，超过欧洲、美国、日本三地汽车产业工作岗位数之和（2500 万个），超过
纽约、伦敦、巴黎三地就业人口的总和，排名前 3 位的行业分别是视觉艺术
（673.20 万人）、图书（367 万人）和音乐（397.90 万人）（见表 1）。

表 1　2013 年全球文化创意产业 11 个门类*收入、就业人数与发展趋势

单位：亿美元，万人

产业门类	收入	就业人数	发展趋势
电视	477	352.70	行业领导者——收入:北美(38%);就业:亚洲(55%) • 电视是最赚钱的行业,未来将继续保持,预计 2013~2018 年全球广播和有线电视市场将增长 24.3%; • 在新兴国家,地面数字电视和付费电视订阅蓬勃发展,例如 2012~2013 年拉丁美洲的卫星电视订阅数量增长了 15%; • 在成熟国家,网络电视和数字电视内容越来越受欢迎,新的付费电视业务模式正在兴起
视觉艺术	391	673.20	行业领导者——收入:亚洲(49%);就业:亚洲(49%) • 视觉艺术包括各种活动,就业人数居全球 CCI 首位; • 全球艺术品市场兴旺,2014 年艺术品市场总价值超过 510 亿欧元,同比增长 7%,达历史最高水平。按销售价值,全球艺术品市场的主导者分别为美国(39%)、中国(22%)和英国(22%); • 博物馆大量涌现,尤其在新兴国家,为消费者创造新体验,为美术创作开辟新途径
报纸和杂志	354	286.50	行业领导者——收入:亚洲(40%);就业:亚洲(57%) • 在成熟国家,该行业正在经历结构性下降,向数字化转型,例如《纽约时报》报道 2014 年 9 月工作日的印刷发行量平均不到 650000 份,但 2015 年 1 月其网站和 App 相关应用吸引了近 5400 万名独立访问者。但是,数字收入无法弥补纸质印刷品的损失; • 在新兴国家,印刷报纸正在蓬勃发展,2019 年中国和印度平均每日单位印刷惊人,合计占全球发行量的比重从 2014 年的 49.7% 上升至 2019 年的 57.3%; • 受商业杂志收入增长 1.5% 驱动,2019 年前全球杂志总收入将保持上升趋势

---

① 表 1 中 CCI 总收入为 2285 亿美元,存在行业间的重复统计,2250 亿美元为剔除重复部分后的实际收入。

续表

产业门类	收入	就业人数	发展趋势
广告	285	195.30	行业领导者——收入:欧盟(50%);就业:欧盟(50%) ●广告尤其重要,支撑其他 CCI(报纸和杂志、广播、电视等)的收入,2010~2019 年全球广告收入将增加 3 亿美元; ●广告正在从印刷广告转向数字化广告。移动互联网广告收入快速增长(23.1%),2019 年数字广告将成为最大的广告细分市场; ●在新兴国家,广告业普遍蓬勃发展,例如拉丁美洲广告业的就业人数与北美相同。预计新兴市场将在 2012~2015 年贡献 62% 的额外广告收入,其在全球市场中的份额将提高到 37%
建筑	222	166.80	行业领导者——收入:亚洲(53%);就业:欧盟(39%) ●在新兴国家,对建筑的需求正在上升。中国、印度和巴西的建筑服务增长潜力最大; ●在人口激增的推动下,自 2010 年中国一直保持世界上最大建筑市场的地位。2020 年亚太地区的建筑市场价值预计达 4.6 万亿美元,位居全球之首; ●尽管新兴国家需求旺盛,但全球三大建筑公司都在北美地区:Aecom(美国)、Gensler(美国)和 IB Group(加拿大),西方国家建筑业继续引领市场
图书	143	367.00	行业领导者——收入:欧盟(37%);就业:亚洲(46%) ●印刷品越发精良,2015 年印刷品将占全球图书销售的 80%,发展中国家甚至更高; ●全球图书总收入将从 2014 年的 120 亿美元增至 2019 年的 128 亿美元。主要增长来源于印度,2014 年印度跃居全球第十大图书市场,推动世界图书总收入增长; ●2014~2019 年,全球教育类图书收入将增长 2%,超过消费类图书收入 0.8% 和专业类图书收入 1.6% 的增长
表演艺术	127	353.80	行业领导者——收入:美国(49%);就业:亚洲(38%) ●表演艺术市场仍由西方国家主导,主要是美国和欧洲; ●全球票房在增长,尤其是随着一些新兴国家表演艺术票房的市场化;在非洲等地,非正规经济仍然主导表演艺术业的发展; ●节日对全球文化旅游来说是越来越重要的资产
游戏	99	60.50	行业领导者——收入:亚洲(47%);就业:亚洲(42%) ●2018 年在线和移动视频游戏将占消费类游戏市场的 86%; ●新型独立开发人员的出现正在更新视频游戏产业; ●随着连接性设备性能提升和广泛应用,云游戏将越来越受到市场青睐

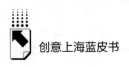

续表

产业门类	收入	就业人数	发展趋势
电影	77	24.84	行业领导者——收入:美国(37%);就业:欧盟、亚洲(31%) ● 2013年全球票房增长了1%,主要由亚洲(12%)推动;2014年全球电影屏幕的数量增长了6%; ● 西方国家与新兴国家之间的竞争正在加剧。2014~2019年电影娱乐收入将出现特别强劲的增长,中国为14.5%,巴西为6%,阿根廷为11%。作为全球电影市场霸主的美国,2014年占据了33%的份额,其增长也将达到5%,高于全球平均水平; ● 新的数字发行模式正在全球范围内出现,例如美国的Netflix和非洲的iROKOtv.com
音乐	65	397.90	行业领导者——收入:美国(36%);就业:亚洲(33%) ● 音乐是全球CCI第二大就业门类,也是年轻人预算的大头,2015年北美地区千禧一代的音乐消费预算为125美元/人; ● 全球现场音乐蓬勃发展,北美地区80%的千禧一代将参加2015年现场直播; ● 音乐已成为数字和移动音乐(流媒体、下载等)。2014年,全球数字录音音乐总数超过传统录音,2015年消费者在数字格式和服务上的支出将超过实体市场。由此引发了数字收入货币化的问题,以及对盗版和非法销售的控制
广播	46	50.20	行业领导者——收入:美国(45%);就业:亚洲(35%) ● 在全球流行的媒体中,广播将继续存在。广播广告收入将其在全球无线电总收入中的份额从2014年的75.3%扩大到2019年的75.8%; ● 美国以总收入的46%引领全球广播市场; ● 在新兴国家,社区广播等非传统模式蓬勃发展,尤其是在非洲,例如,在南非大约有240个社区电台运营。由当地人和社区主导的小型企业,它们有助于发展文化多样性,广播新闻,传播音乐并产生内容

 * 文化创意产业包括11个门类。1. 广告:代理商。2. 音乐:录音和音乐出版行业、现场音乐。3. 广播:电台广播活动。4. 建筑:建筑公司。5. 电影:电影的制作、后期制作和发行。6. 电视:电视节目制作、制作和广播(包括有线和卫星)。7. 图书:物理和数字图书销售(包括科学、技术和医学书籍)。8. 报纸和杂志:报纸和杂志出版业(B2C和B2B、新闻社)。9. 视觉艺术:视觉艺术创作、博物馆、摄影和设计活动。10. 游戏:视频游戏发行商、开发商和零售商、设备销售。11. 表演艺术:舞蹈、戏剧、现场音乐、歌剧、芭蕾舞等。

 说明:表中部分数据不一致,原文如此。

 资料来源:CISAC, *Cultural Times*: *The First Global Map of Cultural and Creative Industries*, 2015。

二是全球 CCI 呈多极化态势，为发展中经济体与发达经济体创造共同的机遇。"文化创意产业不是一条孤零零的高速公路，而是在发展中国家的城市和地区各具地方特色的多重发展轨道"，"使发展中国家绕过工业增长的中间步骤，从农业经济向含有拥有大量信息技术和信息技术驱动型部门的服务型经济的蛙跳式过渡成为一种可能"。① 据联合国贸发会议 2013 年 5 月公布的数据，发展中国家创意商品的出口增长势头更为强劲，2002～2011 年全球创意商品和服务贸易增长了 1 倍多，全球年均增长率为 8.8%，发展中国家同期年均增长率则达到了 12.2%。通过对亚太、欧洲、北美、拉丁美洲、非洲和中东五大地区的 11 个文化创意产业门类的综合分析发现，CCI 在五大地区都呈现增长态势。从市场收入来看，亚太地区领先全球，收入为 743 亿美元，占全球 CCI 市场收入的 33%，为 1270 万人提供工作岗位，占全球 CCI 就业人数的 43%；欧洲和北美是 CCI 的第二和第三大市场，拉丁美洲和非洲（包括中东）分别排名第四和第五（见表 2）。

表 2　2013 年全球五大地区文化创意产业收入与就业情况

单位：亿美元，百万人

地区	收入	收入居前三的行业	就业人数	就业居前三的行业
亚太	743	视觉艺术 报纸和杂志 电视	12.7	视觉艺术 电视 图书
欧洲	709	广告 电视 视觉艺术	7.7	音乐 表演艺术 广告
北美	620	电视 视觉艺术 报纸和杂志	4.7	视觉艺术 音乐 图书

① UNESCO & UNDP, *Creative Economy Report 2013（Special Edition-Widening Local Development Pathways）*, 2015.

续表

地区	收入	收入居前三的行业	就业人数	就业居前三的行业
拉丁美洲	124	电视 广告 图书	1.9	视觉艺术 建筑 图书
非洲和中东	58	电视 视觉艺术 报纸和杂志	2.4	电影 音乐 电视

资料来源：CISAC，*Cultural Times：The First Global Map of Cultural and Creative Industries*。

3. 城市是全球 CCI 的集聚地和领跑者

据联合国数据，当今有 37 亿人（占世界人口的 54%）居住在城市，到 2030 年，估计城市居民人数将超过 50 亿，城市作为 CCI 的发源地、集聚地和领跑者，在全球 CCI 版图中具有风向标作用。联合国教科文组织总干事阿祖莱指出，"城市的发展将定义人类社会的未来"，综观全球各地的城市发展战略，文化和创意产业已经超越单一的经济层面，成为解决当代城市经济、社会、环境等方面问题的创新战略杠杆。联合国教科文组织于 2004 年成立了全球创意城市网络（The UNESCO Creative Cities Network，UCCN），以文化对话为纽带，为全球城市搭建了一个分享最佳实践经验和建立合作伙伴关系的国际平台，形成全球文化创意发展共识与共同体，并赋能城市应对全球面临的各种挑战，从而推动网络成员更具创造力和发展韧性，实现可持续发展的愿景。UCCN 有三个方面的发展特征。

一是致力于构建全球文化多样性生态圈。UCCN 文化主题广泛，涵盖七大文化领域，包括设计、文学、手工艺与民间艺术、音乐、电影、媒体艺术、美食，承诺将文化创意作为城市核心战略的城市，按照联合国教科文组织的要求可以提出申请加入 UCCN，截至 2020 年 10 月，全球有 251 个城市加入该网络，其中中国有 14 个城市（见表 3）。这些城市来自不同的国家和地区，从发达国家到发展中国家，从大城市到中小城镇，从历史文化名城到新兴城市，充分体现了全球人类文化表达的多样性生态，也充分展示了文化创造在全球城市未来发展中的重要意义。

表3 2020年联合国"创意城市网络"七大主题全球城市数及中国城市一览

单位：个

主题	全球城市总数	中国城市数	中国城市名称及加入时间
设计	43	4	深圳（2008年）
			上海（2010年）
			北京（2012年）
			武汉（2017年）
文学	39	1	南京（2019年）
手工艺与民间艺术	49	3	杭州（2012年）
			景德镇（2014年）
			苏州（2014年）
音乐	49	0	
电影	18	1	青岛（2017年）
媒体艺术	17	1	长沙（2017年）
美食	36	4	成都（2010年）
			顺德（2014年）
			澳门（2017年）
			扬州（2019年）
总数	251	14	

资料来源：https：//en. unesco. org/creative－cities/。

二是强调将文化的创意、创新、创造"三创"系统性融入城市可持续发展。在《议程》框架下，"文化是所有人的共同利益，创造力是构建更具包容性的增长模式，促进环境适应和经济转型的至关重要的力量"已经形成全球共识，在此基础上，UNESCO通过制定标准和采取行动，为展示创造力在城市可持续发展中的重要作用，协助国家和地方当局以及在国际上倡导这一愿景铺平了道路，并提出UCCN的主要发展目标之一是"充当思想和创新经验的实验室"。[①] 近年来，UCCN把创造力作为创意城市的共同标准，

---

① UNESCO, *Creative Cities Programme for Sustainable Development*, 2018.

积极倡导创意、创新、创造的"三创"理念，探索利用文化创造力的全部潜力系统解决城市化进程中面临的一系列挑战，2019 年开启了"2030 文化实验室"计划，将文化创造力置于"为全球关注问题设计创新解决方案的最前沿"，并发布了《城市的声音：迈向 2030 年可持续发展议程的创意城市》，提出用文化创意寻求创新解决方案来应对现代世界的经济、社会和环境挑战，"创造明天的城市"，重点关注"可持续增长与创业、知识和技能、包容平等与对话、城市更新、生态转型与复原力、社会创新与公民身份"等 6 个方面的共性问题，[1] 旨在用创造力激发公民意识和社会创新，并建立更加开放和具有凝聚力的社会，推动城市可持续发展。

三是应对新冠肺炎疫情，推动全球性文化创意方案。加入 UCCN 的城市有两个共同的发展理念，一是将创造力视为其可持续发展的战略因素，二是使创造力成为城市发展的重要组成部分。这样的发展理念推动了 UCCN 城市在 2020 年疫情发生后携手合作，共同抗疫，彼此分享经验。在 2020 年 9 月主题为"创意激活城市·科技创造未来"的 UCCN 北京峰会上，来自全球 16 个国家和地区的 UCCN 成员以"文化、创新、技术"为主题发表了对未来城市更具韧性和可持续发展的新洞见，用中、英、法 3 个语言版本发布了《联合国教科文组织创意城市应对新冠肺炎疫情案例集》，汇集了全球 44 个国家 90 多个城市提交的 70 个抗疫创新案例，包括"意大利阳台音乐会"等经典文创抗疫活动，提供了用文化创意展示人性魅力，缔造城市韧性，激发创造力的抗疫新方案。通过交流和探讨疫情防控常态化下城市可持续发展的新思想和新方法，进一步强化了基于"创造性的城市治理愿景"的国际合作，以及 UCCN 作为全球城市团结、合作与创新的战略平台和实验空间之独特功能。

（二）科技创新维度的创意图景

1. 技术对全球 CCI 的贡献度增强

创意产业可以分为"文化类创意产业"和"科技类创意产业"两

---

[1]　UNESCO, *Voices of the City*：*UNESCO Creative Cities Moving towards the 2030 Agenda for Sustainable Development*, 2019.

个部分。① 当前，数字化、网络化、智能化正深刻改变着现代文化生产方式，随着以大数据、5G、人工智能、云计算、扩展现实、物联网、全息技术、区块链、量子信息为代表的新一代科技革命迅猛发展，全球文化与科技呈现"你中有我，我中有你"的深度融合态势，不仅推动"科技类创意产业"迎来新一轮增长，也形成文化科技一体化发展的新格局。

一是知识产权（IP）成为CCI的核心资产和价值源泉。根据世界知识产权组织的定义，知识产权是指思想的创造，例如发明、文学艺术作品、设计，以及用于商业的符号、名称和图像。知识产权受到专利、版权和商标等法律的保护，使人们能够从他们的发明或创造中获得认可或经济利益。当前，以设计、商标、专利、版权等技术类知识产权为核心的高科技文化新产品、新业态和新模式不断涌现，成为全球CCI的新动力和价值来源，世界知识产权组织2017年的研究表明，品牌、设计及技术专利等创意性无形资本创造的价值占全球销售制成品总值的近1/3，在全球产品价值链中有"非凡的贡献"。发达的知识产权使美国长期雄霸世界文化创意产业的核心，美国重视保护知识产权，并从中创造可观的经济价值。美国国际知识产权联盟（International Intellectual Property Alliance，IIPA）从1990年开始推动版权产业，从增加值、就业和出口等方面研究版权对美国的经济贡献和国际影响力。2004年，该组织采用世界知识产业组织的标准，将美国版权产业重新界定为包括核心版权产业、交叉版权产业、部分版权产业和边缘版权产业在内的四类版权产业群，② 并进行统计分

① John Howkins, *The Creative Economy*: *How People Make Money from Ideas*（Allen Lane：The Penguin Press，2001）.

② 核心版权产业：受版权保护的作品或其他物品的创造、生产与制造表演、宣传、传播与展示或分销和销售的产业，包括出版与文学、音乐、剧场制作、歌剧、电影与录影、广播电视、摄影、软件与数据库、视觉艺术与绘画艺术、广告服务、版权中介服务。交叉版权产业：从事生产、制造和销售受版权保护产品的产业，其功能主要是促进版权作品制造、生产或使用其设备的产业，包括电视机、收音机、录音机、CD机、DVD机、答录机、电子游戏设备及其他相关设备的制造与批发、零售。部分版权产业：部分产品为版权产品的产业，包括服装纺织品与鞋类、珠宝与钱币、其他工艺品、家具、家用物品、瓷器及玻璃、墙纸与地毯、玩具与游戏、建筑、工程、测量、室内设计、博物馆。边缘版权产业：其他受版权保护的作品或其他物品的宣传、传播、分销或销售而又没有被归为核心版权产业的产业，包括发行版权产品的一般批发与零售、大众运输服务、电信与网络服务。

析（见表4），2014～2017年美国版权产业增加值持续增长。2017年核心版权产业和全部版权产业增加值占全美GDP的比重分别达到6.85%和11.59%，就业贡献率接近8%，GDP贡献率也接近8%，是美国实现市场对外开放、经济增长和出口扩大的强劲发展动能。

表4 2014～2017年美国版权产业增加值

单位：亿美元，%

	2014年	2015年	2016年	2017年
核心版权产业	1145.4	1227.8	1279.0	1328.3
美国GDP总量	17427.6	18120.7	18624.5	19390.6
占比	6.57	6.78	6.87	6.85
全部版权产业	1972.4	2092.6	2162.7	2247.4
美国GDP总量	17427.6	18120.7	18624.5	19390.6
占比	11.32	11.55	11.61	11.59

资料来源：IIPA, *Copyright Industries in the U. S. Economy*, 2018。

二是文化和科技形成一体化发展新格局。一方面，融文化和科技于一体的数字创意产业保持全球性加速增长，比如游戏产业自2004年以来，全球互动玩家的年增长保持6%，2018年用户数达到24亿人；[①] 另一方面，2020年新冠肺炎疫情在客观上加快了数字技术改变传统CCI生产方式和消费方式的进程，引领全球CCI走向"云时代"，其标志性特征是在线数字文化加速崛起，呈现"技术+文化+社交+经济"的多功能叠加效应。通过线上线下互动融合，并广泛地与农业、工业、服务业等各行各业深度融合，技术对CCI的转型升级和附加值提升的贡献度不断增加。全球率先发展文化创意产业的英国、日本、韩国等国家，先后制定数字化转型战略，依托新技术实现本国CCI的现代化发展。

英国技术战略委员会（TSB）发布了《创意产业技术战略（2009～2012）》，提出影响创意产业的7个主要科技方向：数字和网络技术，可视

---

① Mary Meeker, *Internet Trends*, 2019.

化、建模和模拟技术，个性化、交互和共同创造技术，开源和合作平台开发技术，界面和传感器技术，设备技术，分布式技术（区块链）。其以技术为导向对创意产业重新分类，把英国的 13 个行业分为服务集群、内容集群、手工艺集群 3 大集群。英国注重创意产业数字化转型的顶层设计，先后发布了《英国数字战略 2017》和《数字经济法（2017）》，提出英国在脱欧之后塑造一流的数字经济的战略目标和路线图，同时理顺管理机制，2017 年 7 月将英国创意产业的管理部门由原来的英国文化、媒体与体育部（Department of Culture Media & Sport，DCMS）更名为数字、文化、传媒和体育部（Department for Digital，Culture，Media & Sport，简称仍是 DCMS），同年 9 月发布《创意产业独立评审》报告，强调数字化将引领新一轮的增长和创新浪潮，要推动数字创意产业发展，通过数字技术实现产业内的结构升级，并带动更多产业的发展。

结合发达的动漫产业，日本政府高度重视内容产业的数字化发展，自 2000 年以来，日本经济产业省商务信息政策局联合日本数字内容协会，每年发布《数字内容产业白皮书》，将影像、音乐/音频、游戏、出版、互联网广告和手机移动广告、图书报刊等列为重点数字内容产业门类范畴，积极推动数字产业与内容产业的融合发展。

韩国以"韩流"的敏锐度，于 2008 年、2013 年和 2018 年分别发布了韩国文化技术发展的三个五年计划。第一个五年计划（2008～2012 年）将游戏、影像及流媒体、虚拟现实、公演及展览、融合及复合、公共文化服务选为 6 大核心领域，为促进核心领域的集中发展，指定了 18 大产品群进行针对性扶持。第二个五年计划（2013～2017 年）聚焦优秀企业，通过对企业的支持来带动产业发展，并通过优秀企业形成品牌效应。2018 年韩国文化部发布了《文化展望 2030》，其中提出的核心价值是"以自律性为基础的个人创作和权利保障"，"以多样性为基础的文化多样性及公平的生态系统"，根据前两个五年计划的成果和产业模式的变化，以及技术的革新，文化创意产业振兴院 2020 年发布的《文化科技指南》（Culture Technology Road Map）公布了今后发展的 5 个朝阳领域及 15 个战略产业（见表 5）。

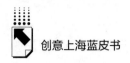

表5　韩国文化科技第三个五年计划（2018～2022年）重点领域

朝阳领域	战略产业
游戏/大众文化 （沉浸度和体验感最大化的智能内容）	①虚拟/增强现实基础的真实型游戏内容 ②利用人工智能技术的生活便利内容 ③为克服现实制约的真实感型内容
视频/媒体 （促进文化产业发展的数字内容）	④真实型影像制作的标准化系统 ⑤为拓展新一代视频/媒体内容的智能平台 ⑥为culture flex时代准备的影像/媒体内容
视觉设计/传统文化 （通过文化原型的现代化创造高附加值）	⑦运用融·复合技术实现文化信息现代化 ⑧运用文化大数据实现文化信息现代化 ⑨利用传统文化数据构建新服务
演出/展示 （为实感体验的H/W内容）	⑩构建演出的智能舞台装置内容 ⑪基于新一代影像技术的VR效果演出内容 ⑫以VR体验为基础的展示内容
融·复合 （为提高国民生活质量的运用型产业）	⑬识别用户情感并进行互动的感性融合内容 ⑭增加文化福利的公共服务内容 ⑮向数字环境转变的创作支持

资料来源：笔者根据韩国科学技术情报通信部相关资料整理。

2. 文化科技融合创新的全球版图

世界知识产权组织与康奈尔大学、欧洲工商管理学院等研究机构共同发布的《2020全球创新指数》① 对全球131个经济体的创新绩效进行了排名，勾勒出最新动态的全球文化科技融合创新版图。呈现如下特征。

一是全球创新绩效存在显著的区域差异。从2020年全球创新指数前20位经济体来看（见表6），瑞士、瑞典和美国位于创新领先地位，其次是英国和荷兰，亚洲的韩国、新加坡首次跻身前10名，排名前10的最佳经济体几乎完全来自高收入组（见表7），来自中高收入组的中国内地是唯一的例外，排在第14位；经济收入与创新绩效存在显著的正相关也体现在全球区

---

① 全球创新指数（GII）自2007年起每年发布，现已成为首要的基准工具，为全球范围内的企业高管、政策制定者以及其他在创新方面寻求创见的人员所使用。政策制定者、商界领袖和其他利益攸关方利用全球创新指数持续评估进展情况。GII 2020是该报告的第13次发布。

域版图中,北美和欧洲领先,其次是东南亚、东亚和大洋洲,发展中经济体集聚的北非和西亚、拉丁美洲和加勒比、中亚和南亚以及撒哈拉以南非洲等区域排名较后。

表6　2020年全球创新指数前20位经济体

经济体	总分	总排名	分指标排名						
			制度环境	人力资本与研发	基础设施	市场成熟度	业务成熟度	知识与技术产出	创意产出
瑞士	66.08	1	13	6	3	6	2	1	2
瑞典	62.47	2	11	3	2	12	1	2	7
美国	60.56	3	9	12	24	2	5	3	11
英国	59.78	4	16	10	6	5	19	9	5
荷兰	58.76	5	7	14	18	23	4	8	6
丹麦	57.53	6	12	2	4	8	11	12	10
芬兰	57.02	7	2	4	9	33	8	6	16
新加坡	56.61	8	1	8	13	4	6	14	18
德国	56.55	9	18	5	12	24	12	10	9
韩国	56.11	10	29	1	14	11	7	11	14
中国香港	54.24	11	5	23	11	1	24	54	1
法国	53.66	12	19	13	16	18	21	16	13
以色列	53.55	13	35	15	40	14	3	4	26
中国内地	53.28	14	62	21	36	19	15	7	12
爱尔兰	53.05	15	17	22	10	35	14	5	21
日本	52.70	16	8	24	8	9	10	13	24
加拿大	52.26	17	6	19	29	3	20	21	17
卢森堡	50.84	18	26	41	23	32	9	31	3
澳大利亚	50.13	19	15	7	20	48	17	19	22
挪威	49.29	20	3	16	1	25	25	33	19

资料来源:WIPO, *Global Innovation Index 2020*。

二是全球科技创新呈现集群化特征。科技强度和密度是观察创新活动的新视角,世界知识产权组织2020年的研究显示,集群化是全球科技创新强度和密度的空间呈现形式,目前英国的剑桥大学和牛津大学是科技密集度最高的两个产业集群,荷兰的埃因霍温和美国的圣何塞—旧金山紧随其后。通

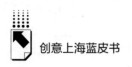

表7 2020年按收入类别排名的10个最佳经济体

高收入组（49个）		中高收入组（37个）		中低收入组（29个）		低收入组	
名称	排名	名称	排名	名称	排名	名称	排名
瑞士	1	中国内地	14	越南	42	坦桑尼亚	88
瑞典	2	马来西亚	33	乌克兰	45	卢旺达	91
美国	3	保加利亚	37	印度	48	尼泊尔	95
英国	4	泰国	44	菲律宾	50	塔吉克斯坦	109
荷兰	5	罗马尼亚	46	蒙古国	58	马拉维	111
丹麦	6	俄罗斯	47	摩尔多瓦	59	乌干达	114
芬兰	7	黑山	49	突尼斯	65	马达加斯加	115
新加坡	8	土耳其	51	摩洛哥	75	布基纳法索	118
德国	9	毛里求斯	52	印度尼西亚	85	马里	123
韩国	10	塞尔维亚	53	肯尼亚	86	莫桑比克	124

资料来源：WIPO, *Global Innovation Index 2020*。

过对全球26个经济体中100个科技产业集群的研究发现，欧洲是全球科技创新最活跃和密度最高的区域，共有集群31个，其次是美国，拥有25个科技集群；高密度科技创新集群大部分分布在发达的高收入经济体中，中等收入经济体中仅6个国家（巴西、中国、印度、伊朗、土耳其和俄罗斯）拥有高密度科技集群，其中，中国有17个集群入选前100名。2020年，东京—横滨再次成为表现最佳的集群，其后是深圳—香港—广州、首尔、北京和圣何塞—旧金山。

三是全球CCI知识技术和创意产出存在结构性差距。"知识与技术产出"和"创意产出"是衡量全球创新产出的两大指标，直观体现了知识、科技和创意成果产出的创新能力。从表8可见，在中、美、英、德、日五国中，中国的"知识与技术产出"分值仅次于美国，居第2位；但在"知识创造"中的"引用文件H索引"三级指标和"知识传播"二级指标中，中国的分值低于美、英、德、日四国，是明显的短板。从表9可见，在中、美、英、德、日五国中，中国的"创意产出"分值居第4位，但在"线上创意"二级指标，以及"全球品牌价值""ICT和组织模型创建""制作国家故事片""娱乐和媒体市场""印刷出版物和其他媒体输出""通用顶级域名"6个三级指标中,中国的分值落后于其他四国,尤其是"线上创意"和"娱乐和媒体市场"指标差距较大,与美国相比是超过10倍的差距。

表8   2020年中、美、英、德、日五国"知识与技术产出"指标分值

代码	指标	中国	美国	英国	德国	日本
6.	知识与技术产出	55.1	56.8	54.4	51.7	46.4
6.1	知识创造	70.4	72.8	66.2	68.0	57.2
6.1.1	专利申请(按来源)	55.1	13.9	6.1	16.9	45.3
6.1.2	PCT申请的来历	2.2	2.7	1.8	4.4	9.2
6.1.3	实用新型	81.6	n/a	n/a	2.0	0.7
6.1.4	科技出版物	13.8	10.7	25.2	16.8	9.7
6.1.5	引用文件H索引	57.0	100.0	100.0	87.4	69.9
6.2	知识影响	50.4	51.8	45.3	41.3	32.1
6.2.1	人均GDP增长率	6.6	1.1	0.4	0.3	-0.1
6.2.2	新业务密度	n/a	n/a	15.6	1.4	0.4
6.2.3	计算机软件总支出	0.0	0.0	0.0	0.0	0.0
6.2.4	ISO 9001质量证书	11.7	1.1	9.7	11.5	7.4
6.2.5	高科技和中高科技制造业	46.4	52.0	42.8	56.5	55.1
6.3	知识传播	44.5	45.9	51.8	45.8	49.8
6.3.1	知识产权收据	0.2	4.9	2.5	1.3	4.9
6.3.2	高科技出口	28.0	5.5	8.8	12.1	12.0
6.3.3	ICT服务出口	1.8	1.6	3.3	2.3	0.5
6.3.4	外国直接投资净流出	1.3	1.1	2.8	3.6	3.5

资料来源:WIPO,*Global Innovation Index 2020*。

表9   2020年中、美、英、德、日五国"创意产出"指标分值

代码	指标	中国	美国	英国	德国	日本
7.	创意产出	47.0	47.7	52.7	49.1	37.2
7.1	无形资产	72.1	48.1	53.9	54.8	47.3
7.1.1	商标申请类别	281.9	21.7	56.9	61.1	78.3
7.1.2	全球品牌价值	118.3	203.3	167.2	143.4	146.2
7.1.3	工业设计	27.3	1.1	9.5	13.7	4.2
7.1.4	ICT和组织模型创建	59.7	83.7	79.1	78	67.8
7.2	创意商品和服务	39.7	44.2	41.6	27.6	30.0
7.2.1	文化创意服务出口	0.5	1.7	2.1	0.9	0.3

续表

代码	指标	中国	美国	英国	德国	日本
7.2.2	制作国家故事片	0.8	2.9	6.2	4.0	6.9
7.2.3	娱乐和媒体市场	9.7	99.7	63.4	57.1	68.9
7.2.4	印刷出版物和其他媒体输出	0.8	1.4	1.9	1.0	1.7
7.2.5	创意商品出口	11.8	3.3	2.9	2.1	1.9
7.3	线上创意	4.1	50.4	61.6	59.1	24.2
7.3.1	通用顶级域名	2.2	100.0	60.3	52.5	14.9
7.3.2	国家/地区代码顶级域	6.1	2.1	77.6	84.5	5.7
7.3.3	维基百科年度编辑	n/a	73.9	84.9	86.4	65.3
7.3.4	移动应用创建	n/a	27.1	24.3	13.7	13.0

资料来源：WIPO, *Global Innovation Index 2020*。

（三）服务贸易维度的创意图景

服务贸易是文化创意产业对全球经济贡献的重要观察维度，受到联合国专业机构的高度重视，2008 年以来联合国贸发会议以"创意经济"为主题发布相关研究报告，2016 年该组织发布了第一份服务贸易与创意经济的发展报告，从创意产品和创意服务贸易的视角，运用大量数据对全球创意经济的发展特征和动态趋势进行全面分析，[1] 2019 年联合国贸发会议发布了《创意经济展望和国家概况报告（2018 年）》，为进一步了解全球 CCI 的服务贸易特征提供了新的数据和权威分析[2]。

1. 全球创意产品市场持续增长

创意经济是一个富有弹性的、不断扩大的经济领域，同时又具有全球性的影响，在全球经济面临多重挑战的背景下，创意经济仍然呈现增长态势。2003～2015 年，创意产品的创造、生产和分销的年均增长率为 7.34%，为

① *Creative Economy Outlook and Country Profiles*: *Trends in International Trade in Creative Industries*, UNCTAD/WEB/DITC/TED/2016/5, 13 Jul. 2016, https：//unctad. org/webflyer/creative – eco nomy – outlook – and – country – profiles – trends – international – trade – creative#tab – 2.

② *Creative Economy Outlook*: *Trends in International Trade in Creative Industries*, UNCTAD/DITC/TED/2018/3, 14 Jan. 2019, https：//unctad. org/publications – search？ f［0］ = thematic% 3A1099.

国际贸易做出重要贡献。

一是全球创意产品出口额超过 5000 亿美元。世界创意产品出口额从 2002 年的 2080 亿美元增加到 2015 年的 5090 亿美元（见图 1），增加了 1 倍多，充分说明这是一个充满活力的增长领域。

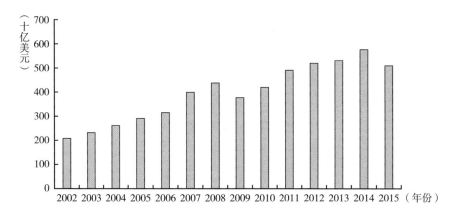

图 1　2002～2015 年全球创意产品出口额

资料来源：UNCTAD，UN COMTRADE Database。

从发达经济体来看，美国、法国、意大利、英国、德国、瑞士、荷兰、波兰、比利时和日本是十大创意产品出口国，其中欧盟（28 国）是最大的创意产品出口地区，欧盟创意产品出口额 2002 年为 850 亿美元，2015 年为 1710 亿美元，贸易额翻了一番。2002～2015 年创意产品出口年均增长率为 5.5%，欧盟地区的文化和创意产业创造了近 1200 万个就业岗位。发展中经济体在全球创意产品贸易中的参与度明显高于发达经济体，发展中经济体排名前 10 位的是中国内地、中国香港、印度、新加坡、中国台湾、土耳其、泰国、马来西亚、墨西哥和菲律宾。其中，中国内地的创意产品出口规模最大，2015 年达 1685 亿美元，是美国的 4 倍，拥有世界上最高的创意贸易顺差 1540 亿美元。

二是近十年全球创意产品进口年均增长率超过 5%。全球创意产品进口额从 2002 年的 2270 亿美元增加到 2015 年的 4540 亿美元（见图 2）。全球创意产品的需求趋势保持稳定，年均增长率为 5.10%。

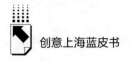

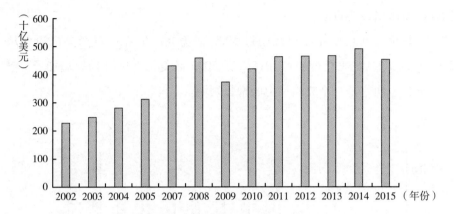

图2 2002～2015年全球创意产品进口额

说明：2006年度的全球创意产品进口额无统计数据。
资料来源：UNCTAD，UN COMTRADE Database。

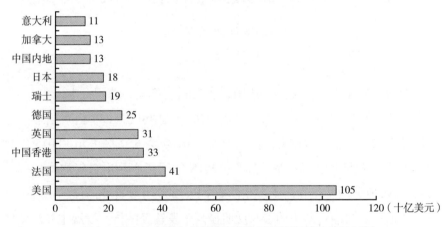

图3 2015年全球十大创意产品进口国家和地区的进口额

资料来源：UNCTAD，UN COMTRADE Database。

2015年，全球创意产品进口额前10名的国家和地区分别为美国、法国、中国香港、英国、德国、瑞士、日本、中国内地、加拿大和意大利（见图3），其中美国占全球创意产品进口总额的23%，是全球最大的贸易逆差国，2015年达到650亿美元。在手工艺品、视听产品、设计产品、新媒体产品、表演艺术产品、出版产品、视觉艺术产品等7个创意产品类别中，设计产品、新媒体产品为各经济体的主要进口产品。此外，欧洲和北美等发达经济体对手工艺品进口需求比较大，发展中经济体对视听产品和视觉艺术产品的进口需求比较大。

2. 设计产品引领世界创意产品市场

设计产品包括室内设计、时尚用品、珠宝、玻璃器皿、玩具和建筑材料，是全球创意产品市场的最大类别。数据显示，全球设计产品出口额从2002年的1180亿美元增加到2015年的3180亿美元，增长了将近2倍。2015年，设计产品出口额占全球创意产品出口总额的59%（见图4），占进口总额的62%（见图5）。中国是发展中经济体中设计产品的主要出口国，占发展中经济体出口总额的65%；意大利是发达经济体中设计产品的主要出口国，占发达经济体出口总额的18%。得益于在设计产品的生产和贸易方面的竞争地位，意大利和中国成为世界创意产品的主要出口国。

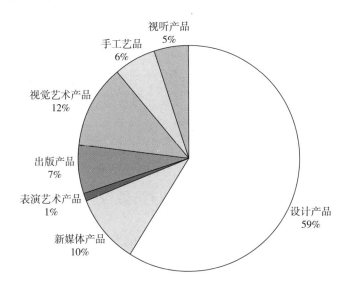

图4 2015年按创意产品类别统计的全球出口份额

资料来源：UNCTAD, UN COMTRADE Database。

3. 创意服务贸易成为未来最大的增长领域之一

伴随全球数字经济和共享经济的壮大，创意服务正日益成为创意经济中

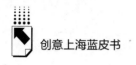

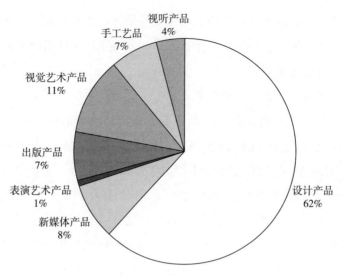

图5 2015年按创意产品类别统计的全球进口份额

资料来源：UNCTAD，UN COMTRADE Database。

不断增长的新亮点，并显示出面对经济压力的弹性。联合国贸发会议通过对全球38个发达经济体提供的2011~2015年创意服务数据评估发现，创意服务贸易的年均增长率为4.3%，是所有服务贸易的2倍多。持续增长的创意服务贸易，有望成为未来最大的增长领域之一。

二 "十四五"期间上海市文化创意产业发展的对策建议

全球视野下的文化创意产业呈现立体多维的发展态势，与世界同步发展的上海文化创意产业，经过20多年的快速发展，2019年增加值占上海市地区生产总值的比例超过13%，成为上海经济发展的支柱产业和新持续增长点。2020年上海市文化创意产业总产出达到20404.48亿元，数字文化创意产业占总收入的28.4%，其中互联网和相关服务业同比增长18%，软件和信息技术服务业同比增长12.5%。疫情在客观上加快了网络视听、移动游戏、网络直播、数字阅读、电竞等新业态的增长，其中上海游戏业和网络文学的收入同比增长率分别为

50%和37.7%，数字化发展成为上海市文化创意产业的显著特征。

"十四五"是上海市文化创意产业谋新篇、开新局的关键时期，在《上海市国民经济和社会发展第十四个五年规划和二〇三五年远景目标纲要》中明确了"持续打响'上海文化'品牌，繁荣发展文化事业产业，升级完善公共文化服务体系，深化建设更加开放包容、更富创新活力、更显人文关怀、更具时代魅力、更具世界影响力的社会主义国际文化大都市"的总体要求，以及加快建设"国际文化创意产业中心""世界著名旅游城市""全球著名体育城市""国际数字之都（数字创意产业）""国际时尚之都、品牌之都""世界一流'设计之都'""国际会展之都""国际消费中心城市"等与文化创意紧密相关的任务要求。这是上海在新阶段、新理念、新格局背景下，对文化创意产业高质量发展的新部署，其中有两大关键点：一是与"国际""全球""世界"相关的发展观和空间观，二是与"中心""城市""之都"相关的系统观和功能观。因此，跳出行政空间，跳出单一目标，跳出部门机制，构建国际化、体系化、协同化的文化创意产业发展新格局，势在必行。

（一）国际化：在全球城市体系中锻长板、补短板

1. 全球城市文化创意比较

基于对全球城市作为国际文化大都市的认识，依据全球影响力、区域代表性、文化代表性，以及与上海的可比性等标准，本报告选取纽约、伦敦、巴黎等20个大型全球城市作为研究对象，从文化体验中心、文化生产和传播基地、文化权力中心三个维度，设计了定量研究国际文化大都市体系①的

---

① 关于城市文化的文献没有直接建立指标体系并进行量化评估的研究。相关研究主要围绕三个相对独立的方向展开。一是近年来随着创意城市理念兴起，以城市文化创意为观察对象的指标体系开始逐步建立起来，但关于城市文化方方面面的数据搜集成为难点，因而并未在全球范围内形成定量和排名研究。二是近年来各类城市排名方兴未艾，从各个角度对全球范围内城市进行评价都不可避免地会涉及文化问题，因而一些主要的排名都会给予文化维度一席之地。三是全球范围内的文化统计和数据库的建立一直是文化都市研究者的努力目标，但庞杂和参差的数据来源使得这一工作难以集中完成；近年来多个城市合作完成的年度《世界城市文化报告》（*World Cities Culture Report*），成为一个虽颇具争议但相对完备的国际城市文化统计体系。

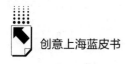

3 个一级指标，11 个二级指标，分析全球城市的创意版图，明晰上海国际文化大都市的全球地位。

（1）文化消费

该指标反映了一个城市作为全球文化消费和体验中心的发展程度。主要包括 4 个二级指标。

文化互动指标体现了文化资源的竞争力，指标来源于全球权力城市发展指数 2019。这一复合维度主要包括以下几个方面：潮流引领、文化资源、可参观的文化设施、对参观者的吸引力、文化互动的强度。

信息社会指标体现了信息社会中文化消费基础设施的可支付水平，指标由国际电信联盟的移动通信价格篮子 2017 构成。

时尚创意指标体现了一个城市在全球视野中的时尚观感，指标来源于 The Global Language Monitor 发布的 2019 全球时尚之都排名。

文化体验指标从文化消费者和参与者的视角关注了一个城市的全球吸引力，指标来源于 A. T. 科尔尼发布的 2019 全球城市报告。该复合维度包括各种各样的文化吸引，有城市承接的主要体育赛事、博物馆、演出、饭店设施、国际游客、姐妹城市数量。

（2）文化生产

该指标反映了一个城市作为全球化时代文化生产中心的地位。主要包括 4 个二级指标。

媒体设计指标体现了一个城市的数字文化的产业应用能力，指标来源于普华永道发布的 2016 年机遇之城报告。该维度包含 ICT 软件的可获得性、ICT 专业科学家和工程师的可获得性、风险资本的可获得性。

软件开发指标体现了在新媒体条件下，一个城市生产文化产品的能力和要素市场发育的水平。指标来源于英国《经济学家》的全球最具竞争力城市（The World's Most Competitive Cities 2019）。该复合维度观察数字内容产业的核心部门——软件开发行业的几个关键环境指标，包括商业环境、法律环境、市场条件、人才储备、专业化程度、基础设施和连接度、生活环境。

广告设计指标反映了一个城市在广告设计业全球网络中的地位。本报告选取的广告公司均来自业界著名广告公司排名，对其中公开信息清楚的公司进行分析，共涉及 27 个广告公司，评价的指标是这些公司在各个主要城市设立的分支机构数之和。

设计产业指标反映了一个城市在城市规划、建筑设计全球网络中的地位，本报告选取的设计公司主要来自 Engineering News 的 200 家顶级设计公司，选取的是位于前 30 名的公司，评价的指标是这些公司在各个主要城市设立的分支机构数之和。

（3）文化权力

该指标反映了一个城市在全球的文化影响力，不仅取决于前面两个一级指标涉及的经济维度，还深受政治维度、文化多元性维度、艺术维度的影响。

文化权力支持的文化影响指标反映了一个城市权力外化为文化影响力的潜力，包括城市的使领馆数量，主要的智库、国际组织或有国际影响力的本地组织、城市组织举办的大型政治会议，指标来源于 A. T. 科尔尼发布的 2019 全球城市指数报告。

教育吸引指标体现了一个城市文化的全球通行规则、文化的本地特色和文化的多元性发展潜力，指标来源于 QS 2018 最佳求学城市排名（QS Best Student Cities 2018）。

精英艺术指标体现了一个城市在全球当代艺术等级体系中的地位，指标由 5 位业内专家采取城市间两两比较的判断方式形成。

在上述指标体系的框架中，本报告将伦敦、纽约、悉尼、新加坡、首尔、香港、多伦多、洛杉矶、柏林、东京、巴黎、芝加哥、莫斯科、迪拜、布宜诺斯艾利斯、北京、上海、孟买、开罗、里约等 20 个城市纳入定量比较体系。本报告将原始数据分两步处理。一是将原始数据转化为排名；二是以 21 减去排名，将排名倒置为分数评价。11 个维度权重相同，形成一个具有可比性的全球城市的文化创意排名（见表 10），呈现 4 个层级的全球格局。

第一层级为伦敦、纽约和巴黎。分列于全球文化大都市的前 3 位，且在 3 个一级指标之下都处于优势地位，体现了这 3 个城市不仅在传统的在场文化方

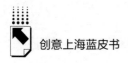
面，而且在信息技术支持方面都是全球文化生产、消费与权力的佼佼者。

第二层级为新加坡、柏林、东京、莫斯科、香港。这些城市也是公认的大型经济体文化中心城市、现代艺术中心、全球影音生产基地、大型生产基地的设计中心。

第三层级为北京、多伦多、洛杉矶、上海、悉尼、芝加哥、迪拜、首尔。本层级城市是部分一级指标表现优秀的优胜者，但受制于其区域影响力、经济体规模和特征等因素，难以在全方位的比较中领先。

第四层级为布宜诺斯艾利斯、孟买、开罗、里约。这些城市受制于其经济和政治环境，或不具有强大的经济腹地，或不能建立开放型的社会文化，或不能提供稳定的社会秩序，因而处于排名最后的阵营。

2. 上海的长板与短板

从表10可见，上海综合排名第12位，在全球城市中属于第三层级，与世界一流国际文化大都市相比，存在一定差距。在体现城市文化创意全球地位的"三驾马车"中，"文化消费"上海排名第12位，与综合排名一致；"文化生产"排名第6位，高于综合排名，是上海的强项；"文化权力"上海排名倒数第6位，是显著的短板。

表10 2021年全球文化大都市排名

排名	城市	文化消费					文化生产					文化权力				总分
		文化互动	信息社会	时尚创意	文化体验	小计	媒体设计	软件开发	广告产业	设计产业	小计	文化影响	教育吸引	精英艺术	小计	
1	伦敦	20	14	18	19	71	20	20	20	19	79	19	20	19	58	208
2	纽约	19	8	19	18	64	19	19	19	18	75	20	11	20	51	190
3	巴黎	18	5	20	20	63	13	18	13	10	54	18	18	18	54	171
4	新加坡	16	20	14	5	55	16	16	16	12	60	11	12	8	31	146
5	柏林	14	17	15	11	57	10	17	10	6	43	13	17	14	44	144
6	东京	17	9	13	15	54	8	12	8	4	32	17	19	17	53	139
7	莫斯科	12	12	9	16	49	17	5	17	8	47	15	8	13	36	132
8	香港	11	19	16	5	51	12	13	12	9	46	10	14	10	34	131
9	北京	10	16	8	9	43	6	10	6	20	42	10	15	15	40	125

续表

排名	城市	文化消费					文化生产					文化权力				总分
		文化互动	信息社会	时尚创意	文化体验	小计	媒体设计	软件开发	广告产业	设计产业	小计	文化影响	教育吸引	精英艺术	小计	
10	多伦多	4	10	7	7	28	18	14	18	13	63	8	13	11	32	123
11	洛杉矶	6	8	17	17	48	5	11	5	16	37	9	6	16	31	116
12	上海	7	16	10	8	41	14	8	14	17	53	6	7	7	20	114
13	悉尼	8	13	4	10	35	15	9	15	11	50	4	16	6	26	111
14	芝加哥	5	8	5	14	32	11	15	11	14	51	7	5	12	24	107
15	迪拜	15	18	11	6	50	9	4	9	15	37	2	4	3	9	96
16	首尔	13	4	6	13	36	5	3	3	5	17	14	15	9	38	91
17	布宜诺斯艾利斯	9	1	2	12	24	7	3	7	3	20	12	10	4	26	70
18	孟买	1	3	12	2	18	4	7	4	7	22	5	2	5	12	52
19	开罗	2	11	1	1	15	2	1	2	1	6	3	3	1	7	28
20	里约	3	2	3	3	11	1	2	1	2	6	1	1	2	4	21

资料来源:笔者自制。

从 11 个二级指标来看,结构性差异明显。在消费板块中,上海的文化互动和文化体验 2 个二级指标的分值还不及伦敦、纽约、巴黎的一半;在生产板块中,设计产业分值尤其亮眼,仅比纽约低 1 分,但软件开发分值较低,仅为 8 分,而伦敦、纽约则分获 20 分和 19 分的高分值,显示上海有较大的发展空间;权力板块中的 3 个二级指标,文化影响、教育吸引和精英艺术等普遍较弱,在全球排 16 位,与东京(第 3 位)、首尔(第 7 位)有较大的差距。

根据图 6 框架判断上海文化大都市的全球地位,得出以下结论。一是关于文化消费。近年来,全球化的文化娱乐空间受城规、建筑、巡演、旅游、网络传播等因素的影响,除了历史文化维度之外,在其他方面出现了趋同性。在这种情况下,市场规模成为决定性变量。上海历史维度虽弱,但有自己的风格和故事讲述。上海及其周边地区为文化大都市建设提供了市场基础和潜力,长期以来周边地区对上海的文化认同感(体现在生活与消费方式上)使其具有广阔的经济腹地。二是关于文化生产。从内容产业来看,国有部分竞争力不强,如

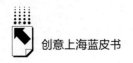

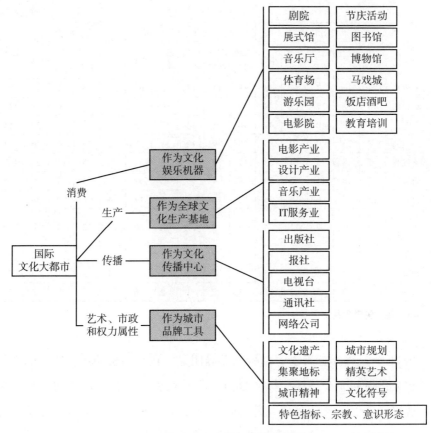

图6 全球城市文化创意指标体系

资料来源：笔者自制。

电影等未能实现从片厂制向制片人制转型，但与现场表演、互联网相关的新兴
行业和工作室的发展则值得期待。与周边区域产业紧密结合的设计业、广告业
比较发达，广告设计、工程设计体现了上海作为全球最大的制造业基地——长
三角的服务中心的地位，时尚设计的良好表现体现了上海作为消费市场和生活
方式引领的实验基地的地位。三是关于文化传播。传播能力相对于城市的经济
水平和其他文化维度来讲较弱，这与上海非政治决策中心的地位是分不开的。
四是关于品牌。从作为城市品牌的文化影响力角度来说，上海在城市风格、文
化符号、城市规划等方面，至少在国内来讲，具有"魔都"色彩。

（二）功能化：构建现代文化创意产业体系的核心模块

1. 强化国际文化大都市身份识别的12个核心功能模块

规模化和专业化的文化内容生产。国际文化大都市区别于一般城市的重要特征之一是作为复杂文化产品的生产空间，特别是协同空间，文化生产协调机制成熟，投入产出规模化。比如伦敦在出版、表演、媒体、流行音乐、建筑设计、博物馆、文化遗产、大型娱乐设施等多个方面具有世界级的优势。

文化个人、名家、名人和明星的集聚。作为世界文化孵化器的国际文化大都市具有吸引和集聚人才的显著功能，基于国际文化大都市所拥有的强大文化和商业传播力，有利于文化创造的价值最大化，世界各地的文化创意者和各类创新要素在此汇集。区别于一般城市的是国际文化大都市的人才规模，既有处于城市文化创意体系顶端的大师级人物，以及通俗文化艺术和体育明星，也有名人之下大量的文化创意人才。特别是顶级的名家、大师、名人和明星，他们可能在都市一流的歌剧院、艺术机构、大学、体育场馆等集散，可能散落于曾经或今天仍然辉煌的纽约苏荷区、巴黎蒙马特和伦敦Spitalfield市场等场所，也有可能是城市的经常性访客。

品牌化和标志化的文化机构。具有国际知名度的公共文化活动、展示、体验场所，以及相应的专业化媒介组织和市场化商业机构，是国际文化大都市的普遍特征。歌剧院、博物馆、图书馆、音乐厅等著名的表演和展示场所，一流的出版社、报社、电视台、杂志社、通讯社等媒介组织，交响乐团、剧团、球队等著名的表演组织，大型的娱乐业、时尚业等商业组织，成为文化艺术业界人士的交流空间载体，也是大众观光旅游目的地的重要选项。以巴黎为例，加尼埃歌剧院、卢浮宫、国家图书馆、世界报、法新社、巴黎交响乐团、迪奥、维旺迪等国际著名的场所和机构，构成了国际文化大都市的机构基础。

高知名度的城市文化遗产与地标。除去一些历史沉淀的文化遗产，国际文化大都市中认可度和认同度很高的地标和形象，往往成为文学、电影、戏剧、绘画等国际文化产品的主题。如今文化经济的显著进步体现在城市部分景观及其符号内容的复兴。建筑和设计行业在这种联系中发挥了重要作用，不仅因为它们是文化生产大体系的繁荣成分，还因为城市景观本身也是它们的主要产出之一。[①] 一些历史文化遗产构成了部分城市的文化地标，比如罗马的竞技场、伊斯坦布尔的蓝色清真寺等；而巴黎的埃菲尔铁塔、伦敦的大本钟、纽约的帝国大厦、里约热内卢的基督像、悉尼歌剧院等认可度极高的近现代建成的文化地标，也起到帮助识别和推介城市的作用。无论最初创自官方还是民间，一些国际文化大都市的形象均得到广泛的认同，成为城市无形资产的一部分，比如不眠之城（纽约，The city that never sleeps）、浪漫之都（巴黎，City of romance）、永恒之城（罗马，The eternal city）、音乐之都（维也纳，Capital of music）。

多层次和体系化的文化融资。文化产品具有需求不确定、产品差异化和收益时间长的特征，所以文化资源的配置较普通商品复杂得多，除了市场机制以外，还需要各种制度安排来解决各类不确定性、跨期收益、外部收益、网络效应等问题。因此，形式多样的融资和收益安排就在国际文化大都市的互动空间中应运而生，如存在艺术银行、风险投资、资本市场、商业贷款等一系列风险和时间偏好不同的融资方式；在文化产品形成的整个过程中，公共支持和慈善捐助会有选择地介入，保障文化活动的外部收益内部化；多种收入形式，包括直营收入、经由经纪中介的收入、广告收入、知识产权收入，反映了内容与渠道在文化产业中的特殊关系。所以文化产品交易融资渠道的规模化、便利性、多样化和精品化对国际文化大都市至关重要。公共开支、商业融资、慈善捐助、风险投资、文化经纪、拍卖行、广告收入、展示机构、知识产权交易市场等多元交易融资方式组成的交易融资体系，使得文化供应者可以集中精力于文化产品和服务本身，然后通过低摩擦力的市场通道，文化能够以适宜的传播渠道和定价机制传播至潜在消费者，进而推动文

---

① Thomas Hutton, "Reconstructed Production Landscapes in the Postmodern City: Applied Design and Creative Services in the Metropolitan Core," *Urban Geography*, 2000, 21 (4).

化融资和交易行业的产业化。

市民积极参与的文化消费。国际文化大都市的居民文化消费力强、文化消费倾向高、文化参与互动多、文化体验要求新，文化与商业和生活紧密融合。现有的国际文化大都市多处于发达国家和地区，当地居民财富和收入水平高，这对文化的孵化具有催化作用。同时国际文化大都市能够提供各种层次的表演和展出，满足居民的炫耀、体验和互动文化消费需求，通过格调培育，增强都市的文化活力和推动都市的文化经济发展。

造就动态空间的城市节事活动。国际文化大都市不断承接各类大型国际文化活动，如奥运会、世博会、电影节、设计展等，民间街头表演、节庆巡游等地方文化活动也非常丰富，城市成为全方位的表演空间，发挥活化都市文化和吸引游客观光的积极功能。许多国际文化大都市都曾举办或申办过奥运会，世博会也曾经帮助一些城市创造了全新的城市景象，作为欧洲三大电影节之一的柏林电影节每年为柏林带来约 3000 名记者，里约热内卢的嘉年华更成为城市的文化名片。正因其强大的经济和社会效益，节会越来越受到城市决策者重视，不仅成为产业自身和相关产业交流和交易的场所，而且为城市所用，成为凝聚市民力量、提升城市形象、塑造城市精神的有力工具。

全方位的文化艺术知识传播。国际著名文化艺术教育机构在大都市的规模化集聚，为城市提供了全方位的教育培训服务，较好地满足了从高端艺术到普通民众学习文化艺术的需求。由此形成的文化艺术知识系统是文化创意活动得以发生的基础，知识的调整是相对系统和长期的工程，因而国际文化大都市的形成缓于经济大都市。国际文化大都市往往依托于著名的艺术学院，因为其是名家荟萃之地，是未来大师的摇篮，是新锐思想的发生之所，引领艺术思潮。纽约、伦敦、巴黎、东京、北京等，都是艺术学院汇集的中心。以纽约为例，有以舞蹈、表演、音乐为特色的茱丽亚音乐学院，有纽约大学蒂什艺术学院和视觉艺术学院等一流的视觉艺术院校，有专业的美国芭蕾舞剧院，有纽约时装技术学院和帕森斯设计学院，有纽约市建筑中心等建筑设计尖端机构。另外，国际文化大都市还有很多市政、非政府组织等提供的培训项目，为市民提供免费或低消费门槛的文化艺术培训，提升市民文化参与水平，激发城市文化活力。

有机组成的多样性文化。城市文化的多样性是国际文化大都市的共同特征。这体现在国际性组织的集聚、移民国际社区的聚落、容错和容异的社会价值、丰富多元的生活方式。因此，鼓励国际性平台组织、商业机构和投资机构入驻，推动文化、语言、人口、饮食及生活方式的多样性，建立有效认同文化创意创新和艺术型人格的社会结构、教育体系、价值取向，对于形成国际文化大都市的软支撑尤为重要。比如，纽约、伦敦、巴黎通过集聚联合国总部及各类国际组织，欧洲的维也纳、布鲁塞尔通过植入国际原子能机构和欧盟委员会等高层次国际组织，亚洲的东京、首尔通过集聚国际性商业机构的总部和地区总部，增加高端文化需求的多样性，促进了文化大都市的国际化。

政府持续有力的文化政策。发展国际文化大都市的政策可以有两种视角。一是解决文化艺术外部性问题。通过对文化产品公共需求的供给支持，纠正市场失灵。如对博物馆、大型公共文化设施设计建设、大型表演等的财政补贴，以及对艺术品消费的优惠税收。二是与之相通的相对突进的文化政策，包括城市文化发展推进计划，比如城市品牌宣介、大型文化项目和活动的组织或积极参与、支持文化出口、文化遗产清点编号，提供公共文化空间、文化就业指导、文化艺术培训、居民文化生活服务、姐妹城市联系、游客文化观光导引等。

城市文化辐射力、凝聚力和吸引力。国际文化大都市的文化辐射力强、影响范围广，居民身份认同感强，城市在国际上具有风格、时尚、主义的引领地位，可以通过大规模的文化观光导入、文化产品出口、文化人才集聚等实现文化的经济价值。

信息技术推动开放的城市。信息技术已从根本上改变了文化创造的工具、文化传播的方式、文化产业的业态和文化经济的运行模式。"内容云"服务、媒介融合、智能网络等，使文化创意生产者和消费者逐渐拥有空前便利、超大规模、质量优化和整合有序的服务平台。一方面，文化消费和生产组织的地域概念变弱;另一方面,一些基于区位优势的应用潜力巨大,这成为未来影响国际文化大都市特征的重要不确定性因素。

2. 体系化构建"生产+消费+传播"复合功能链*

城市是实现文化经济系统生产、消费、交易和传播功能的空间载体,强大的生产、消费、传播功能是城市文化创意价值创造的源泉和核心竞争力,跳出传统性产业仅注重单一生产功能的惯性模式,在更广阔的地域空间和需求空间,体系化构建城市的"生产+消费+传播"复合功能链,是新发展格局下,文化创意产业助推上海"形成国内大循环的中心节点、国内国际双循环的战略链接",实现自身高质量发展的着力点。

一是构建专业化、网络化和社会化支撑的世界级文化生产体系。"中心节点"和"战略链接"的定位,是"十四五"时期上海文化创意产业生产体系构建的立足点。推动文化生产的专业化、网络化和社会化融合,有利于在更高质量层面集聚文化生产相关要素,强化上海文化生产的优势,形成具有国际核心竞争力的特色产业体系;有利于在更高水平拓展文化创意产业的现实和虚拟空间优势,推动上海成为文化创造力、影响力、辐射力的区域中心;有利于在更广泛领域积累城市创意社会资本,推动上海成为文化价值链的治理者和协调者。正如帝国时代的伦敦之于英联邦、20 世纪后半叶的纽约之于全球,上海是广域长三角地区的"文化首都",周边地区对上海的认同感是其文化和经济基础。在文化生产体系的构建中,上海要充分利用长三角区域一体化国家战略机遇,发挥上海人才、区位、市场、融资优势,以及区域经济协同发展和专业分工深化,在区域空间的拓展和辐射中构建具有高端价值的文化创意产业链,保持上海在网络、数字、广告、工业设计、时尚消费等文创行业的分工优势和主导地位,成为"形成国内国际战略链接"的产业门类。为此,要着力提升艺术家、评论者、把关人、投资者、研究者、经纪人、服务机构等的专业化水平;要着力构筑比一般性城市更为有

---

* 参照王慧敏等《上海文化创意产业20年与新文创时代》,载王慧敏等主编《上海文化创意产业发展报告(2017~2018)》,社会科学文献出版社,2018。

机、更为经济和更为惯例化的网络，密集专业化个体之间通过信任、情报、资金、人才、理念、服务等功能构成的网络联系；要着力培育具有文化鉴赏力和支持、欣赏、资助文化创意的社会化氛围，以黏合同心圆模型①、牢固文化创意产业链，通过标志性产业集中度和网络联系密度的提高构建现代文化产业体系。

二是打造产城融合型文化旗舰项目。当今全球大都市的"城区迪士尼化"导致文化体验逐步趋同，而具有地域特色标签的文化旗舰设施、项目和平台则成为文化创意产业能级提升的焦点。"十三五"期间，迪士尼、梦工厂、大虹桥展示中心、临港新城等多个文创重大项目落户上海；持续举办的上海电影节、中国上海国际艺术节、中国国际数码互动娱乐展览会、中国国际动漫游戏博览会等大型活动，也共同创造了全新的城市文化景象，在此基础上，深度融入国际大都市的重要功能空间和发展肌理，推动具有世界知名度、上海特色显示度的产城融合型文化旗舰项目，是"十四五"时期上海文化创意产业提升国际竞争力，迈向"国际文化创意产业中心"的有效路径。从形成功能复合叠加共振效应的视角来看，具体可从两个方面着力对接。其一，上海城市更新重点项目"一江一河"。对接新出台的《黄浦江沿岸地区建设规划（2018—2035）》和《苏州河沿岸地区建设规划（2018—2035）》中的目标任务和重点项目，把"一江一河"视为上海最大的带状文化创意产业旗舰项目，为滨江带"世界会客厅"功能注入丰富的文化内涵，集聚更高质量的创意产业要素，推动滨水带从工业锈带向生活秀带、文化绣带的转型升级。以黄浦江为例，目前吴淞、杨浦滨江南端—新民洋地区、世博两岸、徐汇滨江—前滩、吴泾、紫竹—奉贤滨江等被列为与文化创意相关的功能区，通过文化创意的主动植入和链接，可进一步强化和提升杨浦滨江的科创特色功能、新民洋的艺术创制功能、徐汇滨江的文化传媒与智能科技功能、前滩的总部商务与文化创意功能、浦江镇的生态创新研发服务功能、

---

① Mark Blaug, "Where are We Now on Cultural Economics," *Journal of Economic Surveys*, 2001, 15 (2).

紫竹园区的教育科创功能、奉贤滨江的农艺研发功能等，以创新创意链串联各个特色功能区的沿江联动，放大文艺、科艺、体艺、农艺、文旅等综合功能和效应，形成大尺度的、功能复合的、具有全球影响力的高能级文化创意旗舰项目。其二，上海五大新城建设。在嘉定、青浦、松江、奉贤和南汇五大新城的建设中，提前布局，以文化创意推动新城产业能级和消费水平的双提升，通过搭建专业化的文创公共服务平台，营造丰富多彩的文创节事活动，实现文化、经济、科技、数字的融合联动，推动形成各具主题特色、各具其美的新型文化创意产业集群。比如嘉定新城的汽车产业、青浦的江南文化产业、奉贤的美丽产业、松江的电影产业、南汇的智慧产业等主题文化创意集群。

3. 打造高标识度的文化创意品牌群落

"十三五"期间，上海发布了《全力打响"上海文化"品牌加快建成国际文化大都市三年行动计划（2018—2020 年）》，提出用好用足"红色文化、海派文化、江南文化"三大主题文化资源，打响上海文化品牌，实施了包括"品牌节展提质""人文历史展示""优秀传统文化传承""文创产业腾飞"等在内的十二个专项行动，为"十四五"时期上海打造高标识度的文化创意品牌群落奠定了良好基础。

一是推进城市文化 IP 战略。国际大都市多样化的文化空间、节庆活动、都市景观、休闲消费普遍呈现趋同之势。文化特质，尤其是特定文化形式的原产地标签，凸显城市文化的引领地位，如纽约的媒体广告和视觉艺术、伦敦的出版和表演、巴黎的艺术和时尚、柏林的工业设计、洛杉矶的电影和音乐、东京的动漫、首尔的娱乐等。上海需要推进城市文化 IP 战略，构建全球广泛认同的世界性文化身份和高辨识度的城市形象，以此集聚世界级高端文化要素，形成核心竞争力，让文化生产者乐于支付"集聚租金"，让文化消费者乐于支付"品牌溢价"，从而产生"朝圣性"溢出效应。

二是围绕上海"红、海、江"三大文化主题构建城市符号群。文化创意产业价值倍增的有效路径是其符号价值"一意多用"与反复交易，因此具有符号价值的品牌是文化创意产业做强做大的硬核。上海丰富的红色文化、海派文化和江南文化,为上海特色主题的文化创意品牌实现规模化发展奠定了坚实的资源基础,上海国际文化大都市的建设要用好用足这些宝贵的历史文化资源,构筑一批受众认同的、高知名度和高认可度的上海特色文化符号群。具体而言从三个方面推动:其一,在城市文化品牌建设中,注重推动文化从资源到符号再到 IP 的多层次演进,按照文创产业的发展逻辑,打造分别代表红色文化、海派文化和江南文化的经典符号群落,为形成具有市场价值的文化消费品牌提供高标识度的"上海文化原材料";其二,在保护和挖掘上海有形历史文化资源的基础上,注重无形资源和公共符号资源的保护利用,同步建立相应的授权运营与规范管理体系,比如对"上海石库门""上海故事"等代表上海城市文化形象的公共商标、设计、技术、专利等,予以应用上的规范指导;其三,建立上海城市文化品牌名录库,对现有公共文化资源和品牌进行评估梳理,建设由文化地标、活动、平台等不同载体构成的"原产地文化符号群",为打造上海特色的超级文化 IP 积累创意资本。

三是打造上海风格的潮流品牌群。对接终端市场的消费需求,强化"活跃的文化消费"和"高频的城市节事活动"两个核心功能模块,打造具有上海风格和上海魅力的"潮流策源地"及打卡地,引领新消费,推动上海文化品牌的对外消费吸引力和辐射力进一步提升。其一,结合上海国际消费中心城市建设的目标任务,用好"五五购物节"的平台和渠道,汇聚展示各类文化创意节事,在文化、科技、商业、旅游、公园绿地等各类城市公共空间形成"人—事—物"联动的消费体验场景,以"魔都"生活方式的特色魅力,推动以美好生活为主题的上海文化创意产业发展,形成上海风潮和上海风格消费品牌的持续性迭代。其二,结合上海世界著名旅游城市建设的目标任务,推进文化旅游深度融合,形成一批具有品牌效应的集文化、商业、旅游、体育等于一体的现代都市旅游休闲区,推动导入性的国际游客文化观光消费;在音乐、舞蹈、戏剧、网络文化,以及烹饪、武术、养生等传统文化消费领域,加强导出性的文化出口,提高上海创意服务贸易在世界经济中的地位和份额。其三,结合上海设计之都和时尚之都建设的目标任务,借助国潮国货热,以新设计、新技术、新工艺焕新上海轻工业历史经典品牌，在美妆护肤、珠宝首饰、运动用品、智能家居、时尚数码、适老及婴童等领域，形成具有上海风格的系列时尚消费品牌和国际知名度。

（三）协同化：推进面向高质量发展的文化创意"三化"

1. 以"集群化"构建高标识度的文化创意产业增长极

"集群化"是现代产业发展的有效组织模式，通过企业在一定的空间集聚，在降低要素交易成本的同时，集群内企业从中获得学习能力与创新能力，保持动态竞争优势，城市则从集群规模经济中获得外部创新效应，形成新增长极和地域品牌。文化创意产业的集群化，将推动创意要素与城市资源的有机耦合，推动文化创意产业与城市社会经济系统的协同演进。

一是推动园区"点→线→面"的集群化升级。作为空间载体的产业园区，物理边界清晰，运营主体明确，是政府在实践中推进文化创意产业的主要抓手，也是相关政策实施的重点对象。"十三五"期间，上海出台了《上海市文化创意产业园区管理办法》（沪文创办〔2018〕16号）、《上海市文化创意产业示范楼宇和空间管理办法（试行）》（沪文创办〔2018〕17号）、《上海市文化创意产业园区、示范楼宇和示范空间管理办法》（沪文创办〔2020〕28号）等相关政策。源于自发集聚的上海文化创意产业，在政策引导和催化下，20多年来文创园区方兴未艾，遍布上海各区。据上海市文创办数据，截至2020年底，市级文创园区137家，建筑面积超过700万平方米，入驻企业2万多家，总营收近5500亿元，税收超过300亿元，就业人数超过50万人。2021年市级文化创意产业园区149家、市级示范楼宇16家和示范空间28家，呈现不断增长态势。目前上海各类文创产业空间规模总量在国际文化大都市中居前列，但相对于规模效应，上海文创园区的品牌效应与世界一流城市相比，还有较大提升空间。文化创意产业的高质量发展，需要集聚更高质量的产业要素，形成更高密度和更高产出的园区。首先，建设共生共享的带状和片状文创产业带（区）。位于寸土寸金上海中心城区的点状文创园区，应加强与城市街区、景区和社区资源的有效整合、联动、协同，推动形成带状和片状文创产业带（区），放大产业集聚规模效应，率先走向产业集群化升级之路，比如江南智造、大创智、环同济带、苏州河集聚带等已经具有集群的基础和雏形。其次，提升园区专业化服务水平，助推产业集群发展。文创园区动态创新的基本特征，即专业化、定制化、高效化、人性化的服务，是增强园区企业黏性、集聚高端产业要素的关键。因此，政策对园区的扶持要跳出一般性的授牌式管理，把集群化发展作为上海文创园区的政策聚焦点，着力培育专业化的文创园区运营服务商，发挥市场自身的力量，推动具有高服务水平的企业与优质生产型企业形成强强联合的协同效应，为上海吸引和集聚更多优质市场主体和创意者，打造高品质的文化创意产业集群奠定市场基础。

二是构建具有上海主题特质的优势产业集群。上海现有的文化创意产业分类目录，涵盖十一个大类几十个中类，是一个庞大的产业群，但叫得响的品牌不多，结合上海地域优势资源，实施文化创意产业集群化战略，进一步聚焦主导产业，配置优质资源，提高产业集中度，实现上海文化创意产业主题化、特色化和品牌化的转型升级，是"十四五"时期上海文化创意产业高质量发展的必然要求和强劲助推器。具体从两个方面助推。其一，强化上海文创身份的全球辨识度和集聚度。高辨识度的产业集群是上海"四大品牌"的有机组成，是塑造传承上海城市基因、体验城市文脉、唤醒城市记忆的文创产业集群品牌，形成集聚独具特色优势资源的战略吸引通道，是构建全球要素链接、产业链接、市场链接、规则链接，深度嵌入世界文化创意产业大体系的战略之策。其二，拓展文化创意赋能城市创新发展的深度和广度。历经"十一五"、"十二五"和"十三五"三个五年规划的推动，以园区为抓手的文化创意产业发展模式，在推动城市创新主体培育、创新生态优化、创新要素集聚、产业结构调整、城市有机更新、历史文化资源活化等方面，发挥了积极作用。随着上海"十四五"及2035远景发展目标的明确，上海文化创意产业协同构建文化生产、生活、生态体系的大循环，以集群化的组织模式，打通创意生产和创意消费的链接，推动产业集群与城市文化、休闲、教育、体育、商业等生活和消费空间的功能叠加，形成文化创意产业集群与城市中央商务区、中央活动区、旅游休闲区的良性互动，让文化创意成为"人与城市""生产与生活"的意义纽带和价值源泉,赋能上海城市社会经济的卓越性发展。

2. 以"融合化"协同提升文化创意产业链的现代化水平

"融合化"源于信息技术对产业发展边界、形态、业态的改变,随着新技术的不断涌现和应用,产业融合成为现代产业发展的基本特征,融合打破了原有的产业边界,形成了新产业和新增长点,不断地推动产业体系的创新和产业能级的提升。联合国的研究显示,"创意经济在文化、技术、商业和创新的交叉点蓬勃发展";[1] 上海实践经验表明,融合化发展是文化创意产业高质量发展的客观要求和政策路径。"十二五"以来,构建"融合型文化创意产业体系"就是一条贯穿"创意上海"城市战略的主线,并有明确的规划和部署,文化创意产业规模因此以每年超过两位数的速度增长,融合型新兴产业快速崛起,成为上海经济发展的新亮点和潜力空间;立足"十四五"新发展格局,以数字融合和设计融合为两大主线,开启文化创意产业的深度融合发展模式,协同提升文化创意产业要素链、价值链、供应链、消费链的现代化水平,推动文化创意赋能相关产业和城市发展的大循环。

一是以数字化融合为抓手,推动部门型产业向复合型产业的转型升级,发挥文化创意产业城市新策源和新增长极的重要功能。[2] 顺应"数字产业化,产业数字化"的发展趋势,抓住上海"五型经济"发展的历史机遇,推动上海的文化和科技深度融合发展,使科技密集应用和文化产业升级相融合成为上海文化创意产业发展的关键动力。在上海"打造具有世界影响力的国际数字之都"的战略框架下,建设8个以数字技术为核心支撑的特色文化艺术之都。

数字影视之都。加强影视产业的数字生产和网络传输功能。建成一到两个

---

① *Creative Economy Outlook*: *Trends in international trade in creative industries*,UNCTAD/DITC/TED/2018/3,14 Jan. 2019,https://unctad.org/publications - search? f [0] = thematic% 3A1099.

② 部分参照中共上海市委、上海市人民政府印发《关于加快本市文化创意产业创新发展的若干意见》,2017年12月12日。

现代化、前瞻性、支撑影视生产链的影视制作基地，吸引优质影视企业和工作室落户，借力上海信息产业、广告产业发达的优势，加快推进后期、特效、游戏、动漫底层技术平台建设，重点推动松江科技影都建设，鼓励东方梦工厂等电影后期制作企业发展，继续推进"环上大"电影集群建设，加强与温哥华电影学院等海外院校合作，催生一系列创新技术，占领影视制作技术高地。

网络文学之都。将由网络文学产业带动的文化产业链作为上海文化创意产业发展的新动力。着力扶持阅文、七猫等一批付费制或免费制网络文学平台企业，解决重点企业发展中遇到的产业链衍生、网文改剧等方面的难点和突出问题，支持办好阅文原创文学风云盛典等全国网络文学的旗舰活动。

动漫文化之都。提升上海动漫原创能力，加强对传统美术形象的开发维护。加大对原创动漫游戏精品和优秀动漫游戏企业的扶持力度，支持哔哩哔哩等新型动漫创作和在线创作模式，继续支持中国国际数码互动娱乐展览会（ChinaJoy）等动漫展示活动的举办，推动动漫衍生的潮玩行业发展，支持对上海美术电影制片厂成熟的文化形象进行二次开发和审慎商业授权。

数字出版之都。以数字化推动传统出版业的转型升级，推进出版企业的全流程数字化建设，制定数字化图书标准；打造数字出版发布的云平台、版权交易平台、知识付费服务平台；鼓励绿色印刷、按需定制印刷等新业态、新模式发展；推进建设具有产业竞争力的绿色创意印刷集聚区。

全球电竞之都。鼓励社会资本投资建设电竞赛事场馆，重点支持能够承办国际顶级电竞赛事、具有全球标识度的标志性专业场馆，重点推进灵石路等电竞产业集聚区发展，做强全球电竞大会、上海电竞周（月）等本土电竞赛事品牌，支持国际顶级电竞赛事落户，促进电竞比赛、交易、直播、培训发展，加快品牌建设和衍生品市场开发，打造电竞产业完整生态圈，力争使电竞产业成为上海的一张新名片。

手游产业之都。推动漕河泾、张江、天地、五角场等区域形成以莉莉丝、米哈游、鹰角、心动、叠纸为代表的手机游戏产业集群，进一步做强高水平手游产品，进一步支持手游企业"走出去"，成为中国文化"走出去"潮流中的上海力量；加快上海网络游戏出版申报服务平台建设，吸引更多头部数字文化企业落户上海，发挥其经济功能和社会功能，在数据跨境、国际结算、对外投资等方面先行先试，在信息安全和金融安全规则方面拿出上海实践和中国方案。

网络视听之都。着力扶持一批优势领军企业，鼓励全国知名网络视听企业落户并设立研发中心、实验室、技术研究院等机构，进一步提升中国（上海）网络视听产业基地服务能级和集聚效应，办好中国网络视听产业论坛，支持优秀健康的原创网络剧、网络电影、网络音乐、网络演出、网络表演等在沪制作发行。

文化装备之都。借影视公司、广告公司、MCN 机构、艺术工作室、电竞赛事机构等云集的集群优势，采用购买、租赁、转租等形式，解决行业的共性和个性设备需求，使上海基于前沿文化装备技术，成为影视创制、影视特效、电竞装置等的行业先锋；加快上海国际高科技文化装备产业基地建设，完善文化装备产业空间布局，引进和举办具有国际顶尖水平的文化装备展会和论坛活动，建设上海文化装备测评中心，建立文化装备产业联盟。

二是以创意设计为抓手，推动文化创意与城市生产消费、服务贸易体系的深度融合，打响"国际设计之都"品牌。设计是通过人的创造力对各类资源进行优化与重构，是实现产业跨界融合的有效模式。2010 年上海加入联合国"创意城市网络"，被授予全球"设计之都"称号，10 多年来在推动设计产业发展方面连续出台了多个实施意见、行动计划和规划，包括《关于促进上海市创意设计业发展的若干意见》（2011 年）、《上海设计之都建设三年行动计划 2013—2015 年》（2013 年）、《上海市人民政府关于贯彻〈国务院关于推进文化创意和设计服务与相关产业融合发展的若干意见〉的实施意见》（2015 年）、《上海创意与设计产业发展"十三五"规划》（2016 年）、《促进上海创意与设计产业发展的实施办法》（2018 年）等。目前上海的工业设计、艺术设计、建筑设计、广告会展设计等设计类产业，构成上海文化创意产业的重要支撑，是上海"服务、制造、购物、文化"四大品牌的强劲动力，为深度融合上海城市的生产消费和服务贸易体系奠定了坚实的产业基础；借助上海新发展格局的构建，继续强化以设计为发展主题的新

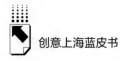

理念，将创意设计理念全方位融入城市的文化、经济、社会发展，发挥文化创意产业强大的辐射带动效应，用设计驱动力赋能上海迈向全球创意城市。

推动全球视野型的设计之都。基于更好地融入全球创意城市网络，在国际化的大平台上整合创意要素和资源，2010年上海加入联合国"创意城市网络"，成为"设计之都"。在新格局下，上海肩负国内国际双循环战略链接的重任，以国际化理念和全球化视野，推进新一轮设计之都发展势在必行。其一，打造世界级的上海设计品牌，积极参与国际标准和国际规则制定，掌握设计产业国际话语权，扩大上海设计的国际影响力，在工业设计、建筑设计、广告会展设计、多媒体艺术设计等细分产业领域打造核心竞争优势；其二，提升上海设计周等活动的国际化水平，办好上海世界设计大会，发挥其人才集聚、产品展示、品牌营销的平台功能，为上海设计之都的发展积累高质量的国际化创意资本。

推动价值创造型的设计之都。重视创意设计为产品创造观念价值的独特性，大力推动现代设计产业与制造业、服务业的融合发展，以此提升传统产业附加值；重视创意设计活化文化资源的独特功能，大力推动现代设计产业与传统文化产业的融合发展，实现红色文化、海派文化、江南文化与设计产业链的重组和延伸，提升上海文化品牌价值；重视在服务上海"五个中心"建设中彰显设计之都的自身城市品牌价值。

推动数字技术型的设计之都。数字化转型是"十四五"时期上海发展的重点战略之一，上海设计之都发展要走在城市数字化前沿，鼓励和支持大数据、人工智能、移动互联网、云计算、虚拟（增强）现实、物联网等数字新技术在创意设计产业中的率先应用；大力发展交互设计和数字设计等技术含量高的新业态，形成具有上海优势的数字设计产业新格局；聚焦数字版权保护、网络与信息安全监测、隐私保护等关键技术，加强攻关投入，力争形成新突破。

推动消费场景型的设计之都。其一，把设计的理念从产业和产品设计领域扩展到商业设计、文化设计、空间设计、生活设计等各个方面，将设计成果运用于城市规划和城市建设之中，形成上海设计品牌；其二，借力上海丰富的主题乐园和现场活动资源、各类重大节庆活动,引进最新虚拟技术,以设计营造城市消费场景,形成具有设计感、高颜值、线上线下结合的新型消费模式体验中心,增加上海文化活动的体验感和吸引力;其三,以数字场景设计和场所体验设计,推动文商旅体的深度融合,推动上海成为数字文化新技术和新模式活跃的应用平台和场景基地,形成协同推进"国际文化大都市""国际消费中心城市""时尚之都""品牌之都""世界著名旅游城市""世界著名体育城市"等上海"十四五"规划任务要求的发展格局。

推动服务贸易型的设计之都。据联合国统计,设计在创意产品的全球贸易中占据了大部分的份额,设计成分高的时尚产品、室内设计和珠宝设计占创意产品出口的50%以上。紧密对接上海自贸区、大虹桥商务区、中国国际进口博览会等重大功能区和平台,推动上海设计之都服务贸易功能的提升,鼓励创意设计与现代消费品产业紧密融合,服务于上海及长三角制造业的转型升级,以设计推动传统制造业的创意化发展,生产具有高文化含量、设计美感的创意产品,让产品"走出去",形成上海风格风潮的时尚消费。一方面,以设计品牌重塑"中国制造"的国际形象和"上海制造"的新辉煌,在推动消费结构升级的同时,满足现代消费品对时尚化、创意化、个性化的新需求,提升生活品质;另一方面,通过设计之都的建设,形成辐射长三角的"创意设计—加工制造—时尚消费"产业链,推进具有品牌效应的设计服务经济新业态。

3. 以"生态化"厚植上海城市的创意资本

综观全球发展,各国和地区在战略性新兴产业的竞争实际上就是产业生态系统的竞争,完整和强大的产业生态系统是文化创意产业在发展中占据先机、缔造竞争力的可持续路径。"生态化"是指主动设计和营造适宜产业成长壮大的良好生态和发展环境,以软要素为核心支撑的文化创意产业,从创意种子萌芽的起始就离不开"创造性土壤、空气和养分"的滋养,从创意到创意产业的"惊险一跳",生态化发展是强劲的助推器。"十四五"时期上海文化创意产业处于从2.0创意经济向3.0创意社会升级的关键时期(见表11),软环境营造和系统性推进是产业生态化发展的两个重要方面。

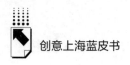

表11 创意产业的演进阶段及发展特征

发展阶段	1.0 创意产业	2.0 创意经济	3.0 创意社会
要素特征	创意产出	创意投入	创意溢出
空间形态	创意园区	创意街区	创意城区
产业业态	重点产业	融合型产业	衍生型产业
政策目标	形成创意的集聚效应	促进更广泛领域的创新创意	促进各类创意社群的建设
政策重点	培育创意生产力	营造创意转化和投入的软环境	重构消费、教育、体制等系统

资料来源：厉无畏、王慧敏《创意社群与创意产业的持续发展》，《社会科学》2009年第7期。

　　一是围绕文化创意产业的核心要素，营造优质软环境。具有创新型经济、服务型经济、开放型经济和流量型经济等多重特征的文化创意产业，是上海"十四五"发展"五型经济"的重要有机组成，抓住人才、品牌、通道、平台等核心关键，营造软环境。第一，营造人人都是创意者的创新氛围，激发创意生产力。个体创造力的释放是创意产业发展的核心驱动力之一，上海"十四五"规划明确了"人人都有人生出彩机会、人人都能有序参与治理、人人都能享有品质生活、人人都能切实感受温度、人人都能拥有归属认同"的美好愿景，以"人为中心"发展理念的确立，为上海集聚创意人才、培育创意生产力创造了良好的大环境。借鉴纽约和伦敦文化大都市出台的城市文化战略规划和政策经验，研究面向每个人的文化创意实施路径，把营造"人人都是创意者"的生态环境纳入政府实事工程，制定鼓励个体参与创新创意的项目清单，通过年度行动计划的实施，使其真正落到实处，让创意成为"贯彻人民城市"理念的新实践和新亮点。第二，营造创意转化和创意投入的软环境，促进更广泛领域的创新创意。在推动"文化创意+"的基础上，鼓励各行各业"+文化创意"，通过文化和创意要素的投入，创造更高的产业附加值，实现从"一颗种子到一片森林"的创意乘数效应，推动具有文化内涵的高质量发展生态。建议主动整合上海各部门各行业现有的相关资源，围绕上海"十四五"的重要任务、重大项目、五大新城等重点区域，搭建一站式、专业化的"+文化创意"服务平台和转化通道，打破信息不对称、供需不协同，形成畅通创意要素循环增值的新生态。第三，营造开放包容的生态环境，促进各类创意社群的建设。文化创意产业竞争力来自知识创新、自主产权，以及对商标、品牌等符号价值的开发和运营，其价值的创造依赖于创意阶层的崛起，其价值的实现依赖于消费者的认同，营造与"创意阶层"和"消费群体"相适宜的社会生态则至关重要，为此，建议加强多元化的创意社群建设，包括"以创意企业为主体的生产和经营类社群""以创意人才为主体的创造和研发类社群""以城市空间和居民为载体的交流、消费类创意社群"，[①]以此推动新思想萌发、新观念交融、新技术应用的传播力和辐射力，充分利用上海丰富多彩的文化、艺术、旅游、体育、会展等城市节庆活动与消费活动资源，为 3.0 创意社会阶段蓬勃兴起的创意产业集群、创意阶层和创意社区提供软要素支撑，形成开放包容的创意生态群落，驱动文化创意产业竞争力持续提升。

二是系统性构筑创意社会生态链，厚植创意资本。超越了单一的经济发展，文化创意产业兼具社会和经济双重特性，其产业生态系统的构建，除了一般的经济性基础建设，尤需关注鼓励大众参与创意的社会性基础建设，这也是各国和全球城市在后工业化发展阶段，为获取竞争优势普遍采取的战略选择，创意城市因此在全球兴起。第一，构筑创意社会生态链。创意经济繁荣的关键是拥有强大的创意性社会结构的支撑，[②]在 2.0 创意经济向 3.0 创意社会演进升级的发展阶段，创意性社会结构是一种"标配"的生态环境，也是上海"十四五"文创的发力点，建议系统性推进文化创意生态链的建设，重点打通三个关键环节：其一，推动科技创意，形成文化科技融合新体系，包括文化创意产业高科技研发企业、金融投资主体、持续增长的研发费用等体系建设；其二，推动创意服务，形成上海创意工作新方式，包括弹性的生产方式、便利的交流展示平台、创意性的工作环境等服务体系；其三，营造创意氛围，形成上海创意生活新魅力，包括宽容的社会氛围、吸引创意人才的生活风格、鼓励前卫艺术的文化制度等。第二，厚植三类城市创意资

① 厉无畏、王慧敏：《创意社群与创意产业的持续发展》，《社会科学》2009 年第 7 期。
② Richard Florida, *The Rise of the Creative Class* (New York: Basic Books, 2002).

本。立足于增强城市韧性和弹性，在城市生态群落大系统中强化"以人的创造力和文化要素为核心"，从创意者、消费者、管理者三大推进主体形成合力的角度，构筑多元化的创意服务体系，为城市积累创意资本。其一，创意者资本。建设面向创意者的基础性公共服务体系，包括上海文化数字资源和素材库、上海文创产品宣传推广展示平台、文化创意知识产权保护和维权通道等；加强创意性教育基础设施供给规模和供给水平，构建适应新型创意社会的教育体制，建立创造性教育的新机制，把"为每个人提供创意教育的机会"纳入基础教育和终身教育的规划，开辟更多新艺术形式和新产品的实训试验场所，开展更多与艺术家交流和工作的大众实践活动。其二，消费者资本。文化创意产业创造观念价值，其价值实现的背后是不同类型的消费者个性化的选择和自我认同的表达，因此，文化创意产业是一个强烈依赖消费者的产业。随着数字化、网络化、智能化的发展与普及，消费者已经成为一种创意生产资本，其观念价值和选择偏好深度融入创意产业的研发、制造和销售各个环节，比如工业设计和时尚设计中的个性化定制，内容产业中电脑游戏互动、电视连续剧的结局设计、沉浸式话剧中情节和角色的体验等。让消费者成为引导创新的巨大力量，用"挑剔"的消费者推动文化创意产业高质量发展，要加强消费者资本的积累，有意识培育上海文化创意产业的消费者资本，为其学习、体验、互动提供便捷的平台和服务支持，同时，大力发展创意生活产业，以强大的消费者资本构建美好生活导向的文化创意产业体系，推动上海文创产业的特色化、主题化和品牌化发展。其三，非营利组织资本。非营利组织是构建创意性社会的重要力量和资本，"其数量规模、活跃程度和参与度是一个区域文化创意产业发达与否的标志之一"①。进入创意社会发展阶段，各类松散主题活动、动态的交流机制，甚至虚拟的网络、粉丝圈，逐渐成为文化创意产业发展的新载体和新平台，非营利组织在其中发挥积极助推作用。上海文化创意产业的高质量发展，需要介于政府和企业之间的第三方组织助力，通过组织社会的力量来解决不断出

---

① 厉无畏、王慧敏：《创意社群与创意产业的持续发展》，《社会科学》2009年第7期。

现的新问题。建议引导支持各类文化创意行业协会的发展，形成"一业一会"，充分发挥其特有的灵活性、网络性、主题性、社会性优势，服务于中小微文创企业和个体创意者的动态需求，有机链接文化、艺术、商业、技术、产品和人的发展。在文化创意产业重点领域引进国际总部型行业协会和第三方组织，通过世界性行业大会举办、新产品展览、新技术应用、新趋势发布、新标准制定等，形成具有引领性和示范性的行业风向标，推动上海文化创意产业立于国际前沿，成为国内国际双循环的战略链接。

B.2
上海文化创意产业区域
发展报告

曹祎遐　耿昊裔　徐菲　张昀天*

摘　要：　上海的文化创意产业呈梯度状发展,各区域在要素集聚、资源禀赋、要素融合等方面区别明显。因此,本报告将上海的行政区划分为三个在文化创意产业特征上大体相同的大区域:主城区域(市中心区、宝山区、闵行区)、新城区域(浦东区、松江区、青浦区、奉贤区、嘉定区)和新市镇区域(崇明区、金山区)。本报告首先阐述各区发展现状,分别从要素聚集、政府扶持政策、创新进展和相关产业配套四个方面分类叙述各区域的发展概况。本报告引进了文化创意指数作为评价体系,该指数分别从知识环境、融合环境以及经济环境3个环境分类引入了6个二级指标和17个三级指标。本报告计算了各区的文化创意指数并进行排序。最后,基于现状和文化创意指数,本报告为不同区域有针对性地提出发展方向。主城区域应向高端化、市场化、国际化纵深发展;新城区域应进一步发挥要素集聚和要素辐射作用,打牢发展基础;新市镇区域则应立足地域特点打造特色文化招牌。

---

* 曹祎遐,博士,上海社会科学院应用经济研究所副研究员、文化创意产业研究室副主任,上海社会科学院创新工程(第二轮)新文创理论与应用创新团队首席专家,研究方向为文化创意产业、创业与创新管理;耿昊裔,上海中侨职业技术大学讲师,研究方向为市场预测与分析、营销管理;徐菲,上海社会科学院产业经济学硕士研究生,研究方向为产业经济学;张昀天,复旦大学创业与创业投资研究中心研究助理,研究方向为财务管理。

关键词：　文化创意产业　区域发展　上海

文化创意产业回应了新时代我国社会的主要矛盾，即旨在解决人民日益增长的美好生活需要和不平衡不充分的发展之间的矛盾。对于上海这样一个发展、布局成熟的特大型城市而言，一方面文化软实力不断提升，另一方面文化创意产业发展不平衡不充分的问题也较其他二、三线城市表现得更为明显。近年来，在政府引导、经济条件达标和企业创新的多重作用下，上海市民对文化娱乐的需求逐年递增，形势要求文化创意产业更迅猛地发展。2019 年上海文化创意产业增加值超过 1 亿元，占上海地区生产总值的比例超过 13%。自 2017 年底上海"文创 50 条"落地以来，多项政策、指导性文件聚焦于文化创意产业发展。2019 年，文化创意产业跻身上海八大重点产业。专项政策扶持资金制度和市级文化创意园区、楼宇、空间的评价制度等体系也在逐步完善。

在供给侧改革方面，"文化＋科技""文化＋旅游""文化＋创意""文化＋服务""文化＋金融""文化＋泛娱乐"等新兴业态在茁壮成长，为经济结构转型提供新思路。同时，传统工农业也通过文化创意赋能，提高传统产业的文化附加值，提供更精致、更差异化的产品和服务。

经过数年的发展，上海主要区域的文化创意产业已经积累了一定数量的资源和经验，现在的重点是由量转向质，追求文化创意产业高质量发展。要继续以《关于加快本市文化创意产业创新发展的若干意见》为指导，深化文化创意产业改革，注重质量提升，优化核心竞争力，提振产业能级，围绕建设"上海文化"的国际化、高端化品牌，继续加快推动上海成为国际文化大都市。

一　上海各区域文化创意产业发展现状

（一）主城区域产业布局成熟，追求新兴业态发展

1. 主城区域要素分类分区域聚集，充分发挥集聚效应

主城区域文化创意产业发展较为成熟，各要素分区域聚集，集聚效应发

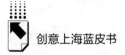

挥明显。

在场地、载体方面,黄浦区借助已有的 20 个文化创意载体,引进大地诚泰、砚源文化传播等一大批文化创意类企业,发挥规模效应,新认定 1 个区级文化创意园区、2 个区级文化创意楼宇,相继建成 Teamlab 无界美术馆、上海音乐剧艺术中心、秘密影院等项目。静安区注重产业载体设施建设,例如 800秀、珠江创意中心等高坪效的文化创意园区。长宁区创新利用现有的商场大厅等闲置资源、公园绿地等户外资源,盘活现有场地资源。普陀区重点打造互联网影视和电竞载体,形成产业集群;统筹推动以上海天地软件园、M50艺术产业园为代表的多个市区级文化创意园区发展。虹口区成立多个音乐产业服务交流中心,吸引重点企业落户。杨浦区支持发展江湾五角场"大创智"园区、互联宝地园区、杨树浦滨江南段滨水岸线等多个产业集聚区。宝山区积极开展市级文化创意产业园区申报认定,已形成"1+8+N"文化创意产业园区的多层次、全方位格局。宝山区以政策引领园区载体对文化创意产业有更深入的认识,相关评定提升了园区载体发展积极性。闵行区通过梳理文化创意载体存量资源、组织区级文化创意载体认定、开展"送培训进园区"活动、落实文化创意载体补贴资金来培育载体。主城区域各区积极推进市级文创园区建设,截至 2021 年 9 月 1 日,主城区市级文创园区达 115 个(见图 1)。

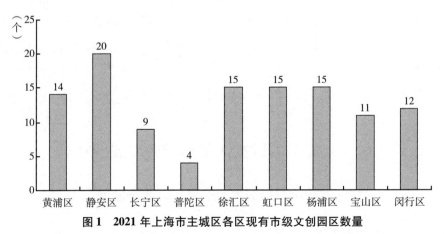

图 1　2021 年上海市主城区各区现有市级文创园区数量

资料来源:上海市文化创意产业推进领导小组办公室网站,截至 2021 年 9 月 1 日。

在资金方面，黄浦区在用政策资金调动社会资本的同时注重监管，规范文化创意资金定向使用，确保资金发挥应有的作用。长宁区通过产业专项资金为园区发展提供扶持。虹口区深化文创金融合作，建立虹创文化金融服务平台。闵行区举办首届闵行文创购物节，文化创意板块活动共吸引50万名市民参与，现场销售额近200万元，形成采购订单超1000万元，达成商务合作200多项，成为集聚资本的平台。

在人才方面，黄浦区以"演艺大世界"为中心加快人才集聚。静安区鼓励支持时尚、设计、电竞等文化创意企业实施人才战略，创新人才培养方法，多角度培育和激发文化创意人才的潜能，同时反哺企业自身发展，实现双向促进的良好发展模式。长宁区与人才办合作探索制订长宁区时尚创意产业高峰人才计划，集聚与时尚创意相关的高端人才要素；发挥长宁区外国专家局和虹桥海外一站式服务中心功能优势，吸引时尚创意高端人才。杨浦区与上海电影集团、上海出版印刷高等专科学校签约共建实践育人基地。杨浦区以上海体育学院、上海出版印刷高等专科学校等开设的电竞专业为支撑，吸纳优秀人才，打造以长三角电子竞技产教协同创新中心为基础的电竞人才培养基地。闵行区举办2019上海网络视听产业周，聚集专家学者分享经验知识。

在信息方面，为更好组织文化创意载体，长宁区建立时尚创意产业联盟，提高信息沟通效率。普陀区推动金沙江路、梅川路沿线的影视功能性公共服务平台建设，加快企业集聚。虹口区开设文创办微信公众号，发布相关事业、产业政策和全区有关配套政策，畅通信息渠道；发挥区文创办主任工作例会制度优势，会同区发改委、区财政局及相关部门，建立了文化创意项目申报的部门会商机制，形成工作协同合力。市新闻出版局与杨浦区签约共建中国近现代新闻出版博物馆和产学研协同数字传媒创新基地，整合在版权内容、编辑、印刷、发行、技术、终端等各环节的信息资源优势。杨浦区和上海大剧院的合作，能成功地在新建的YOUNG剧院中吸纳市级优秀资源。闵行区举行"文创·赋能·园艺"——2019上海家庭园艺展文创论坛。

2. 政府扶持政策

黄浦区政府深入落实市"文创50条"精神，结合黄浦区"文创36

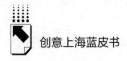

条",出台了《黄浦区文化创意产业引导资金管理办法》和《2019年度黄浦区文化创意产业发展引导资金项目申报指南》,加强对新兴企业的扶持力度,完善顶层设计。

静安区开展文创项目申报培训,提高企业申报项目质量,有24个项目获得2019年市文创专项资金,涉及项目总投资1.7亿元,扶持资金3015万元。全年落实区级配套资金约1150万元。为了扶持新兴的电竞产业,静安区还设立电竞产业发展专项资金,目前在评审的项目有29个。

长宁区全年为49个项目提供扶持资金3729万元,对时尚创意产业的综合组织、时尚媒体落户、投资项目补贴、高品质泛时尚类创新创意活动、发展专项资金、重点区域载体建设、公共项目支持、时尚地标活动打造等进行扶持;放管服改革作用显现;加强精准招商引资。

为了文化创意园区转型升级,普陀区研究形成《提升普陀区楼宇园区能级调研报告暨三年行动计划》,成立普陀区楼宇(园区)服务办公室,制订设计"一园一策"转型发展方案,近三年来扶持园区运营资金累计达650万元,扶持园区企业资金累计近2600万元。同时普陀区做好专项资金工作,共计8个项目获得扶持,扶持金额693万元。

虹口区共10个项目获得市级扶持,高效开展全区文创专项资金审批工作,组织区内文化创意企业、园区积极申报国家文化产业发展项目库,为文化创意企业提供税收优惠政策。

杨浦区2019年共33家企业获得市级文化创意类在建扶持项目资金,17家企业获得成果资助类项目资金,共获得市、区两级财政扶持资金4463万元,带动社会资本投资2.7亿元。

宝山区21家企业获得市文创资金扶持,扶持金额总计1340万元,8家企业历年申报的市文化创意项目于今年通过验收,获得区级财政尾款配套168.5万元,镇、园区配套192.5万元;共有9个项目获得区文化创意资金扶持,区级财政扶持金额总计531.15万元。在政策设计方面,宝山区以《关于加快本市文化创意产业创新发展的若干意见》等文件为指导,对产业政策进行了集中修订,完善了细则。

闵行区通过组建街镇文创领导小组，组建文创联络员队伍，筹备成立区文创协会，各层级建立健全文创工作体系；全流程落实文创资金项目申报，2019 年市区两级资金共需拨付 2194 万元（其中市级拨付 1216 万元，区级拨付 978 万元）。

3. 主城区域着力发展新兴泛娱乐产业，追求建设集群

主城区域中许多区都将发展重点放在新兴泛娱乐产业上，如电竞产业、影视产业等，纷纷出台政策、招商引资，吸引头部企业落户本区，打造特色产业集群。

黄浦区重点推动"演艺大世界"发展，打造品牌，并创新性尝试在"演艺大世界·2019 上海国际喜剧节"进行文旅商融合；结合已有的文化地标转型升级，盘活老大楼、老厂房和老仓库，充分利用已有的资源。

静安区多点开花，影视产业方面，夯实基础，配合举办亚洲新人奖；电竞产业方面，依托灵石路地区拳头、动视、量子体育、网映文化等大量的头部企业的集聚效应以及完整的产业链，打造灵石中国电竞中心，支持多项重要赛事落户静安，打造电竞集聚社群；时尚产业方面，依托上海时装周平台、南京西路和社会展览中心区域优势，打造一系列与设计相关的活动。

长宁区重点打造时尚产业，引入时尚行业新型商业运作模式，引入知名企业同时推动长宁品牌"走出去"；围绕"时尚金三角"，根据不同载体定位订制不同公共活动；聚焦"一圈三轴"，将长宁打造为融合性时尚地标。

普陀区聚焦优势产业，发展互联网影视和电竞等新兴产业，加快新兴产业布局；重点打造以"2019 中国声音大会"、上海国际电影电视节互联网影视峰会、WePlay 游戏文化展等为代表的特色产业品牌活动，打造文化名片。普陀区还推动文化创意园区转型升级，制订"一园一策"转型发展方案。

虹口区着力发展文化金融服务，研发"电商囤货贷""文化演出贷"等虹口文化专属金融服务产品，深入研究文化和金融的融合，梳理制定文化金融税收优惠政策；打响国家数字出版基地品牌和影视文化产业品牌，打响以"文创＋5G""文创＋创业"为代表的"文创＋"服务品牌。

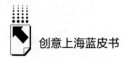

杨浦区着力打造上海"设计之都"核心功能区，推动现代设计、工业设计、科技设计等一批设计相关产业建设；大力发展电竞产业、影视产业、网络视听产业、演艺产业等一众新兴泛娱乐产业，依托现有企业的资源，进一步放大集聚效应，有针对性地发展；加快发展新兴出版产业，在实体书店和数字出版上双管齐下，打造完整产业链；培育发展慧生活产业，搭建智慧商圈。

宝山区举办了多个有别于其他区的特色文体赛事，例如"2019上海邮轮港国际帆船赛"；持续打造例如"陈伯吹国际儿童文学奖""黑池舞蹈节"等本区特有文化品牌。

闵行区围绕"闵行文创20条"和"三年行动计划"，指导各镇、街道、工业区开展"一镇一品"文创建设，差异化发展；组织去外区实地考察，学习外区文化创意产业发展经验；举办首届闵行文创购物节、2019上海网络视听产业周。

4. 主城区域多个指导文件发布，针对不同特色，引导产业集聚化发展

硬件方面，黄浦区多部门联合开展文化创意领域横向对比研究，完善文化创意产业空间布局。静安区推动电竞、时尚等创意园区发展，增强集聚效应；建设以全球化电影后期制作为核心的环上大国际影视园区。普陀区推进金沙江路、梅川路沿线影视产业功能性公共服务平台建设，打造配套功能集聚区。虹口区规划打造"3 + 12 + X"空间载体。杨浦区支持发展江湾五角场"大创智"园区、互联宝地园区、杨树浦滨江南段滨水岸线等多个产业集聚区，打造由多个演艺中心构建的青年先锋文化演艺轴，利用老厂房创建影视产业基地，梯度发展多个数字出版中心。

软件方面，黄浦区加强文化创意衍生产品研发，开发线上销售渠道，拓宽文化创意产品销售渠道。静安区推进第二届电竞上海大师赛、时装周、设计周等活动，引领产业集聚化、规模化、优质化发展；推进"静安文化创意企业服务平台"建设；指导协会开通"静安文创"微信公众号；制定了《静安区电竞产业发展规划》。长宁区与东华大学形成了《上海市长宁区人民政府 东华大学深化推动"环东华时尚创意产业聚集区"战略合作协议》

初稿，推进环东华时尚创意产业集聚区建设；通过各类活动、展会推介长宁区营商环境和产业政策。普陀区发布《上海市普陀区加快发展电竞产业实施意见（试行）》，切实提升区域营商环境；宣传《普陀区加快发展文化产业实施意见》《普陀区加快音频产业发展实施意见（试行）》《上海市普陀区加快电竞产业发展实施意见（试行）》等专项产业政策。虹口区起草发布了《虹口区加快发展文化创意产业的意见》《虹口区加快发展体育产业的意见》《关于开展 2019 年虹口区文化创意产业专项扶持申报工作的通知》等配套政策。杨浦区出台支持影视网络视听产业"35 条"，发布支持电竞产业"23 条"，争取与东方卫视中心等既有全牌照又有内容审核权的机构和市级监测中心合作，做优网络文化中心。宝山区注重政策对文化创意产业园区的引导，加大"十项举措"的贯彻落实；2020 年实施《宝山区文化创意产业园区及楼宇认定办法》，开展文化创意产业园区及文化创意楼宇认定工作。闵行区人民政府与国家广播电视总局网络视听节目管理司、上海市广播电视局联合主办 2019 上海网络视听产业周，助力闵行视听产业发展；举办首届园艺文创论坛，以文化创意思维赋能园艺产业发展。

（二）新城区域加速发展，发展格局初步形成

1. 新城区域布局文化创意产业载体，切实落实扶持资金

新城区域中各区的要素都在加速聚集，其中尤以产业园区等文化创意产业载体为最。

浦东新区在打造文化艺术形象的过程中，注重人才对可持续发展的重要作用。浦东新区文创办支持中法艺术学院等机构加大人才培养力度，为浦东新区艺术机构和中心定向输送人才。浦东新区依托滨江世博地区的区域特色和产业聚集情况，继续推进滨江文化项目集聚，将世博地区打造成辐射长三角的演艺聚集区，会同陆家嘴管委会、世博管委会推进的方所书店、宋城宝钢大舞台等项目均已开工建设。

青浦区重视各级产业扶持资金的审批和拨付，开展资金管理培训会，确保资金的切实有效，以政府资金为杠杆撬动更多社会资本集聚青浦文化创意

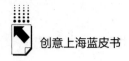

产业。在青、吴、嘉三地文化旅游管理部门合作中，专家学者、文化创意企业积极参与，形成人才和技术的跨区域互通，加速纵深发展。青浦区积极推动世界手工艺产业博览园建设，支持一批项目申报市级文化创意产业园、示范楼宇、示范空间考核评估，挖掘产业园区、楼宇、空间的集聚效应。

奉贤区注重搭建各类平台，实现要素集聚。奉贤区召开奉贤区文化创意产业招商推介会，并搭建公共服务平台，从政策指导、招商引资、资源对接等方面提供产业服务，通过平台集聚社会资本，力图打造一流的文化创意产业公共服务平台。奉贤区还致力于打造南上海文化创意产业集聚区，系统性建构发展空间布局，建设区域文化品牌。

松江区同样致力于文化创意园区、空间评审和开发，以《松江区文化创意产业园区认定和管理办法》为抓手，拓展文化创意产业载体范围。除此之外，松江区在时尚设计产业方面积极融合各类要素，聚集高校人才、社会资本，信息共享，提高时尚设计产业规模效应。

嘉定区依托城市平台、区域资源和品牌企业，大力推进文化创意载体建设，推进园区二次开发。

2. 政府扶持政策

新城区域的文化创意产业体系大多还处于发展完善中，文化创意产业的顶层设计也尚未完善，因此政府的扶持意愿和扶持力度都相对较大。新城区域的政府扶持政策一般以两种形式呈现。一是发放扶持资金和积极主动开展专项资金的申报评审工作，二是规划产业布局、完善顶层设计、提升产业发展能级。同时，各区政府还注重加大现有政策的执行力度，狠抓落实，保障政策的实施效果。

浦东新区文化产业处会同文创办成员单位研究制定《浦东新区促进文化创意产业发展财政扶持资金项目日常管理及验收管理办法》，让专项扶持资金切实为基层招商服务，精准帮扶优质文化创意项目，提高文化窗口审批效能，撬动更多市场资源。

青浦区加强对现有文化创意产业扶持政策的宣传和引导，并入驻行政服务中心的产业政策咨询专窗，确保政策发挥出其应有的效果。青浦区还广泛扎实开展扶持资金申报拨付工作，20个文化创意项目获得总扶持资金3350万元（通过率47.8%），其中市级扶持资金1675万元，区级扶持资金1675万元，预计带动社会投资总额达2.0138亿元。在产业层面，青浦抓好产业培育工作，完善产业扶持政策。

松江区以建设上海科技影都为目标，对优质影视项目和时尚设计产业定向扶持；以《松江区文化创意产业园区认定和管理办法》为抓手，完善扶持政策的体系和管理；依照《2019年度上海市促进文化创意产业发展财政扶持资金项目申报指南》以及市文创办要求，积极向申报的文创项目发放文创扶持资金，最终发放市级扶持资金共计805万元，区级配套资金共计765万元。在影视业方面，松江区还定向做好2020年度影视产业发展专项资金申报工作。

奉贤区文创办同样积极开展奉贤区文化创意产业发展专项资金的申报评审工作，支持企业申报市级项目，其中35个项目通过区级评审，16个项目通过市级评审，45.7%的项目通过比例在全市16个区中名列前茅。16个项目将获得市级文创扶持资金共计1207万元，撬动社会资本1.4亿元。在产业层面，奉贤区研究完善产业政策，持续完善南上海文化创意产业集聚区顶层设计。

嘉定区发布了《关于加快嘉定区文化创意产业创新发展的若干意见》（以下简称"嘉定文创30条"），吸引了一批优质企业入驻。

3. 新城区域依托现有企业和产业资源，扩大优势产业

新城各区基于已有文化资源做大特色园区和公共文化活动，以重要项目为抓手推进文化产业发展，打造特色文化创意品牌，推动特色产业集聚发展，享受集聚效应带来的红利。

浦东新区是众多电竞比赛的举办地，因此区文创办持续推动国际、国内众多重大电竞赛事活动在浦东新区举行，推进例如"STEAM中国"等重要电竞项目落户张江，加快推进一批电竞园区建设，对电竞产业头部企业重点招商。基于已经启用的外高桥上海自贸区国际艺术品交易中心，浦东新区将继续积极建设艺术品交易中心，推进"艺术商圈"计划。基于已经举办的"一带一路"电影周，区文创办将继续推动该电影周运行，依托度假区影视基地，

引入 40 多家影视制作机构落户度假区国际影视基地，形成集聚效应。

青浦区文化创意产业发展的重点是长三角一体化与跨区域交流，积极构建"一廊一轴三区"文化创意产业发展新格局。在管理部门层面，青浦区联合吴、嘉二地文化旅游管理部门，积极参与区域文化创意交流合作。在项目层面，基于已有的青浦世界手工艺产业博览园，青浦区吸纳了"泛长三角城市工艺美术产业发展战略联盟"合作平台入驻博览园；积极引导推荐区内文化创意企业申报参加长三角创意设计联展等活动，推进跨区域合作交流。青浦区争取将"长三角工艺美术精品展暨时尚生活用品订货会"打造为常态化活动。同时，青浦基于现有资源积极发展特色产业，推动主体性文化创意产业集聚发展。青浦依托百老汇、虹馆、朱家角水乐堂，致力于发展演艺市场；依托元祖梦世界，培育发展儿童零售、娱乐、体验、文创等多种新业态。此外，青浦还致力于发展游戏、电子竞技、虚拟现实、动漫等产业集群和文化创意产业基地。

奉贤区的美丽健康产业是奉贤文化创意产业的重要组成部分。以"东方美谷"产业品牌为引领的美丽健康产业集群通过"星聚东方·璀璨美谷"2019 首届东方美谷化妆品大会和品牌展，得以发挥奉贤在国内外美丽健康产业领域的集聚效应。依托南上海文化创意产业园，奉贤的南上海文化创意产业集聚区建设也在持续进行中。

松江区的发展重点是建设科技影都，并以此为指导开展了上海科技影都影视节系列活动，科技影都重点项目、影视基地、影视旅游产业发展等一系列相关活动。松江区还致力于发展时尚设计产业，依托时尚企业资源与东华大学等松江大学城设计类高校合作，打造松江时尚设计产业链，扩大集聚效应。

嘉定区构筑以人为本的城市公共文化"第三空间"，打造嘉定文化品牌，构筑三大品牌——孔庙大学堂、汽车文化城和远香湖新都；推动嘉定节能环保建筑、新能源汽车、生物医药等一众新兴产业，建设园区和项目。

4. 新城区域推动特色产业园区发展，盘活老工厂，优化政策指导

在硬件方面，浦东新区推动一批优秀新园区投入运营，改造一批老园

区，帮扶园区建设，包括电竞园区、影视园区等，大大拓展了文化创意产业发展的空间载体。浦东新区打造度假区国际影视基地和大通音乐谷等影视产业配套场地和项目。青浦区积极指导区内企业参加市级文化创意产业园、示范楼宇、示范空间考核评估，形成以青浦世界手工艺产业博览园为代表的一众文化创意产业载体，大大拓展了文化创意产业发展的空间载体涵盖范围，从物理媒介的角度开发其发展潜力。演艺产业方面，青浦区积极优化演艺设施布局。奉贤区依托九棵树未来艺术中心、奉贤区城市博物馆等项目，推进演艺产业，将南上海文化创意产业园、术界创e园等一批市区级文化创意产业园作为文化创意产业的空间载体。奉贤区依托"上海之鱼"空间场地优势，发展集休闲娱乐、商务论坛于一体的高品质文化创意空间与业态。以吴房村为代表的创意文旅乡村片区带动奉贤生态旅游和文化旅游产业发展。松江区以上海大学、上海电影学院影视实训基地为示范，搭建多个地校影视合作平台。嘉定区做强广告创意集聚园区等一众新兴产业园区，推进产业集聚发展。

在软件方面，浦东新区引进上海市电竞协会，在浦东率先开展电竞运动员注册制，进一步推进电竞产业规范管理，逐步完善电竞产业的配套政策和标准体系。青、吴、嘉三地共享文旅资源，为文旅发展集智献策。奉贤区的文化创意产业公共服务平台为文化创意产业发展搭建基础，《奉贤区乡村旅游民宿管理暂行办法（试行）》助力民宿发展。松江区紧抓影视教育实训，初步建立"十四五"期间上海科技影都建设发展路径和指标体系，出台《松江区关于促进上海科技影都影视产业发展的若干政策》2.0版本；在时尚设计产业方面，松江区开展多个论坛、品牌推介会等活动。嘉定区发布了"嘉定文创30条"，开发园区二次开发平台、协同创新平台、长三角战略合作平台、产融合作平台。

（三）新市镇区域优先发展特色产业，逐步铺开基础布局

1. 新市镇区域要素不充足，优先扶植培养特色产业的人才、载体等要素资源

载体方面，金山区推动市级文化创意园区、楼宇、空间创建。崇明区注

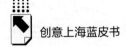

重本区的特色旅游资源载体。以西沙明珠湖争创 5A 级景区为例，崇明区加快推进各项工作，推动旅游供给向全链条拓展，总体上打造三岛旅游体系。

人才方面，金山区对本区特色金山农民画的人才培养较为重视，开展了两年一度的金山农民画画师评审。评审有申报、专家复审、区文旅局商议等多个环节。据悉，2019 年 8 月，有 8 位画家成为第五批金山农民画画师。崇明区在扶持文化产业创业方面，注重培育文化产业专业人才，有效拉动就业。

资金方面，金山区严格按照《金山区促进文化创意产业发展财政扶持资金实施办法》《金山区文化创意产业园区认定和管理办法》"两个办法"精神，加大扶持力度和规范管理并行。

信息方面，金山区推出"金山全域旅游网"，整合旅游资源。

2. 政府扶持政策

金山区 8 个在建项目和 6 个成果类项目获得市级扶持资金共计 719 万元，区级财政配套扶持资金 427.5 万元，撬动社会资本 6387 万元。金山区进一步深化"放管服"改革，推进"一网通办"效能提升，优化营商环境。

崇明区共有 78 个项目申报市文创产业发展扶持资金，12 个项目通过最终审核，共获得市级扶持资金 885 万元，1 个项目进入全国优选文旅投融资项目复核。崇明区持续加强对影视产业、文化街区、民间博物馆的定向扶持力度；加大对文化创意企业扶持力度，对部分创意项目重点奖励扶持。

3. 新市镇区域未来差异化发展，突出本土特色

金山区的主要文化创意产品是金山农民画，为了推动农民画产业化发展，金山区拓展展览渠道，开展画师评审，开发农民画的衍生产品，在上海多个景点和人流密集场所设立了金山农民画展厅。金山区文化创意产业重点发展绿色印刷产业，建设了金山国家绿色创意印刷示范园区，引入了多个基地和生产中心，2019 年前三季度，产业园总产值达 35 亿元，总税收达 2.2 亿元。结合当地旅游资源，金山区启动"文旅融合推进乡村文脉传承机制研究"课题研究；培育文体旅融合新型业态，举办文体旅融合赛事节庆活动，举办了 2019 年金山国际烟花节、金山国际啤酒节等一系列节庆活动和

一系列论坛平台类项目，承办了上海市乡村振兴职业技能大赛暨全国乡村振兴职业技能大赛上海选拔赛。

崇明区立足本区的生态资源，深化商旅文融合创新，推进全域旅游，加强崇明特色的宣传和故事讲述，引进房车营地项目，着力构建崇明文旅智慧平台体系，精心设计有崇明本土特色的文化创意衍生产品和文化创意产品。在影视业方面，崇明积极引进资源，建设崇明文化影视产业基地。

4. 新市镇区域搭建底层平台、基地、园区

硬件方面，金山区在上海市内设立"金山生活"形象及售卖点 8 个，建立金山国家绿色创意印刷示范园区。软件方面，金山区启动"文旅融合推进乡村文脉传承机制研究"课题，深入实施"上海艺术商圈"推进工作，发布"金山如画"文化和旅游品牌。

硬件方面，崇明区推进中国音乐剧产业基地、崇明音乐剧产业园区和影视摄制户外推荐取景地的打造；做好以崇明5A级景区为主的全域旅游工作。软件方面，崇明区在推进旅游业方面设计制作文旅特色宣传资料、设计推广崇明特色精品线路，着力构建崇明文旅智慧平台体系，推广崇明文化旅游品牌。

二 上海市各区文化创意指数评价体系构建

为了更好综合、整体衡量和评价各区的文化创意情况，本报告引入了文化创意指数评价体系。分别从知识环境、融合环境以及经济环境 3 个环境分类引入了 6 个二级指标 17 个三级指标，综合形成文化创意指数评价体系（见表 1）。其中文化创意园区数据来自上海文化创意产业推进领导小组办公室官网，其余数据来自上海市各区 2019 年的统计年鉴。

如今各区都有引进、培育人才的计划，彰显了人才资源的重要性和稀缺性，人才对项目的支撑提升作用十分明显，高端人才成为稀缺资源，因此，知识环境中重要的一部分就是人力资源。考虑到产学研融合的效果而引入了高等院校数量，考虑到园区自身的人力资源而引入了入驻园区员工人数。

各区都有序展开市区级文化创意园区、楼宇、空间的评比，培训和鼓励

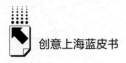
园区参与市级评选，因此，对载体和平台的重视性在文化创意指数评价体系的跨界平台这个二级指标中得以体现。

各区也都加大招商引资的力度，发布了招商引资的指导文件和优惠政策，对不同特色的园区有针对性地吸引企业落户园区，最大限度发挥企业的集聚效应。企业的集聚带动了多个要素的集聚，对文化创意产业的发展起到了极大的促进作用。因此入驻企业和品牌企业作为资本资源，是经济环境的重要指标。图书馆、文化场馆等基础设施作为相关产业配套设施起到了重要的基础保障作用，因此也是经济环境中的一个组成部分。

表1 文化创意指数评价体系

一级指标	二级指标	三级指标
知识环境(40%)	人力资源	高等院校数量 入驻园区员工人数
	技术资源	专利申请量 专利授权量
融合环境(40%)	创作环境	全国文物保护单位 市级文物保护单位 国家级非物质文化遗产 市级非物质文化遗产 公园
	跨界平台	市级文化创意产业示范园区 市级文化创意产业园区 公共服务平台
经济环境(20%)	资本资源	入驻企业 品牌企业
	基础设施	图书馆 文化场馆 电影院 博物馆、纪念馆 购物中心

资料来源：笔者根据相关文献自制。

经数据统计整合后，得到各区的一级指标和整体指数。

（一）主城区域：市中心区、宝山区、闵行区

主城区域各区文化创意总体指数及一级指标的指数如表2所示。

表2　上海市主城区域各区文化创意指数（2021年）

区	知识环境	融合环境	经济环境	总得分	排名
徐汇区	51.60	70.59	65.69	68.58	2
黄浦区	39.09	86.76	58.25	67.81	3
杨浦区	51.54	64.10	63.19	65.21	5
闵行区	50.06	62.42	60.73	63.21	6
静安区	40.45	69.67	62.10	62.68	7
宝山区	51.63	49.40	59.03	58.12	9
长宁区	39.10	60.31	56.14	56.61	10
虹口区	37.66	61.36	48.71	54.22	11
普陀区	37.22	50.14	49.47	49.79	14

资料来源：上海文化创意推进领导小组办公室网站和上海市各区2019年的统计年鉴数据。

主城区域有着较好的要素聚集和完善配套的政策扶持，文化创意产业总体发展情况较好，只有普陀区一个区位列倒数第3名。因此普陀区需要在文化创意产业发展上多发力，重点分析目前政策不起效的根本原因。普陀区文创办可以多开展跨区参访，通过分析其他区的经典成功案例来反省本区的不足，早日赶上其他区，发挥好主城区域的地理和资源优势。

（二）新城区域：浦东新区、松江区、青浦区、奉贤区、嘉定区

新城区域各区文化创意总体指数及一级指标的指数如表3所示。

新城区域的发展较不均衡，如浦东新区和松江区位列第1名和第4名，而奉贤区和青浦区位列倒数第4名和倒数第5名。因此，新城区域之间可以多开展经验交流会，各区文创办负责人互通有无，交换信息，分享本区经验，让浦东新区和松江区带动其他区高效利用本区资源，先成功的区带动尚未成功的区。其他区在借鉴成功经验的同时，依托本区特色走出差异化发展之路。

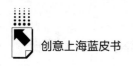

表3　上海市新城区域各区文化创意指数（2021年）

区	知识环境	融合环境	经济环境	总得分	排名
浦东新区	97.50	71.79	64.19	86.97	1
松江区	54.32	55.62	72.56	65.74	4
嘉定区	49.47	56.99	56.53	59.54	8
青浦区	37.46	53.75	52.51	52.24	12
奉贤区	42.71	41.78	60.25	51.87	13

资料来源：上海文化创意推进领导小组办公室网站和上海市各区2019年的统计年鉴数据。

（三）新市镇区域：金山区、崇明区

新市镇区域各区文化创意总体指数及一级指标的指数如表4所示。

表4　上海市新市镇区域各区文化创意指数（2021年）

区	知识环境	融合环境	经济环境	总得分	排名
金山区	35.58	41.23	51.23	46.09	15
崇明区	20.00	19.02	24.88	23.07	16

资料来源：上海文化创意推进领导小组办公室网站和上海市各区2019年的统计年鉴数据。

新市镇区域中的崇明区、金山区位列倒数第1名和倒数第2名，因为新市镇区域要素匮乏、起步较晚，这样的结果也在情理之中。新市镇区域应基于目前已经日趋成熟的文化创意产业发展道路和经验，避开陷阱和弯路，加速追上其他区。

三　上海各区域文化创意产业未来发展趋势

（一）主城区域发展关键词：差异化经营、跨界融合、要素高端化

1. 园区差异化经营，推进产业品牌体系建设

主城区域拥有区位和资源的比较优势，可以考虑错位发展和差异化发

展，构筑产业竞争优势，确立打造园区特色的经营战略。园区已经不是单纯的有围墙的仓库或园区，而是集娱乐休闲、商务工作、商业开发于一体的多功能开放式社区。主城区域还可以重视园区在产业链上承前启后的连接功能，将其打造成集研发、设计、营销、融资和信息平台于一体的文化创意产业链的总部经济形态，使其成为产业链的物理枢纽，让产业链更顺畅。

文化创意产业园区的主题特色产业正逐渐形成品牌，成为城市的文化符号。主城区域立足于发展成熟的园区，逐渐发展出围绕品牌符号的衍生产业。文化创意产业园区实施品牌化、差异化和拓展化发展战略，促进园区发展提质增效。坚持从过于追求数量和规模转为更加注重品质和价值的正确理念，更加注重品牌意识、品牌观念的培养。通过品牌掌门人、品牌首席官、品牌经理和品牌专员等多层级的培训，建立和完善企业品牌组织架构，以及加强品牌战略管理、营销策划等专业咨询机构的对接服务，从植入品牌理念、导入品牌体系，逐渐形成品牌经济。

2. 推进跨界融合发展

上海品牌经营已经出现报酬递增的态势。创邑、越界、M50、德比等经过多年以品牌为核心的打造，在众多集聚区中脱颖而出，升级趋势明显。这些文化创意品牌与传统制造业、服务业和电竞产业、美妆产业等新兴产业相融合，在其他产业中融入文化创意元素，促进文化创意产业在各个层次融合渗透，推动了文化创意设计与主城区域的主导产业和特色产业深度融合发展，促进了产业集群效应、城市功能协同提升。

3. 集聚产业高端要素，创新人才认定机制

产业高端要素的集聚，重点是人才，其核心是高端人才的集聚使得产学研融合，带动一批高端项目活动落地，从而使上海文化创意产业走上国际化、高端化发展道路，影响力辐射世界各国。

主城区域其他要素已经充分集聚，现在应当推动实施文化创意创业创新人才扶持计划，营造文化创意人才健康成长、迅速发展的制度环境。首先，主城区域应当将本区打造为文化创意人才高地，培养复合型高端人才。其次，积极利用各类引才引智计划，引进高端人才。最后，适度放开以学历为

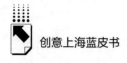

硬性标准的选拔人才方法，尊重市场和企业对人才的认定标准，通过企业内部的知识产权入股，以及多方位的人才服务政策，为文化创意人才的成长与发展提供激励。

4. 增加长期战略规划

近年来，文化创意产业的长期战略愿景逐渐在主城区域的总体发展规划中得到重视，各区着眼未来，将时间线拉长，制定时间跨度长、生命力持久的阶段性文化创意产业发展目标。

为了实现长期可持续发展，各区应整合本区的园区、文化地标等资源，共享资源信息，织成一张资源共建共享网，助力彼此问题解决。各区已经在采取措施，例如虹口区上海音乐谷核心区域目前已正式获批升级为国家音乐产业基地。下阶段要积极对照国家新闻出版署颁布的《国家新闻出版产业基地（园区）管理办法》的有关要求，进一步整合资源，制订具体的实施方案。宝山区"陈伯吹国际儿童文学奖""黑池舞蹈节"等文化品牌，已成为宝山文化对接上海文化品牌的响亮名片。

5. 向着更加市场化、国际化、高端化方向发展

上海一直是全国市场管理最规范、政府效率最高的地区之一，但与此同时可能也多少带有一些"强政府、弱市场"的色彩。但是对于文化创意产业，上海逐渐放权。上海主城区域在文化创意产业的发展上大胆创新管理体制和机制，转变政府管理职能，完善市场体系和规则，逐渐向各类社会资本特别是民营资本开放市场，最大限度地减少政府对文化创意产业的行政干预和限制，最大限度地激发企业家、艺术家等的创新创意活力。

上海将在作品的前期构思、生产制作、宣传营销等产品全生命周期各环节将国际市场的偏好纳入考虑，和国际接轨，培养国际化的视野，创造出具有国际水平的一流文化创意产品和服务。同时，还可以发挥上海作为国际经济、金融、贸易和航运中心的职能优势，搭建各类国际文化创意产业交流、交往合作平台，通过有效、规范的国际化市场运作，把上海以及全国各地优秀的文化创意产品、项目推向国际市场，积极推动中国文化"走出去"，增强中国的国家文化软实力，并使上海真正成为全国乃至亚太地区最重要的国

际文化创意交流中心。

在选择上海文化创意产业发展的重点时，上海主城区域可以更加注重高附加值、高新科技运用、高创新创意性、高端人才密集等特点，进一步集聚高端文化创意产业资源，占据文化创意产业链的高端，对全国其他地区特别是长三角周边地区的文化创意产业发展起到很好的创新引领和辐射带动作用，同时又可避免同其他省市由于产业趋同而产生的恶性和无序竞争。

（二）新城区域发展关键词：产业集聚、产业辐射、品牌塑造

1. 进一步加强产业集聚

上海的新城区域初步形成产业结构，集聚效应还不足，产业结构尚不完善，各区域间无法形成有效联动和协同发展。要素资源的利用效率还没有被充分发掘，因此上海市各区，尤其是新城区域，应着力利用现有要素，促进要素集聚，促进产业体系的构建和完善，为新城区域的文化创意产业发展创造良好的环境。

与其他产业相比，文化创意产业的产业融合度强、产业链长，对上下游产业的渗透、辐射比较明显。过去十几年中，上海在推动文化创意产业发展过程中有一个非常鲜明的特色，即因地制宜地建设文化创意产业集聚区，形成一批具有国家层级知名度和影响力的文化创意产业集聚区，这不仅带动了文化创意产业的繁荣，更对加快上海传统制造业产业升级，促进城市更新和发展都市旅游等有推动作用。因此，"十四五"期间，上海仍须花大力气完善文化创意产业集聚区建设。当然，今后的重点应该从原来的形态塑造逐步向功能完善转变，特别是要强调集聚区的产业特色和差异化，注重上下游产业链的构建、延伸和拓展，以"特色小镇"为样板，努力把集聚区打造成产业集聚度高、特色明显、功能齐全、环境优美的文化创意产业发展的载体和平台。

2. 加强政策支持力度，引导"文化＋"产业深度融合

加强产业融合。除了加强传统的商业、娱乐业、时尚产业深度融合之外，还应加强与科技深度融合，推动科技咨询、信息资讯、科技传媒等科技文化跨界融合领域加快发展；加强与金融深度融合，加快推动文化创意投资

基金、融资担保、融资租赁、小额贷款、信托保险以及金融传媒资讯等集聚发展，为文化创意产业发展提供多样化的融资服务。如青浦区朱家角"文创＋基金"特色小镇以及嘉定区的北虹桥时尚产业园。园区以上海时尚之都促进中心——江桥基地为平台，综合文创时尚产业领域领军企业和东华大学、北京服装学院等资源，形成"社＋商＋学"三位一体资源优势。

强化产城融合。文化创意产业的创新发展与智慧城市的打造，二者并驾齐驱可事半功倍。实现"文创＋城区"的互补发展，从而利用好正溢出效应；实现园区、街区、社区"三区"联动，将创意氛围从园区延伸到街区、社区，推动商区转型成"商、旅、文、创"的多方位共生共融形态。嘉定区的西云楼文化商业水街致力于打造集商圈、园区和社区于一体的文化商业空间，持续推动睦邻文化和夜间经济发展，开发海派城市旅游"夜游杜公馆"项目，打造"霓光之旅"西云楼夜市集，开展美食、相声、时尚歌曲演绎、露天电影、上海弄堂游戏等各类体验活动，极大丰富了城市居民的精神生活。

3. 完善产业政策环境

完善各区促进文化创意产业发展财政扶持资金政策、自主创新专项资金政策。培训和支持文化创意企业参加区级和市级评比，建立项目全生命周期管理系统，引导社会资本加大对文化创意企业的创新投入，切实发挥财政扶持资金的杠杆作用。积极引入各类风险投资资金，探索与股权投资、天使投资、创业投资等多样化的风险投资机构的合作，充分发挥资本的撬动和支持功能，扶持文化创意初创期企业、小微企业、成长型企业快速发展壮大。

如浦东新区进一步深化了"六个双"监管体系，牵头建立演出场馆、电影放映等10个综合监管平台，通过智能化、可视化手段，进一步提升企业全生命周期管理的精度和效率，并加强文化市场扫黑除恶治乱的工作力度。

4. 精准把握产业发展方向，加强交互作用，扩大辐射效应

以数据设计为基础，以交互设计为手段重点发展设计产业，聚焦工业设计、时尚设计、建筑设计、多媒体艺术设计、广告及会展设计等重点领域，

拓展服务设计、集成设计、流程设计等新领域，充分发挥创意设计产业在上海经济转型升级中的引领和支撑作用。

不仅要大力扶持重点产业发展，更要加强交互作用，扩大重点产业对相关产业的辐射效应。例如以文化传媒为重点产业，带动电影业、新兴娱乐业、演艺业的发展，由此推动全产业链发展。

5. 强化品牌塑造

新城区域根据各区产业优势，因地制宜，强化塑造文化创意品牌。松江区整合上海国际影视节资源，打响上海科技影都品牌；奉贤区聚焦时尚创意，壮大"东方美谷"产业优势；浦东新区打造电竞之都、艺术品交易中心，建设世博核心演艺集聚区、度假区影视基地。

（三）新市镇区域发展关键词：地域特色、资源联动、客源互动

1. 以地域特色为基础，打造亮点文化创意招牌，发展重点领域

金山区打造文化创意"金"字招牌，凸显文化标识。金山区积极推进文旅产业融合，进一步释放产业活力。一是加强金山农民画对外交流，拓展展览渠道。二是开展金山农民画画师评审，补充完善农民画画师梯队，金山区凭借金山农民画荣获"中国民间文化艺术之乡"称号。三是开发"金山生活"农民画文化创意衍生产品。四是设立形象展厅。金山区文化创意产业布局重点发展绿色印刷产业。金山国家绿色创意印刷示范园区紧紧围绕创意设计、印刷数字化的主题，发挥研发、检测、展示、交易、办公五大功能，引领行业发展，带动印刷产业与文化创意产业融合，形成示范、辐射效应。崇明区则更加重视文旅融合打造亮点，整合资源开发，推进全域旅游。一是推进水上游览项目，二是打造前哨湾文旅村项目，三是积极引进房车营地项目。

2. 以"文化走亲"为主，推动资源联动、客源互送

金山区不断拓展"文化＋"产业外延。一是推动文化与旅游、工业融合，开发工业旅游产品。二是推动文化与农业融合，在郊野区域策划实施"大地艺术大展"项目，配合举办田野百花节、农民丰收节等农事文旅活动，发掘和利用工业遗址、闲置厂房、乡村郊野等闲置空间，引导文旅项目入驻。

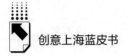

崇明区主要是利用地域文化优势，举办崇明特色文化演艺活动。一是举办 1952 老玖坊音乐美食嘉年华，深度呈现崇明夜市文化的魅力，为市民、游客带来了精彩的视觉、听觉与味觉的享受。二是开展斯维登·崇明老白酒源乡音乐节活动。以市区网红美食及文化创意市集为基础，重点推出崇明老白酒、崇明糕等崇明非遗美食，打响崇明文旅品牌。三是举办"降临：发明风景 制作大地"当代艺术展，邀请了 31 位国内外著名当代艺术家，包含了 40 余组绘画、雕塑、装置、摄影、大地艺术作品，以"用艺术点亮乡村"为理想，以丰富多元的当代文化实践与崇明岛的自然生态互动，提出"艺术生活"的概念。四是举办自行车嘉年华活动。紧扣自行车文化主题，充分融合文化创意，展现自行车与崇明世界级生态岛风采，开展了"Plogging + 骑行城市定向赛"嘉年华活动。五是首次举办 2019 上海崇明生态文化旅游节。以"花满瀛洲 生态共享"为主题，将文化艺术节和森林旅游节两节合一，以"文化走亲"为主要载体，加强毗邻地区市民文化交流互动。

3. 促进搭建"一体化"平台

金山区探索成立了金山文化创意园区联盟，为园区、企业提供优质导师和团队资源，多给园区开"良方"，指导、帮助园区和企业业务拓展、品牌创新，加强园区企业间互动交流、资源对接、共同发展。崇明区则采用了小程序、App 等工具，整合了崇明客房资源和崇明岛 42 个旅游景点的信息，并开通包括景点、酒店、美食、精品线路、特产、交通六大板块的在线预订功能，加入了 2021 年花博会主题内容，彰显崇明独特生态风貌。

4. 加强宣传引导，增强地区文化创意影响力

金山区主要以文化创意园区为基点，精心策划金山文化创意园区系列、园区当家人系列、重点文化创意企业、文化创意品牌系列宣传方案，并制定和发布文化创意园区指南，通过市、区各级传统媒体和新媒体进行宣传推广，助力园区招商，打响园区品牌。崇明区主要以地域文化为基点。一是依托各乡镇文化长廊，宣传崇明本土文旅特色。精心设计推出以崇明非遗文化、丁观加画作、崇明十二时辰、2019 生态文化旅游节回顾等为主题的文

旅特色展示。二是深入目标人群集中区域，推广崇明文化旅游品牌。2019年崇明文化旅游宣传覆盖全区 27 个社区，利用社区灯箱宣传崇明文旅品牌，目前已推出了崇明非遗文化、2019 生态文化旅游节等特色宣传内容。

四　结语

根据各区域的现实状况，区政府和各区文创办都在有针对性地部署格局和政策，其中以扶持资金、特色园区、特色产业和扩大载体范围几个方面尤为突出。对于今后的工作计划，各区也都是持鼓励发展的积极态度，在此基础上对今后的发展方向有着差异化的想法，依托现有企业和产业资源，进一步提升已有的产业优势，培育新业态。针对各区域的现状，本报告也给出了差异化指导。主城区域在完善的体系基础上打造品牌，争取可持续、长期发展，同时走高端化、市场化、国际化路线。新城区域加强产业集聚，发挥集聚作用，同时完善政策环境。新市镇区域打造文化招牌并加强宣传，与其他区域进行资源联动。基于文化创意指数，各区可以以此为参考，重点补足短板，实现全面发展。上海各区域进行有梯度的发展，助推文化创意产业供给侧升级改革，使文化创意产业发展得更多元、更全面。

参考文献

张学冬：《文化创意产业园发展模式研究》，硕士学位论文，吉林大学，2013。

曾涛、刘红升：《中国文化创意产业区域发展水平测度》，《统计与决策》2021 年第 1 期。

曾涛：《我国地区文化创意产业竞争力评价研究》，博士学位论文，西安建筑科技大学，2016。

王兴全、王慧敏：《破局"千园一面"的文创园区品牌化升级模式》，《中国软科学》2017 年第 5 期。

鲍枫：《中国文化创意产业集群发展研究》，博士学位论文，吉林大学，2013。

专 题 篇
Special Topics

B.3
上海时尚创意产业发展报告

姚荣伟 潘 路*

摘 要： 本报告涵盖上海浦东、长宁、静安、黄浦、杨浦、徐汇等区的时尚创意产业发展状况，分析上海时尚创意产业的重点领域和优势集群，同时也证明了上海时尚创意产业协同发展的必要性。本报告以相应的数据来分析上海时尚创意产业的发展现状，各区的优势及短板，结合上海当前的环境，提出进一步将上海的区位优势、资源优势、人才优势转化为经济社会发展优势，集聚整合更多创新资源要素，增强对区域经济增长的辐射与带动作用，为推动上海经济高质量发展指明路径和方向。

---

* 姚荣伟，上海城市创新经济研究中心/华略智库创始合伙人，研究方向为战略规划研究、产业规划和文化创意产业发展政策；潘路，上海城市创新经济研究中心社会研究部研究员，研究方向为产业规划和文化创意产业政策。

关键词： 时尚创意产业　区位优势　区域经济

一　上海时尚创意产业整体概述

（一）产业现状

1. 时尚创意"名地"建设初具特色

（1）"环商圈"特色时尚活动体验中心逐步形成

近年来，新天地、K11艺术购物中心、ART愚园生活美学街区、田子坊、上海国际时尚中心、大宁久光百货、长宁来福士广场已成为上海市民和中外游客眼中当仁不让的上海时尚地标。上述知名街区、园区以及位于长宁区的幸福里、上生·新所、尚嘉中心、虹桥艺术中心、昭化德必易园等入选2020年度上海时尚地标。消费者问卷调查结果显示，长宁区商圈、街区的消费者满意度总体获评良好。

专栏1：尚嘉中心——国际风尚新地标

尚嘉中心（L'Avenue）坐落于虹桥经济开发区，是上海的奢华地标性购物中心。尚嘉中心是建筑艺术与国际时尚品位的完美融合，与虹桥友谊商城、虹桥万都中心和虹桥上海城相拥紧邻，为虹桥商圈注入了新鲜的血液与活力，带动虹桥商圈实体商业的经济发展。①

（2）环"一圈三轴"时尚生活空间初步形成

围绕"一圈三轴"（哥伦比亚生活圈、愚园路跨界生活美学街区、新华路历史风貌保护街、武夷路文化特色区）打造时尚地标。坚持城市更新与

---

① 百度百科，https：//baike.baidu.com/item/%E5%9A%E5%98%89%E4%B8%AD%E5%BF%83/2703955？fr=aladdin。

功能开发相结合，做好产业项目落地相关服务，合力助推上生·新所开业，积极协调伊丽莎白雅顿、宝马 X7、雅诗兰黛、OPPO 等品牌及时装周主题展览等活动落地上生·新所。持续推进愚园路城市生活季第二季、老洋房艺术节等活动举办，共同打造百年愚园路的跨界生活美学街区格局；持续推进第二届城事设计节聚焦新华路，以"小改造大改变"推动新华路历史风貌保护街区建设。集历史、文化、商务、休闲、娱乐等元素于一体的"一圈三轴"成为上海国际化潮流生活方式的活力社区的代表。

专栏 2：上生·新所——城市更新中的华丽尝试

位于上海新华路历史风貌区的上生·新所，让更多人在建筑中探寻城市的美好。长宁区积极将上生·新所打造成为集历史文化、工作、生活、娱乐四大元素于一体的，国际化潮流生活方式的活力社区、全球新品首发地和文化艺术生活新地标。这类城市微更新改造类项目有广阔的空间用于个性化的品牌塑造，达到了引人注目的效果。[1]

(3) 环"时尚金三角"集聚效果明显

以环东华时尚创意产业集聚区为主，打造时尚设计发布中心。[2] 以上海时装周签订三年合作备忘录为契机，以世贸商城为载体，助力打造"亚洲最大订货季"。深化区校企合作，对接东华大学共同打造青年实训营，培养设计人才；支持上海工程技术大学与星空华文传媒合作成立星空传媒技术学院，共同打造影视制作、新媒体的产学教育基地。

虹桥舞蹈演艺集聚区充分发挥上海芭蕾舞团、上海歌舞团等院团资源优势，将虹桥国际舞蹈中心打造成为具有国际影响力的大型综合性演出场地；围绕天山路沿线积极打造天山影视演艺功能带。虹桥艺术中心已成为开心麻花剧目、伦敦西区剧目等众多文化 IP 首演选择地。

---

① 《上生·新所｜城市之中预见美好未来》，搜狐网，https://www.sohu.com/a/231849231_479899。
② 舒抒：《长宁　打造上海时尚创意产业核心承载区》，《解放日报》2019 年 5 月 14 日，第 4 版。

海派文化艺术街区发挥刘海粟美术馆等藏品丰富、展览标准高的优势，积极与其他地区共同举办影响力广的文化活动，进一步发挥在美术领域的主导作用，并积极引入企业资源将知名文化 IP 转化为具有海派文化特色的文创产品，着力打响"艺粟工坊"文化品牌。

2. 时尚创意"名品"建设初具影响

（1）时尚创意品牌活动成效凸显

时装周 MODE 展、环东华时尚周、愚园路城市生活季、德必国际社群节、虹桥时尚创意产业联盟沙龙、上海国际创意城市设计创新论坛等成为上海长宁区助力企业推广宣传、加强企业交流促进的时尚创意活动。企业满意度调研结果显示，长宁区时尚创意活动的企业知晓度相对较高，73.8%的被访企业表示曾参加或了解长宁区举办的时装周 MODE 展、德必国际社群节等时尚创意活动。

专栏 3：时装周 MODE 展——引领最新时尚潮流

MODE 上海服装服饰展在上海世贸商城成功举办了第九季订货展会。作为上海时装周打造"亚洲最大订货季"的重要举措，展会"服务于买手制模式"的特点越发凸显，专业性与前瞻性得到业内人士广泛认可和好评，现场买手交易更是创历史新高。[①]

（2）时尚组织机构建设有力推进

依托区域内有号召力、影响力的企业与专业机构，上海将更多高品质的时尚创意和生活方式活动引到市民身边，更多时尚领军人物、新锐设计师、名师工作室纷纷在长宁扎根，从上海走向全国、走向世界舞台。依托落户上海长宁区的联合国教科文组织"创意城市"（上海）推进工作办公室、"上海国际创意城市设计创新论坛"，以及上海时尚之都促进中心、上海市服饰

---

① 《MODE｜来自"M 花园"的探秘指南》，搜狐网，https：//www.sohu.com/a/299500083_
613012。

学会等社会组织，搭建交流平台，开展"'上海·米兰'双城青年文化创意交流论坛"，联手推动时尚创意产业发展，让海外设计精英了解上海地区的产业环境；依托模特培养业界极具影响力的火石文化模特培训中心，推动"2020上海国际模特大赛"落地上海时尚地标静安800秀。成立虹桥时尚创意产业联盟，定期召开时尚文化创意产业重点企业沙龙，举办时尚创意产业政策进园区、进楼宇活动，受益企业达300多家。与浙江设计创意协会，武汉、北京等文化创意产业方面的代表组织专题交流座谈。通过这些在业内具备号召力，且在时尚创意产业链上发挥重要联结作用的机构，向全国、全世界推介时尚上海。

专栏4：上海国际创意城市设计创新论坛——搭建交流平台

以"创新设计：城市更新的生命力"为主题的"2017上海国际创意城市设计创新论坛"于12月14日在长宁举行。"城市更新"，这对于主办地长宁来说，早已不是陌生的话题。2017年论坛围绕创意设计与城市更新相关热点实时议题，联合长宁区人民政府和同济大学，打造了一个政府、高校、媒体与企业共同研讨的交流平台。①

3.时尚创意"名企"引进初具规模

（1）发挥龙头企业带动作用

经过二十多年的发展和积累，上海时尚创意产业已经形成了一批既有传统产业领域，也有许多新兴产业领域的龙头企业。上海也兴起了具有VR核心技术竞争力的云舞科技、搭准年轻一代脉搏的有树文化"ONE"、吸引大众娱乐视线的灿星制作、礼服设计的全球品牌振涛服饰、沪上知名的创意办公园区品牌德必易园、具有互联网基因的中国广告界领头羊分众传媒、互联网旅游行业大佬携程旅游等。此外，在资本的驱动下，原有行业龙头企业通

---

① 《2017国际创意城市设计创新论坛 创新设计：城市更新的生命力》，搜狐网，https://www.sohu.com/a/213436479_694391。

过强强联手，巩固原有的行业地位，进一步做大做强。百视通和东方明珠的整体合并已形成新的竞争优势；爱奇艺与申通地铁建立合作，重塑娱乐营销新场景；分众与携程的合作已形成新的竞争优势。这些都为上海时尚创意产业创造了良好的基础。

专栏5：行业龙头企业——分众系、德必系

发挥"分众系""德必系"等行业龙头企业的带动作用。如分众集团成立上海骏众网络科技有限公司，从事游戏及数字出版开发、技术转让、设计制作等业务，正式涉猎游戏板块。德必集团完成 C 轮融资，招商致远资本融资数亿元助力打造文科创园区管理服务品牌，并将园区拓展到了国外。①

（2）鼓励不同领域企业跨界合作

在现有产业根基的基础上，上海为实现城区、企业和社会之间的互利共赢，积极鼓励不同领域的时尚创意企业开展跨界合作。一些新兴商贸型时尚企业已经与马克沪、序曲等汇集大量原创设计力量的平台型企业展开合作，为时尚创意产业带来了新颖的设计动力，为原创设计人才提供了更多作品转化机会。

（3）拓展产业发展价值链

产业发展价值链在政府搭建的合作平台中不断深化。东华大学、上海工程技术大学拥有丰富的学科和人才优势，能够为企业不断输送创新成果和创意人才。长宁区文化局促成星空传媒及其下属企业与工程技术大学共建"星程文创联合孵化基地"，打造"环工程大文化创意产业服务平台"；上服集团与上海工程技术大学中法学院、中韩多媒体学院开展合作，进行入职装的市场调研及服装三维展示搭配平台 App 开发。通过政策引导，上海着力激发企业创造产业链的内生动能，推动企业上下游的研发、设计、销售等分

---

① 《文科创企业服务商德必集团完成数亿元 C 轮融资，招商致远资本投资》，"猎云网"百家号，https：//baijiahao.baidu.com/s？id＝1612579116403866559&wfr＝spider&for＝pc。

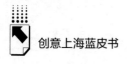

支生态落地。

4. 时尚创意"名人"集聚初具格局

多种形式培养服务人才。通过商务讲坛、时尚创意产业联盟沙龙等形式开展专题培训交流活动，提升人才能级。加强时尚创意海外高层次人才服务，积极开展海外人才引进，深入实施时尚创意人才安居工程，落实人才租房补贴、高层次人才安家补贴政策，优先安排公租房（人才公寓），帮助企业申报年紧缺人才实习基地等。

完善专业人才评价机制。充分发挥时尚创意产业专家智库作用，通过专家评审的形式，进行创新团队选拔，通过时尚创意产业扶持专项资金评审筛选项目，发现优秀产业人才，评选建立人才梯队。

搭建专业人才交流平台。推荐时尚创意人才参与如上海白玉兰纪念奖、领军人才、拔尖人才等各类专业评选；与人才办合作开展海外高层次人才交流会，引进和培养一批国内外知名的时尚创意人才。

5. 时尚创意"名牌"培育初具效果

加快引进知名品牌。在目前上海有较多知名品牌企业的基础上，积极推动中小企业、独立设计师工作室从产品经济向品牌经济转型，支持营销模式和自主品牌创新，构筑多层次品牌经济发展体系。

加快培育原创品牌。吸引有国际国内影响力的大师工作室如 Taoray Wang 服饰工作室、JI CHENG 服饰工作室、刘彦君 JUNNE 纤泓服饰、龚立 8ON8 奥立时装、曲全力纪录片工作室、知名影评人盛艳红的井树影业落户上海。

加快引入新型运作模式。注重扶持新型商业运作模式，引导独立设计师工作室、设计师品牌集合店 SHOWROOM 向玫瑰坊、上服时尚园区、愚园路生活美好街区等集聚；依托以"博主经济"为主要商业模式的 LOOK 时尚平台，举办博主与时尚品牌展览会。

（二）发展趋势

时尚创意产业属于典型的市场驱动型产业，消费市场的变化决定了时尚创意产业的变化，只有顺应市场趋势，才能实现产业的正向发展。目前我国乃至全球时尚创意产业正在加速嬗变，主要呈现五个趋势：时尚市场年轻化、多元化，时尚业态融合化、智能化，时尚消费数字化、订制化，时尚品牌并购化、本土化，时尚发展平台化、事件化。

1. 时尚市场年轻化、多元化

"90后""95后"成为核心时尚消费群体，"Z时代"已经来临。麦肯锡调查报告显示，2016年，中国消费者的奢侈品年支出超过5000亿元人民币，占全球奢侈品市场体量的近1/3，其中中国"90后"群体已成为最愿意花钱买奢侈品的消费人群。[①] 消费市场的年轻化促使品牌端为迎合消费者习惯，纷纷进行年轻化营销。上海各区可进一步顺应消费市场年轻化趋势，推进年轻化的时尚活动、时尚事件，持续稳定吸引高量级的消费人群，打造时尚上海的品牌形象。

时尚消费需求更加多元化、个性化。追求更高生活品质的年轻一代消费者愿意为品牌故事、设计理念等品牌附加值支付额外费用，从而催生了更加多元化、个性化的时尚产品、平台及相关服务。上海各区可加大对各类品牌店铺尤其是"全国首店""亚洲首店"等的引入，进一步集聚优质的时装设计企业、设计师工作室等，打造上海时尚消费高地。

2. 时尚业态融合化、智能化

时尚产业与其他产业跨界融合。随着新消费特点的出现，时尚行业不再局限于传统的服装、化妆品、珠宝等领域，逐渐覆盖生活的方方面面，跨界合作成为产业发展中必不可少的部分。上海各区可进一步推动区域内企业间的跨界合作，鼓励企业的创新跨界行为，集聚时尚设计相近形态的产业。

时尚产业智能化趋势明显。大数据、智能制造等新技术的崛起，使消费者对品牌附加价值的需求不断提升，"创意＋文化＋科技"成为新的发展趋势，抓住智能化的风口，积极促进区域内时尚企业布局智能化或与智能化公

---

① 《2017中国奢侈品报告 | 中国奢侈品消费者：1万亿元人民币的机遇》，麦肯锡官网，https：//www.mckinsey.com.cn/2017中国奢侈品报告－中国奢侈品消费者：1万亿元人民/。

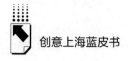

司积极建立合作，激发产业活力。

3. 时尚消费数字化、定制化

时尚消费数字平台发展势头迅猛。随着互联网时代的到来，淘宝、天猫、京东、唯品会等线上渠道逐渐成为品牌竞争的主战场，电商平台作为新兴渠道，成为时尚消费零售增长的重要引擎，直播带货、网红经济逐渐丰富时尚创意产业链。

时尚产品定制化需求显著增长。年轻一代消费群体对自我表达、社群互动、梦想偶像等产品内涵而非产品价格、功能的关注催生了定制化产品的需求。为满足国内市场需求，可以引进和培育优秀的设计师品牌，打造高端定制产业集群。

4. 时尚品牌并购化、本土化

国内品牌积极开展品牌并购。合作与并购是全球化背景下时尚产业扩张的主要趋势，越来越多的中国企业收购高端国际品牌。[1] 上海各区可以发挥财政资金的风向标作用，带动社会资金通过参股等方式投资优质时尚创意企业，与辖内银行业金融机构探索建设时尚创意产业发展的金融支撑平台，满足时尚创意企业的金融服务需求。

本土品牌积极创新，提升品质。我国本土时尚品牌逐渐走向优质化。上海各区应大力提升产品设计水平及质量，积极推进产品创新，增强品牌竞争力。上海市加大对区域内时尚创意企业的研发、创新扶持，鼓励时装设计企业缩短研发时间，加快更新频率，加强产品创新。

5. 时尚发展平台化、事件化

时尚发展平台化。时尚创意产业逐渐成为产业集群的合作共生，产业发展平台搭建的重要性日益凸显，政府部门逐渐从"政策制定者"丰富为"平台搭建者""政策推介者"。未来，上海可以进一步发挥虹桥时尚创意产业联盟的作用，推动区域内企业间的合作交流，促进区域内资源整合。

---

① 《越来越多中国商业企业走向全球并购之路》，中国新闻网，http：//www.chinanews.com/cj/2017/02 - 10/8146566.shtml。

时尚发展事件化。时尚事件成为区域时尚氛围营造、传播的重要载体，各区域争相打造有影响力的时尚事件并给予政策支持，吸引消费人群及时尚人才。上海通过开展时装周等大型展览展会推动当地时尚产业发展，利用区域内展馆资源丰富服装展览展示形式，促进区域内服装企业"以展促销"。

二 上海时尚创意产业发展情况

（一）上海时尚创意产业发展情况剖析

1. 产业定位布局比较

2018年11月，《上海市产业地图》正式上线，明确了上海市各区产业布局定位。各区凭借自身资源禀赋在时尚创意产业的不同细分行业深耕。总体来看，各区已经形成错位发展格局，中心城区重点布局创意设计类的高附加值产业，郊区重点布局文旅、美容康体等泛时尚产业。

具体来看，黄浦区依托中心城区和核心商务区的区位优势、服务经济发展的先发优势、世博会后续效应放大和海派文化积淀深厚等综合优势，主打时尚消费业、时尚设计业；长宁区以虹桥舞蹈演艺集聚区、"时尚金三角"环东华时尚创意产业集聚区和海派文化艺术街区为基础，重点支持时尚设计产业、全媒体产业、娱乐演艺产业、会展业、影视服务业；静安区依托上海文化广播影视集团有限公司旗下的影视制作、节目直播、舞美设计资源，南京西路、苏河湾地区WPP等一系列国际4A广告公司资源，上海大学、上海戏剧学院等高等院校资源，重点发展影视、电竞等艺术行业；徐汇区场馆资源众多，拥有上海西岸、龙美术馆等艺术场馆，上海交响乐团、上海音乐学院、上海京剧院、上海话剧艺术中心等文化院团和上海大舞台、八万人体育场等大型演艺场馆及文化体验中心等资源，重点发展艺术演绎、影视传媒行业；杨浦区依托环同济知识经济圈、中国工业设计研究院等资源重点打造现代设计产业集群；浦东新区依托其丰富的土地资源及迪士尼等旅游资源重点发展影视产业以及文化旅游业；奉贤区则重点布局发展美容康体养生行业。

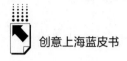

（1）产业政策

各区均基于自身重点发展产业制定相关政策，主要形式为设立产业扶持专项资金，在产业发展氛围、环境等方面重点发力。以重点产业均为时尚创意类的长宁区和黄浦区为例（见表1），长宁区2017年7月发布《长宁区支持时尚创意产业发展的实施意见》《长宁区支持时尚创意产业发展专项资金政策实施细则》和2020年12月31日发布《长宁区支持时尚创意产业融合发展的实施方法》，主要适用范围包括时尚创意地标、人物、品牌、平台、事件、人才培育中介组织、行业协会、专业院校、研究机构和公益组织等；黄浦区2020年4月发布《黄浦区促进时尚产业发展专项资金使用和管理办法》，资金主要适用范围包括时尚发布活动、时尚产业促进平台、时尚综合服务平台、时尚类产品、跨界时尚零售终端、国内外知名品牌总部及贸易型总部等，黄浦区政策的适用范围略大于长宁区，且更聚焦。

（2）政策具体内容

从政策具体内容来看，黄浦区对时尚品牌或本土设计师设立专卖店、集合店的资金扶持力度较大；在时尚活动方面，长宁区扶持种类较多，但扶持标准相对较高，黄浦区对不同规模时尚发布活动均提供资金扶持；在权威指数发布、时尚媒体和时尚地标的扶持方面，长宁区扶持力度大于黄浦区。

表1　长宁区、黄浦区时尚产业专项资金政策对比

对比角度	长宁区	黄浦区
政策名称	《长宁区支持时尚创意产业发展的实施意见》、《长宁区支持时尚创意产业发展专项资金政策实施细则》和《长宁区支持时尚创意产业融合发展的实施办法》	《黄浦区促进时尚产业发展专项资金使用和管理办法》
发布时间	2017年7月和2020年12月	2020年4月
产业平台	支持载体新建或更新项目。对于区内单位，符合一定条件，经新建或改造载体后，用于引进国际知名时尚创意机构或时尚创意名人建立时尚创意运营机构，服务入驻区内企业。经评审，单个项目财政支持金额不超过300万元，支持比例一般不超过总投资的20%	对具有全国影响力的时尚大数据研发项目，搭建时尚贸易平台，一次性扶持50万元；对具有国际影响力的时尚大数据研发项目，一次性扶持70万元。且项目的支持比例一般不超过资金投入总量的50%

续表

对比角度	长宁区	黄浦区
时尚活动	具有全市性、全国性、国际性影响力的时尚类创新创意活动需承诺至少连续五年落户长宁，经评审给予一次性100万元以下补助资金，扶持比例一般不超过资金总投入的50%；组织时尚创作主题及展览，提高商业社区及商业中心的知名度，促进区域消费，经年度评估，一次性奖励商业企业载体50万元；大力支持街区举办时尚创意旅游活动等，在每年对旅游活动评估后，给予主办方一次性奖励30万元；鼓励或引进具有一定规模和较大影响力，有助于产业链拓展或相关产业要素集聚的时尚创意展示活动和项目，经年度考核，一次性奖励30万元	鼓励具有良好声誉的时尚类活动。对占地面积3000平方米（含）以下的项目，一次性扶持20万元；对占地面积3000平方米至5000平方米（含）的项目，一次性扶持40万元；对占地面积5000平方米至7000平方米（含）的项目，一次性扶持80万元；对占地面积7000平方米以上的项目，一次性扶持120万元
权威指数	支持起主导作用的时尚创意风尚标，根据权威指标和项目预算，经年度评选给予30万元的一次性奖励，支持比例一般不超过总资金投入的50%	鼓励时尚指数发布。对具有全国影响力的项目一次性支持20万元；具有国际影响力的项目一次性支持30万元。对于能充分提升黄浦区时尚影响力的权威时尚指数，增加支持金额10万元，且项目的支持比例一般不超过资金投入总量的50%
时尚媒体	鼓励或引进具有全国性影响力的时尚媒体，一次性资助不超过30万元；创建具有国际性影响力的时尚媒体，一次性资助不超过50万元	对设立具有全国性影响力的时尚媒体，一次性扶持20万元；对设立具有国际性影响力的时尚媒体，一次性扶持50万元
时尚地标	鼓励全区创意园区、文化空间、展馆、商圈等打造成时尚创意地标，经年度评选给予一次性奖励50万元	
时尚综合服务	对具有全国性影响力的时尚创意社会团体、公益组织、研究咨询机构、大师或名家工作室等落户长宁，经认定给予一次性不超过30万元的扶持补贴；对具有国际性影响力的社会团体、公益组织、研究咨询机构、大师或名家工作室等落户长宁，经认定给予一次性不超过50万元的扶持补贴	对设立具有全国性影响力的时尚学院或行业协会，一次性扶持20万元；对设立具有国际性影响力的时尚学院或行业协会，一次性扶持50万元；支持本区时尚产业发展规划、产业领域研究、产业现状分析等有效提升本区时尚产业发展的研究项目，所需费用从专项资金中予以支持

续表

对比角度	长宁区	黄浦区
商旅活动	支持商业实体对接时尚创意,具有国内影响力的最高可获得 30 万元的一次性奖励,具有国际影响力的可获得最高 50 万元的一次性奖励,支持比例一般不超过实际注资金额的 50%; 支持旅游融合发展活动,具有国内影响力的可获得最高 30 万元的一次性奖励,具有国际影响力的可获得最高 50 万元的一次性奖励,支持比例一般不超过实际注资金额的 50%	对活动成本 100 万元(含)以下的项目,一次性支持 10 万元;活动成本 100 万元至 200 万元(含)的项目,一次性支持 20 万元;对活动成本 200 万元以上的项目,一次性支持 30 万元;活动成本包括舞台搭建费、演出费用、广告宣传费等; 活动销售额、人流数、活动影响等影响力指标与专家打分将进行指标加权,确定支持标准,项目的支持比例一般不超过资金投入总量的 10%

此外,其他区域也基于自身重点发展产业制定专项政策,如浦东新区 2017 年出台《浦东新区文化创意(影视)产业发展专项资金使用管理办法》,明确"十三五"时期浦东新区每年安排 1 亿元,同时新增 1 亿元用于度假区影视产业专项,资金主要用于集聚一批影视后期制作、宣发和人才培训优质企业,推出一批浦东出品的优秀作品。浦东还与人民网合作,撬动社会资本,形成 15 亿元的文化产业投资基金,为集聚度假区的影视产业提供扶持。静安区 2020 年 9 月出台《静安区关于促进影视产业发展的实施办法(征求意见稿)》、2020 年 1 月出台《静安区关于促进电竞产业发展的实施方案》,从作品奖励、赛事奖励、活动奖励等方面鼓励影视产业、电竞产业集聚发展。以电竞产业为例,静安区陆续推进覆盖电竞全产业链的七大核心项目,包括全球游戏技术创新区、复合多层次赛事场馆群、电竞人才综合培养基地、内容制作配套园、电竞文化娱乐综合体、电竞文化生态街区、顶级行业峰会及电竞嘉年华,①聚焦"一轴三带"发展战略,重点支持环上大国际影视产业园等影视园区、

---

① 《上海静安大力支持电竞企业 助力电竞之都建设》,中新网上海,http://www. sh. chinanews. com/wenhua/2019 - 01 - 25/51730. shtml。

基地和众创空间的配套设施和服务功能建设。奉贤区 2019 年 5 月出台《奉贤区产业发展引导基金管理办法》，按照"政府引导、市场运作、科学决策、防范风险"的原则投资运作，主要采取参股模式，主要用于扶持本区"1+1+X"（美丽健康产业、新能源新材料产业、战略性新兴产业和"四新"经济）主导产业、先进制造业、现代服务业，及科技创新、文化创意等方面的重点产业、优质企业和优质项目。

2. 集聚企业引进比较

（1）引进集聚企业情况

从各区引进集聚企业情况来看，长宁区集聚云舞科技、灿星制作、分众传媒、东方国际集团、百视通、德必等优秀企业；徐汇区集聚上影集团、尚世影业、东方梦工厂、企鹅影视、腾讯科技、爱奇艺等影视传媒龙头企业；静安区集聚上海文化广播影视集团有限公司、WPP 集团（国际 4A 广告公司）等优质企业；浦东新区涌现出盛大、完美世界、河马动画、蜻蜓 FM、全民直播、PPTV 等一批优秀文创企业；奉贤区积极打造"东方美谷"品牌，2018 年赴国内外开展招商推介会 77 场，成功引入韩后等重点企业。

（2）引进集聚企业政策

从各区引进集聚企业政策来看，招商引资政策可以分为以下几类：房屋补贴、运营补贴、上市补贴、贷款补贴。以长宁区、静安区、虹口区为例（见表 2），三个区域分别针对时尚创意产业、电竞产业、文化创意产业制定专项政策。具体来看，在房屋补贴方面，三个区对购置或租赁房屋均有补贴，其中长宁区的认定标准更具体，虹口区购房补贴额度较大，最高可达 500 万元，静安区针对电竞企业提供不超过 50 万元的一次性装修补贴。在运营补贴方面，三个区分别以经济贡献、原创游戏软件影响力、注册资本为标准设立资金补贴项目。其中静安区的补贴力度较大；静安区、虹口区均为企业提供上市补贴；虹口区针对按时还贷的文创企业给予贷款利息补贴、担保费用补贴。

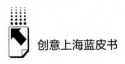

表2　长宁区、静安区、虹口区企业引进政策对比

对比角度	长宁区	静安区	虹口区
政策名称	《长宁区支持时尚创意产业融合发展的实施办法》	《上海市静安区促进电竞产业发展的扶持政策(试行)》	《虹口区加快发展文化创意产业的意见》
发布时间	2020年12月	2019年1月	2019年1月
扶持方向	时尚创意产业	电竞产业	文化创意产业
房屋补贴	对新引进的有自主创意设计能力,拥有时尚创意产品知识产权的单位总部或地区总部、业务中心,或在时尚创意产业细分领域市场优势明显,获得过知名风险投资机构两轮(含)以上投资(或实际到位风险投资达到一定金额)的单位,租赁自用办公用房的,经认定符合条件的,按年租金的30%且每年不超过100万元给予后补贴支持,连续补贴三年; 对新购置自用办公用房的,按购房价款的1.5%且不超过1000万元给予后补贴支持,按30%、30%、40%的比例分三年发放	住房购置和租赁补贴。对经认定在本区租赁自用办公场地的电竞公司,给予三年租金30%的补贴,最高不超过100万元;购买本区自用办公用房的,参照三年同等标准租房补贴给予一次性补贴,最高不超过100万元;装修补贴。对经认定的电竞企业,在本区租赁或购买办公场地,根据不同规模,给予不超过50万元的一次性装修补贴	对新引进的文化创意企业,经认定,在虹口区购买自用办公场地的,给予购房总金额2%的一次性购房补贴,最高500万元;租赁自用办公场地的,给予每日每平方米不超过3元的租金补贴,每年最高不超过200万元,年限不超过三年
运营补贴	对有自主创意设计能力,拥有时尚创意产品知识产权(如国内外知名品牌等)的单位总部或地区总部、业务中心,以及新引进的时尚创意单位,推动产业集聚发展并取得良好绩效的,经认定符合条件,按其对区域经济社会发展综合贡献给予一定的运营扶持	对原创游戏软件的开发,经国家主管部门批准,正式上线运营并达到一定影响力的,按照软件开发投资额的30%给予资助,金额不超过500万元;对行业影响力大或被选为重大电竞赛事游戏的,原则上支持金额不超过1000万元	对新引进且实缴注册资本在1000万元以上的重点文化创意企业,经认定,按照实缴注册资本的2%给予一次性不超过200万元的投资奖励
上市补贴	—	对成功在主板、中小板、创业板、科技创新板及海外上市的电竞企业,以及成功在新三板挂牌的电竞企业,给予不超过200万元的补贴	对虹口文创企业在境内外上市、在全国中小企业股份转让系统和地方股权交易中心挂牌交易及从场外资本市场向国内外主要资本市场转板予以扶持,具体办法参照区金融有关政策实行

续表

对比角度	长宁区	静安区	虹口区
贷款补贴	—	—	对虹口文创企业通过市、区文创金融服务平台向银行、小额贷款公司等金融机构获得贷款，并按时还贷的，经认定，按不超过银行同期基准利率的50%给予贷款利息补贴；通过本市担保公司获得担保贷款的，按实际担保费的90%给予补贴。单个企业担保费和贷款利息最高年度补贴金额不超过100万元，期限不超过三年

3. 品牌培育引进比较

（1）品牌培育情况

2017年度"上海名牌"评选共推荐572家企业的608个项目，其中包含产品399项、服务195项、明日之星14项。对其中时尚创意类品牌进行梳理，发现共有35个时尚品牌获得2017年度"上海名牌"称号，其中服装类19个、鞋履箱包类6个、化妆品类5个、珠宝类5个，共涉及30家企业。从区域分布来看，黄浦区有11家企业上榜（见图1），包含恒源祥、古今、老庙、老凤祥等12个知名品牌，大幅领先于其他区；静安区有3家企业上榜，包含开开、春竹、百爱神等4个著名品牌；徐汇区之禾、花牌2个品牌上榜；浦东新区有2家企业上榜，包含LILY等3个著名品牌；奉贤区有斯尔丽、美素2个品牌上榜；长宁区有1家企业上榜，上榜品牌为地素时尚股份有限公司的d'zzit女装品牌，数量相对较少。

（2）品牌引进情况

2020年下半年上海市新增首店品牌超500家（不含快闪店），全年新开首店数量逼近900家，与2021年的986家相比，有所减少，但并未出

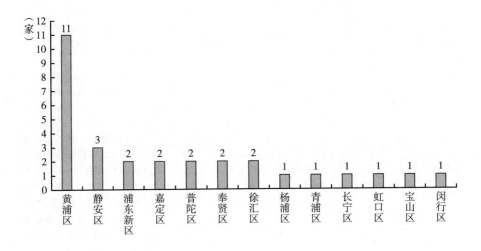

图1 上海市各区获得 2017 年度"上海名牌"称号的时尚创意企业数量

资料来源：上海质监、上海城市创新经济研究中心。

现大的滑坡，在新冠肺炎疫情防控常态化环境下实属难得。近年来，"首店"的知名度和数量已经成为衡量区域商业发展程度的重要维度。在2020 年下半年上海市的 631 家首店中，11 家为全球首店及亚洲首店，75 家为全国首店及大陆首店，545 家为华东及全市首店，"首店经济"持续飘红。具体来看，黄浦区引进 179 家首入店、体验店和旗舰店，包括MOUSSY + 旗舰店、巴黎欧莱雅 Pro 全球旗舰沙龙、华为全球旗舰店等；静安区引入 90 家全国首店或上海首店，包括 ENOVATE 天际汽车旗舰店、Overbeauty 高科技美容、IKEA 宜家城市店等；浦东新区引入 70 家品牌首店，包括库茨艺术中心、盒马 X 会员店等；徐汇区引入 76 家国际品牌全国首店，包括 Fusalp（高端滑雪品牌）、LoFt 旗舰店等；杨浦区以五角场商圈为核心打造创新型消费体验区，引入 Animate（哔哩哔哩旗下超电运营）、源兰制等 22 家品牌首店（见表 3）。总体来看，依据"首店"落户数量可以将上海各区分为四个梯队，黄浦区、静安区、浦东新区、徐汇区为第一梯队；长宁区、闵行区为第二梯队；普陀区、杨浦区、虹口区为第三梯队；宝山区、青浦区、嘉定区等为第四梯队。

表 3　上海市各区 2020 年下半年主要首店品牌

单位：家

区域	品牌首店数	主要品牌
黄浦区	179	MOUSSY + 旗舰店、巴黎欧莱雅 Pro 全球旗舰沙龙、Peet's Coffee 黑金店、YSL 圣罗兰美妆香水主题旗舰店、喜茶黑金店、华为全球旗舰店、POPEYES、大隐成都、盒小马、FRED FERRY 新概念旗舰店等
静安区	90	RELX 悦刻旗舰店、Mitchell&Ness、漫玩森林、ENOVATE 天际汽车旗舰店、Overbeauty 高科技美容、IKEA 宜家城市店等
浦东新区	70	库茨艺术中心、盒马 X 会员店、沪六六、施柏恩康复医疗中心等
徐汇区	76	HIER PARIS 精品店、Fusalp（高端滑雪品牌）、LoFt 旗舰店等
长宁区	55	BERTU 直营旗舰店、The Island 美术馆式集合店、MIDO HOUSE、茑屋书店等
闵行区	41	好利来 LAB 概念店、哪吒汽车、NS 主题大型体验中心、hummel 潮运动、尖叫设计家具概念店、MR. 福（家乐福旗下）等
杨浦区	22	Animate（哔哩哔哩旗下超电运营）、源兰制等
普陀区	33	赛梦达、Babycare 全球品牌形象概念店、SILWORLD 银饰、SWOFCARE 等
上海市	631	11 家为全球首店及亚洲首店，75 家为全国首店及大陆首店，545 家为华东及全市首店

资料来源：各区政府工作报告、中商数据。

（3）品牌培育引进政策

从各区品牌培育引进政策来看，主要落脚点在资金支持、便捷政务服务、品牌维权、品牌宣传等方面。具体来看，长宁区主要进行事后补贴，首次获得"上海市著名商标"的时尚创意企业可以最高获得 30 万元的一次性补贴，首次获得"上海名牌"称号的时尚创意企业可以最高获得 30 万元的一次性补贴，首次获得"上海知名品牌示范区"的时尚创意企业可以最高获得 50 万元的一次性补贴。其他区制定的亮点政策如下。黄浦区政府在2019 年 9 月出台的《黄浦区关于推动品牌经济发展的若干意见》中特别提出发展品牌经济，鼓励总部集聚，对具有市场影响力的国内外知名品牌企业及新技术、新业态、新模式、新产业领域的新兴品牌企业，在本区设立地区总部、连锁总部、营销中心、研发中心等总部类机构，给予一定补贴；2020

年5月出台的《黄浦区推进品牌创新发展实施意见》中提出为支持企业获得"上海品牌"认证和中国驰名商标认定保护，自主品牌企业在品牌战略指导下在国外开展商标注册，产业园区创建"知名品牌示范区"，以及旅游区和旅游品牌创A提升，均给予一定比例的奖励或补贴；2018年10月出台《黄浦区对接中国国际进口博览会鼓励引进品牌首店暂行办法》，在便捷办理投资注册和经营许可等方面吸引外商在黄浦区设立品牌首店。徐汇区政府2021年3月出台《徐汇区关于加快推进文化品牌建设的扶持意见》，支持文化特色品牌活动举办，引进和培育国内外一流文化活动项目，支持时尚产品"首发"、精品剧目"首演"、艺术作品"首展"，以及高规格、高品质、影响力较强的特色文化品牌活动；推动国家、市级重点项目落地，形成文化品牌战略共同体，共同致力于"海派之源"品牌建设，提升徐汇在上海国际文化大都市建设中的地位。

4.产业载体平台比较

（1）产业载体平台分布情况

上海市开展2019～2020年度市级文创园区（含示范园区）、示范楼宇、示范空间认定工作，最终认定137家市级园区（含20家市示范园区）、20个示范空间、10个示范楼宇。总体来看，长宁区的市级文创示范园区、空间、楼宇数量最多（见图2）。从示范空间分布来看，长宁区有MOE TOWN影视二次元产业孵化基地、创邑SPACE｜源、鼎创汇创客空间、创邑SPACE｜河、愚园里、方糖小镇6个文创空间上榜，在各区中位列榜首；其次为徐汇区，3个空间获得"示范空间"称号。从示范楼宇分布来看，长宁区、徐汇区2个楼宇获得示范称号，在各区域中排名第1位。从文创园区分布来看，经认定的137家市级园区中，静安区、黄浦区、徐汇区、长宁区的市级文创产业园区较多，静安区拥有800秀创意园区、大宁中心广场、多媒体谷等一批优秀园区平台；黄浦区拥有8号桥文化创意产业园区、南苏河创意产业集聚区、老码头等平台；徐汇区拥有越界文化创意产业园、尚街Loft时尚生活园区、西岸创意园等优秀园区；长宁区拥有德必易园、幸福里、创邑SPACE等优秀创意园区。

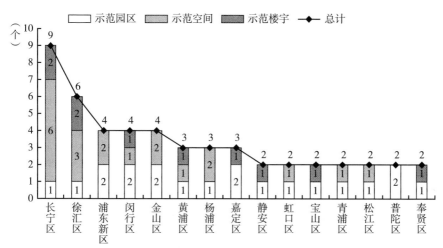

图2　2019～2020年上海市文化创意产业示范园区、空间、楼宇分布

资料来源：上海市文化创意产业推进领导小组办公室、上海城市创新经济研究中心。

（2）产业载体平台建设政策

从各区产业载体平台建设政策来看，多数政府给予资金支持、奖励，同时鼓励园区明确自身产业发展定位。如黄浦区政府2019年4月出台的《黄浦区文化创意产业发展引导资金管理办法》中提出对载体能级提升类项目，采用资助、奖励方式支持，单个项目最高支持不超过50万元；对产业发展扶持类项目采用资助方式支持，对单个项目资金支持上限不超过项目总投资的30%，原则上不超过300万元。如闵行区2019年3月出台的《闵行区促进文化创意产业发展财政扶持资金管理办法（试行）》中提出，对经国家、上海市主管部门或闵行区认定的文化创意产业园区、示范楼宇和空间，按其公共功能建设项目费用给予补贴，其中国家或市级认定的文创载体，按其公共功能建设项目费用的20%采用后拨付方式给予最高不超过150万元的一次性项目补贴。如虹口区2019年1月出台的《虹口区加快发展文化创意产业的意见》中提出，对获得市级文创（示范）园区、示范楼宇授牌的，给予申报单位20万元的一次性奖励；对获得市级文创示范空间授牌的，给予申报单位10万元的一次性奖励。再如宝山区2021年4月发布的《宝山区加快建设上海科创中心主阵地促进产业高质量发展政策》中指出，对于申报

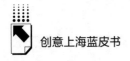
成功国家级文创园区及同级别称号的园区运营机构给予一次性奖励100万元；对于申报成功市级文创示范园区、市级文创园区、市级文创示范楼宇、市级文创示范空间的运营机构分别给予一次性奖励30万元、25万元、20万元、15万元。

5. 高端人才引进比较

（1）人才引进落户

时尚创意的竞争核心在于高端人才。从人才引进落户角度来看，上海市目前时尚创意类人才通过人才引进落户的数量较少，以2019年3月上海市引进人才申办本市常住户口结果为例，办理成功的782个案例中，仅1例为时尚企业路易威登（中国）商业销售有限公司的员工。从实际引进人才来看，黄浦区吸引亚洲高级定制公会（ACF）将总部从新加坡迁至上海，公会理事及成员包括日本著名服装设计师Kenzo、日本设计师桂由美、中国设计师郭培等共17名亚洲各国著名设计师集聚黄浦区，对黄浦区乃至上海的时尚产业发展有重大意义；长宁区吸引刘彦君（服装设计）、曲全力（影视人才）、盛艳红（影评人）等知名人士入驻；徐汇区吸引陈佩秋（画家）等设计师工作室落地；杨浦区吸引顾劼亭（钢琴家）等艺术工作室等落地。

（2）重点人才政策

各区均基于自身发展的重点产业加强对重点人才的政策吸引，主要体现在资金补贴、落户政策、子女教育、人才公寓、出入境便利等方面。其他区制定的亮点政策如下。黄浦区2020年出台的《黄浦区促进时尚产业发展专项资金使用和管理办法》中明确提出支持引进国际顶尖时尚人才培育中介组织、行业协会和时尚专业院校等时尚综合服务平台。鼓励引进对时尚创意产业有突出贡献的高级人才，支持其申请区级人才政策扶持，加强时尚领域人才的培养。静安区2020年10月出台的《静安区关于促进影视产业发展的实施办法（征求意见稿）》中提出对经认定的带项目、带技术、带资金入驻园区的领军人才和创业团队，在本区租赁自用办公场地的，可按连续三年支付的年租金的30%给予支持，最高可获得100万元；对在本区购买自用办公场地的，参照三年同等标准租房补贴给予一次性补贴，最高不超过100万元；对影视文化企业在本区租赁或购置办公用房的，根据不同规模，给予最高 50 万元的一次性装修补贴。2020 年，杨浦区实施《杨浦区高层次人才分类认定及服务管理办法（试行）》，为高层次人才提供"人才服务一卡通"服务，整合配置区域内医疗、教育等资源，搭建高层次人才专属服务平台。同时，杨浦区于 2018 年开展现代设计文化创意产业类拔尖人才推荐工作，以品德素质优秀、专业贡献重大、团队效应突出、引领作用显著、发展潜力较大为标准对注册在杨浦区的现代设计、文化创意企业中 55 周岁以下从事经营管理和研发设计且在岗的优秀人才进行认定，通过认定的人才可享受《杨浦区高层次人才管理服务办法》中拔尖人才相关待遇。徐汇区在 2018年发布的《徐汇区打响"上海文化"品牌　彰显"海派之源"新标杆三年行动计划》中提出建立文化发展战略咨询智库，定期邀请社会各界知名人士、重点文化企业代表等，立足徐汇发展战略层面提供决策咨询；通过建立设计师工作室、艺术家工作室及各类文化组织联盟等形式，为优秀文化人才提供展示、演出、交流等机会。

（二）典型案例

1. 北京：文化创意产业蓬勃发展

北京作为全国文化中心，历经多年发展，文化创意产业已经成为北京市的重要支柱产业，时尚设计也是北京文化创意产业的重要组成部分。从北京市的发展经验来看，主要有两个方面值得借鉴。

一方面，政策扶持力度较大。以朝阳区为例，2018 年 5 月，设立总规模 100 亿元的文化创意产业发展引导基金，其中，母基金意向规模达 20 亿元，子基金由文化科技融合发展基金、文化创意产业创业投资基金、京津冀文化产业协同发展基金、文化创意企业股权投资基金、文化创意产业重大项目建设投资基金 5 支基金组成。引导基金按照政府引导、专业化管理、市场化运作的原则进行运营管理，2018 年该基金通过贷款贴息、项目奖励等方式支持中赫时尚（北京）文化发展股份有限公司、北京匡时国际拍卖有限公司、北京振威展览有限公司、北京华港展览有限公司等时尚企业。同时，朝阳区开展了一系列文创服务活动，例如初创企业、小微企业的项目路演、文化沙龙等，为上市企业、拟上市企业、"独角兽"企业定制投融资、上市辅导等服务活动，同时还包含了产业发展趋势分析、参观交流、政策宣讲、走访学习等综合服务类。

另一方面，利用老旧厂房、公园等资源，拓展文化创意空间。如798艺术区原为老厂区，通过现代艺术、建筑空间、文化产业、历史文脉与城市环境的有机结合，成为北京都市文化的新地标。北京市各类世界文化遗产和公园也积极发展各自的文化产业，增加文创商店数量。2018年，颐和园、动物园实现了人均消费1元钱的"小目标"，文化创意产业年收入突破千万元。

2. 深圳：传统优势产业升级焕发新生

深圳坐拥庞大的时尚产业，其中，高端女装消费额在国内市场占比超过70%，成立于2015年的"深圳时装周"已被成功纳入国际时装周发布体系。从深圳时尚产业发展经验来看，主要有两个方面值得借鉴。

一方面，政府政策扶持精准有力。以福田区为例，2018年发布《福田区支持时尚产业发展若干政策》，支持在本地注册的文化时尚企业参加国际四大时装周官方秀场并举行新品发布等活动，支持额度为活动实际支出的50%，每家单位每季时装周最高给予150万元支持，每年不超过300万元，不超过其经济贡献；支持独立设计师注册工作室，对产生的场地租金、装修等费用，支持额度为实际投资总额的50%，最高不超过20万元；对上一年度在福田区的经济贡献在1000万元（含）以上的文化时尚企业给予人才奖励，以1000万元经济贡献为基数，每个基数给予20万元奖励，最高不超过200万元等。

另一方面，时尚产业扎根已久，集聚效应明显。2014年，在市政府倡导下，家具、服装、黄金珠宝首饰、钟表、皮革、工业设计、内衣、眼镜八大时尚行业协会与行业内骨干企业，自发成立深圳市时尚创意产业联盟，抱团联合发展。深圳会展业的发展也起到明显的辐射传播作用。例如深圳时装周成为时尚产业发布的重要平台，SIUF中国（深圳）国际品牌内衣展已成为亚洲最大的内衣行业展会。

3. 东京：坚持文化立国，商旅融合发展

东京是日本第一大都市，东京的时尚不仅蕴含着东方的气质，其多元化的发展也引领着现代时尚的新概念：时尚不仅是服装，还包括了生活的各个方面。从其发展经验来看，主要有两个方面值得借鉴。

一方面，政府积极引导产业发展，将"文化"定位为国家战略。1996年，日本政府正式出台《21世纪文化立国方案》，标志着"文化立国"战略正式实施。随后制定知识产权、观光立国、文化产业等一系列政策，为文化产业繁荣发展创造良好的战略环境。

另一方面，文化产业人才的积累和培养相对来说也很重要。以动漫产业为例，为引进和培育人才，政府积极创办动漫产业学校，并举办各种动漫展览和活动赛事。以东京动漫展为例，它是由东京市政府和东京动漫协会联合主办的全球最有影响力的动漫展，以国际动画交流与进出口商业洽谈为目的，每年1届，每次均耗时4天，共分为两个阶段。一是面向全球行业领域的企业，主要是商务洽谈和人才招募；二是面向公众，围绕动漫，开展全方位的交流和体验活动。东京市政府特意在动漫节中设置展出日本青年动漫作家作品的展台，鼓励青年人才。同时，东京市政府和民间设立多种奖项，鼓励表现突出的文化产业人才。另外，政府还支持举办各类文化研讨会及竞赛等，以提高民族文化的认同感，为文化产业创造活跃的社会氛围。

4. 巴黎：加强文化活力，提升城市魅力

巴黎是世界上最时尚的城市，享誉世界的巴黎时装周更是起源于1910年，迪奥、香奈儿、圣罗兰、纪梵希、巴黎世家等奢侈品品牌均诞生于巴黎。从其发展经验来看，主要有两个方面值得借鉴。

一方面，加强文化活力，推动产业转型。法国传统文化产业包括高级成衣、化妆品、香水、皮革、家具、葡萄酒、美食等工艺及奢侈品行业，巴黎市政府积极推进拓展文化产业中新的优势领域，大力支持视觉、音乐、出版、印刷、表演艺术等文化领域，鼓励全新的艺术创造。

另一方面，降低文化门槛，提升城市魅力。用"让一切文化在一切地方为一切公众所享用"的理念打造城市氛围；鼓励充分挖掘和利用历史建筑，提升建筑艺术气质；通过重新整合及有效配置公共空间——重新设计废弃、封禁的码头、铁路、车站、花园、街道，多元的文化环境、低成本的文化消费吸引了大量留学生和青年艺术家集聚巴黎。同时，政府还实施"公共艺术委托制度"，邀请各类自由艺术家在巴黎街头进行创作，不仅增加城市空间的艺术氛围，也补助青年艺术家的创作。

三　总结与展望

就上海而言，作为世界级一流大都市不仅要提高其经济规模和实力，也要尽快增强其作为国际大都市的综合竞争力。时尚创意产业就是增强城市竞争力的重要表现形式之一，"时尚城市"的概念也由此而来。时尚创意产业源于个人创意、技能，后通过现代工业制造、产业转型整合及服务业、金融体系等配套支撑，各类时尚创意被转化为社会财富，以创造力为基础的时尚创意产业成为国际大都市的真正优势，也是一个城市综合竞争力的核心。

"十四五"是上海构建世界级消费城市的关键时期，在"十三五"时期，各类与时尚创意产业密切相关的文化、休闲、娱乐、传媒、体育、会展等设施相继建成并陆续投入使用，上海时装周、F1赛车、大师杯网球赛、上海国际电影节等接轨国际的一系列国际庆典活动相继举办，上海逐渐被打造成为国际时尚消费之都，但上海还未达成时尚创造之都，只有积极推进发展时尚创意产业，以设计为龙头，以消费为依托，强化设计与市场对接，结合第一、第二产业，振兴上海第三产业，将传统消费类产业转型为以高科技、高价值为基本特征的时尚创意产业，逐步摆脱原有加工制造纺织产业发展的旧结构，努力转型为创意营销型时尚产业结构模式。通过时尚设计、时尚研发、时尚制造等多个重要环节，逐步构成完善的时尚产业结构体系，成为新兴的时尚创造之都。

B.4
上海乡村旅游中的创客活动研究

王 欣[*]

摘 要： 上海的乡村是典型的位于超大城市内的乡村，受到城乡两种
力量的影响，而乡村旅游是连接城乡、实现乡村振兴的一种
有效途径。创客活动在上海乡村中大量出现，与乡村旅游紧
密相联，给乡村发展带来新的活力，是城市力量主动向乡村
的延伸，体现了乡村对城市的配套。本报告梳理了近年来上
海多个乡村中的创客活动案例，从创客的主体参与者、创客
与乡村的联系、创客的活动形式、创客的空间载体以及创客
的市场运作等五个角度对案例特征进行分析。同时，本报告
从乡村旅游行业、城乡关系和创业创新人三个角度分析了创
客活动的积极意义，也从引导创客文化、提供创客保障以及
让创客参与乡村规划等方面提出了相应建议。

关键词： 乡村旅游 创客 上海

一 上海乡村的背景

（一）上海乡村的特点

上海是长三角城市群的中心城市，近年来提出建设"卓越的全球城市，

---

[*] 王欣，上海拾分之壹文化艺术有限公司合伙人，高级工程师（城市规划设计）、注册城市规
划师。

令人向往的创新之城、人文之城、生态之城，具有世界影响力的社会主义现代化国际大都市"①的愿景目标。经常被人忽视的一点是，作为国际大都市的上海全市区域内还拥有一半面积的乡村区域。根据《上海市城市总体规划（2017—2035年）》，上海市陆域面积约6800平方公里，至2035年，建设用地面积控制在3200平方公里以内；郊野地区面积3600平方公里，这部分将承载农村居住、农业生产、郊野游憩和生态屏障等多重功能，也就是传统意义上的乡村区域。乡村是这座未来"全球城市"的重要组成。

在上海，乡村是典型的位于大都市内的乡村，乡村发展的前途并不取决于乡村本身，而取决于乡村与城市的关系结构。城市区域对乡村区域的影响是巨大的，上海乡村的特征需要放置在更高的视野和更紧密的城乡关系中来理解。正如上海市委书记李强在2018年青浦乡村振兴战略现场推进会中所言，"要从单纯'补短板'，转向立足面向全球、面向未来，在更高层次上审视谋划上海郊区的乡村振兴工作，把乡村作为超大城市的稀缺资源，作为城市核心功能的重要承载地，作为提升城市能级和核心竞争力的战略空间"②。

超大城市的稀缺资源、核心功能的重要承载地和提升城市能级和核心竞争力的战略空间这三点非常准确地反映了上海乡村最本质的特征。这些特征对于理解中国乃至亚洲区域超大城市周边的乡村，具有普遍借鉴意义。

（二）上海乡村旅游发展

几十年来，上海乡村伴随上海城市的整体发展经历过建设农副产品基地、建设乡村工业化、发展乡村旅游基地等多种发展模式。特别是上海郊区乡村工业化，一度对郊区乡村的发展做出了巨大的贡献，受到很多学者关注。在乡村工业化的推动下，郊区农民大量"洗脚上岸"成为产业工人，农民收入得到大幅度提高，同时郊区乡村工业发展对乡村财力和基础设施建

---

① 上海市人民政府：《上海市城市总体规划（2017—2035年）》，2018。
② 李强：《推动乡村振兴不断形成新亮点取得新成效》，网易新闻网，2018年07月13日，https：//www.163.com/dy/article/DMKDN8QB0514EGPO.html。

设提供了大量资源，郊区乡村的硬件条件得到有效提高。① 然而从超大城市的紧密城乡关系来看，城市工业园的发展集聚效应对于乡村而言是绝对优势，乡村发展已经很难再寄托于乡村工业化进程，而只能通过城市对乡村的功能外溢以及乡村对城市的配套式发展来实现目标。乡村旅游作为连接城乡居民实现乡村振兴的一种形式，成为近年来上海乡村发展关注的重点。

乡村旅游最早的兴起，就来自城市休闲人群来到乡村后所带来的吃、住、购、娱等休闲诉求。回顾上海乡村旅游的发展，也需要将其放置在上海城市紧密城乡关系中来看待，是在上海快速城市化开始之时的 20 世纪 90 年代初期才发展起来的。单纯从乡村发展而言，上海的乡村旅游发展得并不尽如人意，根据上海社科院学者朱健江和刘文敏的研究，上海乡村旅游景点已经遍布各区镇，据初步统计，除农家乐、民宿外，上海乡村旅游景点有 358个，散布在全市 9 个郊区。② 目前呈现出如景点类别单一、单个景点规模较小、景点盈利能力弱化、农村集体组织参与度低、市场机制运用不够充分等不利特征。③ 根据本报告作者调研，相较而言，江浙一带乡村旅游发展得更好，无论是浙北的莫干山还是苏南的太湖边，知名的乡村旅游项目越来越多，也多服务于来自上海的游客。根据本报告作者对部分企业主的采访，上海的乡村离上海太近，反而成了乡村旅游发展的不利因素，深陷"大树底下不长草"的困境。也有学者将这类现象称为上海都市旅游的屏蔽现象，指出虽然乡村和都市属于两个不同的范畴，甚至在旅游上可以相互补充，但事实上上海都市旅游中老牌经典的产品却在一定程度上对乡村旅游起到了抑制作用。④

① 叶敏、张海晨：《紧密型城乡关系与大都市郊区的乡村振兴形态——对上海城乡关系与乡村振兴经验的解读与思考》，《南京农业大学学报》（社会科学版）2019 年第 5 期，第 33～40 页。
② 朱健江：《乡村振兴与乡村旅游发展：以上海为例》，《上海经济》2017 年第 6 期，第 17～24 页。
③ 刘文敏：《新时期上海休闲农业与乡村旅游发展研究——从农民增收视角》，《上海农村经济》2019 年第 11 期，第 8～10 页。
④ 张懿玮：《上海都市旅游屏蔽下的崇明乡村旅游发展探索》，《山西高等学校社会科学学报》2014 年第 1 期，第 55～57 页。

在本报告看来，上海乡村旅游发展的关键不在于乡村本身，核心问题不是吸引多少游客将农民的收入提高多少，而是如何切实走出一条适合上海这座超大城市郊区的发展模式。当站在上海城市整体视角来看待上海乡村，也从旅游活动不止于观光的开放性来思考乡村旅游，上海的乡村旅游也就具备了独特的优势。上海乡村旅游可以去对接上海超大城市对乡村的带动效应和反哺作用，承载超大城市核心功能，提升城市核心竞争力，吸引更多包括人、财、物在内的资源，满足城市人群不止于吃、住、购、娱的更多生活诉求，提升乡村发展水平和活力，实现城乡一体化发展，最终也将丰富乡村旅游的内涵。事实上这几年，特别是 2015 年以后，符合这些特征的创客活动在上海乡村中大量出现，与乡村旅游活动有着紧密联系，给乡村发展带来了新的活力，体现了乡村对城市的配套，回应了在上海城市整体视角下的城乡关系。

二 创客的定义与发展

创客（Maker）一词始见于美国，是指努力把各种创意转变为现实的人，特别是指高科技和高端制造行业人士。[①] 在国内，"创客"一词被写入 2015 年国务院政府工作报告，同年随着国务院文件《关于大力推进大众创业万众创新若干政策措施的意见》的发布，进入大众视野，成为社会关注的焦点。与国外专指高科技和高端制造行业人士不同，国内的"创客"的范围更广，更多的是指具有创新理念并进行自主创业的人群。他们不仅具有创新理念和创新能力，也在实践自主创业。创客是"发明家"和"实践家"的合体。[②]

创客发端于城市，合适的创作空间是创客活动的关键。乡村，特别是大城市周边的乡村，具有丰富的创作素材和相对易得的空间场地。"创

---

① 〔美〕克里斯·安德森：《长尾理论》，乔江涛译，中信出版社，2012。
② 欧阳友权、吴钊：《创客运动与创客群体的文化认同》，《福建论坛》（人文社会科学版）2016 年第 10 期，第 118～122 页。

客"在乡村中含义更广,基于乡村空间,从事农业相关工作,连接城市各方面,实现乡村发展的人群都可以称为创客。在本报告中,所称乡村中的创客是指那些在乡村中基于农业、依托乡村、联系农民进行创新和创业的个人及组织。这些创客的活动最早经常被当作乡村旅游中的新内容新形式。

乡村旅游中出现的创客活动也得到了政府的鼓励,国务院办公厅2015年发布的《关于进一步促进旅游投资和消费的若干意见》明确提出,将开展百万乡村旅游创客行动,建设一批乡村旅游创客示范基地,形成一批高水准文化艺术旅游创业就业乡村。2015~2017年,国家旅游局连续3年发布了100家"全国乡村旅游创客示范基地",积极引导各类创客向乡村集中。实际操作过程中,乡村旅游中创客活动也不限于政府的界定,2015年以来,各种乡村创客的项目如乡村创客基地、乡村创客中心、乡村创客之家等纷纷挂牌,在全国多地的乡村如雨后春笋,纷纷出现。

三 上海乡村旅游中创客活动的发展现状

(一)发展历程

上海乡村的创客活动出现得很早,多是以乡村旅游中的创新形式出现。在2010年,同济大学设计创意学院娄永琪教授成立"设计丰收"团队,探索上海最早的创客下乡实践。在崇明区竖新镇仙桥村,"设计丰收"团队利用租用的民宅和农田开展创客活动,涉及精品民宿、乡野创意活动、生态体验农场、创意农产品、自然创意课堂等新型业态。艺术走向田野,大学生走入乡村等作为创新型事件引起了广泛关注。2010年以来,上海乡村各种社区支持农业(CSA)项目发展起来,知名的有青蓝耕读合作社等。这些项目以生态农场为空间载体,提供大量展示可持续生活方式的体验内容,包括农业生产、农产品加工、农业技能体验、乡土工艺品制作等,成为乡村旅游的创新目的地,吸引了大量城市居民前去体验。社区支持农业本身就有连接城乡的作用，这些团体也主动来到城市社区，以市集的形式招纳更多的会员，把乡村创造的产品主动送到城市社区居民手中。

2015 年，随着国家对创客的鼓励，创客活动成为风潮，政府和创客共同推动创客活动发展。一方面，上海市区 36 家创新创业组织成立创客极客之家，虹口等区成立社区创客中心，全市范围内几乎年年举办创客嘉年华。另一方面，上海的创客伴随乡村旅游热一起下乡，把创作空间向乡村延展，并在乡村寻找更广泛的素材，极大地扩充了乡村旅游的内涵。最典型的如浦东新区新场镇新南村的乡创中心，以"党组织、村民、创客"三方共同建设的模式，将闲置集体用房改造为"创客之家"后交由返乡青年运营，四五十位青年创业者纷纷回到乡村发展，浓厚的创业氛围还吸引了异地的创客入驻。乡村中的创客之家集展示、体验、服务功能于一体，把文化内涵、创意设计、本地特点有机糅合在一起。主要业态为亲子旅游、自然教育、手工产品等；主要产品为村里年轻人自己做的土布背包、彩豆画等文创产品，以及有机大米等本地特色农产品。

上海市政府也陆续出台一系列鼓励政策。2017 年上海市政府印发了《关于本市支持返乡下乡人员创业创新促进农村一二三产业融合发展实施意见》的通知，进一步推动返乡人员的创业创新活动。该意见指出了创业的重点领域和方向，强调要挖掘农业多种功能，发展休闲农业和乡村旅游、农产品加工和流通、农业信息咨询等生产性服务业，以及其他新产业、新业态和新模式。特别强调推进农村产业融合，推进农业与旅游、教育、文化、健康养老等产业深度融合，发展休闲农业和乡村旅游，提升农业价值链。该意见还提出了八项政策扶持措施，涵盖市场经营、金融服务、财政支持、用地用电、创业培训等。

2018 年以来，从区县到上海市层面通过举办乡村创业创新竞赛的方式引导乡村的青年投身农业相关领域，促进乡村创客活动的开展。涉及生态农业、乡村旅游、文化创意等多方面的"泛农业产业"，成为乡村振兴重要方式（见表1）。

表 1　2018～2019 年上海举办的乡村创业创新竞赛

时间	活动名称	举办内容	举办方
2018 年	首届上海（松江）乡村振兴创新创业大赛	涉及生态农业、乡村旅游、文化创意、兴农科技、农村服务五方面"泛农业"领域创新创业项目，分为已经在建设的创业组和还在建设中的创意组	松江区政府部门
2019 年	第三届上海市农村创业创新大赛暨首届长三角青年乡村振兴创新创业大赛	包括现代种养业、乡土特色产业、农产品加工流通、休闲农业与乡村旅游、乡村服务、文化创意、农村电子商务和农村人居环境整治等产业以及各类农村新产业新业态新模式，分为初创组和成长组两组	上海市农业农村委员会等
2019 年	上海"美丽乡村"青年创意设计大赛	举办方选择 9 个自然村村场作为竞赛基地，参赛团队需要选择其中 1 个进行设计，要挖掘上海特有建筑元素和自然肌理，考虑产业发展、居民参与、乡村共治，重点关注乡村民居建筑	共青团上海市委员会等

资料来源：笔者根据上海市农业农村委员会官网等相关网站对以上活动报道整理。

（二）发展现状

2018 年以来，创客活动在上海发展迅速，本报告整理了包含上海 9 个乡村振兴示范村在内的典型乡村创客活动案例（见表 2），重点关注的是近年来在乡村中进行创新创业活动的个人和组织。时间截至 2020 年 3 月底。案例的资料来源一方面是本报告作者在向阳村、章堰村、莲湖村、仙桥村、吴房村、新南村等 8 个村实地考察，同时与有关创客和管理人员访谈获取的；另一方面是通过对政府网站、微信公众号、大众媒体等相关报道进行检索获取的。

表 2　2018～2020 年上海周边典型的乡村创客活动

村庄	所在区镇	创客项目	创客内容	创客主题	创客运营类型
章堰村	青浦区重固镇	众创空间	利用新建的临街店铺，打造服务于科创引领、科技企业、创业创新的众创空间。面积约 1.8 万平方米，已通过社群营造、大学生建造节、企业共创会活动、媒体推广活动，实现招商	新建滨水商业空间	科创孵化

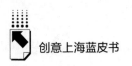

续表

村庄	所在区镇	创客项目	创客内容	创客主题	创客运营类型
莲湖村	青浦区金泽镇	欣耕工坊	村级平台租下村民空置民居,交由公益组织欣耕工坊入驻运营,运营的内容为亲子体验、自然教育以及生态农场	自然旅游	公益组织运营
		LIAN·空间	团区委、青年创业协会共同打造青年众创中心——LIAN·空间落地莲湖村,吸引了来自长三角的农创青年入驻	农场孵化	政府组织运营
		返乡创业团队	返乡创业的本村青年张星,成为村里茭白叶编织带头人,成立公司制作创意工艺品,解决了废弃茭白叶处理难题,传承了非遗文化,增加了本地农民收入	农产品加工	个人开办公司
塘湾村	宝山区罗泾镇	大学生返乡创业	返乡创业的本村青年胡亚南和王莉莉,一人经营了园艺店,租用村里土地建了大棚,自产自销各类花卉;一人回村开办了"王家小院"农家乐	非标住宿	个体运营
		母婴健康管理中心	村委整合归并零星集体建设用地,与专业机构合作,建设母婴健康管理中心,提供医护休养、亲子度假和学前教育等服务,引进奶粉、婴儿服装、儿童摄影等与母婴用品相关企业	母婴产业	企业运营
革新村	闵行区浦江镇	艺术BLOG空间	村委盘活61套闲置民房资源,通过村集体土地作价入股,由市场化公司负责资源导入,计划打造新农村文化和上戏影视技术研创基地	文化产业	企业运营
果园村	浦东新区大团镇	美丽庭院	本村青年王嘉晨,利用自有民宅,将原本养兔房翻新改造,建成一座集赏花、摘桃、卖桃于一体的"创业基地"	非标住宿	个体运营
新南村	浦东新区新场镇	乡创中心	闲置集体用房改造为"创客之家"后交由返乡青年运营,业态为亲子游、自然教育、手工课程,提供土布背包、彩豆画等文创产品,还有有机大米等本地农产品	文创产业	党组织、村民、创客三方共建
吴房村	奉贤区青村镇	乡村艺术中心	村民流转宅基地给村委,村委将其租给企业,运营企业引入上海美院乡村艺术中心、中国美院乡村工作站、著名国画家吴山明大师工作室、亦师亦友艺术家等乡村艺术创作类项目入驻	文创产业	国企建设运营

续表

村庄	所在区镇	创客项目	创客内容	创客主题	创客运营类型
新叶村	奉贤区庄行镇	艺术文创实践基地	华东师大美术学院利用空置房屋建设艺术文创实践基地,学校将在村中建设艺术文创空间,建设乡村艺术季、艺术文创展等品牌项目	文创产业	高校运营
向阳村	嘉定区安亭镇	汽车产业创客基地	企业以向阳村村道路为载体,依托国际汽车城的优势资源打造安亭汽车产业创客基地,开辟无人驾驶试验地,举办安亭汽车趣玩日,为汽车产业提供田园配套	汽车产业	企业运营
		万创种子工作室	企业利用村集体公用建筑设立万创种子工作室,探索"众创入乡",激发农村活力;青年创客之家集产、学、研、居功能于一体,吸引返乡"农二代"和创客"新村民"	文创产业	企业运营
		向阳新里	企业利用租赁的8户村民的农宅,吸引百蒂凯咖啡吧、Mr longly 咖啡、Toy 潮玩店、七朵云民宿等创客商户入驻	文创产业	企业运营
新义村	金山区枫泾镇	创E田园	运营公司利用废弃的农家猪棚改造为一期创客基地,交由9家企业租用,涉及艺术涂料、芝麻加工、金鱼培育、马利画材、金王蜡烛、文化创意等产业项目,整体项目名为天域·新义田园综合体	文创产业	企业运营
仙桥村	崇明区竖新镇	设计丰收创新基地	同济创意学院利用租赁的民宅和农田,探索上海最早的创客下乡实践,由设计民宿、乡野创意活动、生态体验农场、创意农产品、自然创意课堂等乡村新型业态组成	文创产业	学校运营
中山街道	松江区明南路	阡陌云间	独立的农业休闲观光园,由艺术家作为古琴艺术传承基地,拥有湖边琴音茶室,开设古琴课程,入选中国乡村旅游创客示范基地	文化产业	企业运营

资料来源:笔者根据现场访谈、电话访谈和相关网站整理。

(三)发展特征

前文提到,本报告中创客是指那些在乡村中基于农业、依托乡村、联系

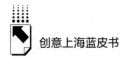

农民而进行创新和创业的个人及组织。这些创客的活动最早常被当作乡村旅游里面的新内容新形式。本报告从创客的主体参与者、创客与乡村的关系、创客活动形式、创客的空间载体以及创客的市场运作五个角度来分析前文案例中所介绍的创客活动的特征。

1. 创客的主体参与者

乡村中的创客是一个很宽泛的概念，主体参与者涉及很多方面，大体上可以分为两大类。一类是个人主体，包括几类人群，即中高校毕业学生、返乡青年农民工、专业艺术人才、城市创意工作者等，也就是人们通常描述的一群有想法的年轻人；另一类是团体，包括公益组织、青年创业团队和创新型企业等，团队和企业之间并没有明显的界限。其中，公益组织（NGO）是比较创新的一种组织方式，其依托某些共同价值主张资源共享，虽为松散的内部协会或者个人联盟，但具备强大的品牌影响力和新媒体传播能力，在上海有落地青浦莲湖村的欣耕工坊，以及正在与淀山湖周边几个村对接的恩派（NPI）和古村之友。

乡村中的创客在主体身份认同上更注重“创新者”和“创业者”的身份，很注意与传统的家庭农场、农民合作社、农业企业等传统乡村型经营主体区别开，或者直接排斥乡村旅游经营者的身份。在经营过程中，前期或以个人名义，或以松散型组织名义进行，后期往往直接开办小型企业或者借助大公司下面创新型子公司名义进行，更符合城市型自由职业者或者创意工作者的工作与组织风格。值得注意的是政府和企业主导的创客空间和平台，如果自身并未参与“动手”创作，这些主体并不会被大家认为是创客。

2. 创客与乡村的关系

乡村中的创客跟本乡本土往往有着千丝万缕的联系，基于农业、依托乡村、联系农民是基本特征。在人际关系层面，个人创客常见的是土生土长的本地人，大多经历过考学或者就业出村发展后又回归本村返乡创业，部分外地人则是本地人（多为村委干部）介绍的沾亲带故的外地人。比如塘湾村、莲湖村和新南村出现的本村大学生返乡创业情况。从个人创客在乡村内的人际关系中，依然能看到费孝通先生在《乡土中国》里面所描述的那种乡土社会中依靠人情的团结方式在运作，依然遵循人情关系里面的"差序格局"。纯粹通过村镇区几级政府的创客促进平台"招商引资"迎来的往往是企业或者团队型创客组织，他们与村里人的人际关系，往往需要通过政府持续的工作来维护。

在利用乡村的土地和物业方面，本乡的创客优先使用自己家的房屋田地，或租用本村熟人的房屋田地，这是显而易见的情况。而外来创客往往期望与本村村委或者更高层面政府形成的运营公司合作，这些公司先从村民手里把房屋租过来，外来创客再从这些平台中租用物业土地。奉贤区吴房村的乡村艺术中心和闵行区革新村的艺术 BLOG 空间就是其中典型，村委对接村民，企业对接村委。嘉定区向阳村的万创种子工作室就是利用之前村办企业的厂房改建更新而成的。

3. 创客的活动形式

乡村的创客活动主要依托于既有的生态、文化和土地资源，特别强调活化处于闲置状态的各类资源。产业上呈现农业与旅游、教育、文化、健康养老等产业的融合发展趋势，延展了传统农业价值链，提升了传统资源利用率，当然与休闲农业和乡村旅游紧密相关。

大体上这些活动分为生态类、文化类和其他类，其中生态类和文化类也多被人们称为乡村旅游新形式新内容，大多归入乡村旅游的范畴。生态类主要包括农产品加工、亲子体验、生态与自然教育、乡村美食、乡村民宿等与农业活动相关度比较高的活动。崇明的仙桥村设计丰收创新基地就是其中典型，几乎涵盖了以上所有业态。文化类则包括艺术创作、文化创意、非物质文化遗产传承等与农村资源相关的活动。具体有莲湖村返乡创客利用非遗茭白叶编织技艺创作手工品，吴房村出现的上海美院乡村艺术中心和中国美院乡村工作站等。其他类主要为乡村依托特殊区位条件，通过提供土地、道路以及建筑空间所发展起来的非农业相关活动，比如嘉定区向阳村的汽车产业和宝山区塘湾村的母婴产业。

4. 创客的空间载体

乡村的创客活动空间载体是指创客日常工作和生活的空间，主要是房屋

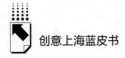

和土地。乡村创客使用的房屋主要为自家或租用的民宅、闲置改建或新建的村集体用房以及村市场主体在村集体建设用地上新建的建筑。伴随创客业务的开展，从事休闲农业和乡村旅游的创客会租用一定量的农用地。

值得关注的是，随着近几年上海城市制定的郊区低效工业用地减量化的策略执行，20世纪遍地开花的郊区乡村工业纷纷清退，遗留下来的零散的建设用地和废弃的厂房往往成为乡村创客活动空间的较好选择。我们在调研过程中发现几处原村留下来的工业用地上的厂房再利用的情况。有些已经是村集体用地上的保留集体公共用房，这部分产权是清晰的；有些则是市"198区域"用地减量化政策实施之后给镇村的补偿用地，厂房未拆但土地作为未来大项目招商引入的备用地，虽然无法确认产权，但适用于临时租用。租用这种形式对创客而言减少了创业启动成本，对村集体而言增加了收入，对于这些位于村里前途未定的建设用地和公用建筑而言，创客空间是一种较为合适的过渡功能。

5. 创客的市场运作

乡村的创客活动是一种全新的经济活动形式，强烈地依赖于"人"这个生产力当中最重要的因素，借助创客的活动，政策、资金、技术、服务等资源附着其上，乡村闲置产能才能被激活。本报告调研中，并未发现单独属于创客的可界定的独立市场，但我们发现了属于创客的独特的营销传播方式。创客通过自身发展，比传统的乡村经营者更懂得互联网、新媒体和社群经济的价值，创客的营销传播方式大体分为线上的品牌推广和线下的社群推广两类。

在线上，创客非常懂得通过新媒体例如微信公众号、微博、淘宝网、快手、抖音小视频等传播方式获得知名度。创客也懂得通过互联网的众筹活动、专题推广等方式链接资本、专家团队以及传统渠道，以获得更多的投资、合作和销售机会。在线下，社群经济是普遍共识，更多创新和环保理念下的主题市场活动成为很多乡村创客产品的主要营销舞台，例如常年在上海浦东新区举办的方寸地生态农夫市集、已举办十届的上海国际生态创意市集（EDF）和各类创客嘉年华活动等。

四 上海乡村旅游中创客活动的意义

上海的乡村旅游是连接城乡实现乡村振兴的一种方式，创客活动则作为乡村旅游中的新内容新形式出现。站在更高的视野和更紧密的城乡关系中来理解上海乡村旅游，会发现乡村旅游中出现的创客活动需要回到创业创新的"人"本身来思考，不在于乡村本身，也不在于旅游业本身。本报告从乡村旅游行业、城乡关系和创业创新人这三个角度展开，来分析创客活动的积极意义和潜在问题。

（一）乡村创客是对乡村旅游更好的提升

中国的社会已经步入了一个相对富裕的阶段，观光、休闲、度假以及文化体验成为城乡人民追求美好生活过程中的必然选择。上海所在的长三角一体化区域更是中国最富裕的地区之一，上海及周边省市的乡村旅游也在迅速地发展。然而传统的同质化的以吃和住为导向的乡村旅游模式掩盖了乡村地域文化的差异，需要更多的突破。

回到乡村旅游行业，其发展突破不在于旅游行业本身。这种突破在于不能将乡村旅游狭义地理解为"吃住购娱"等，更应该回到乡村旅游作为休闲服务业连接城乡人群的特质，去扩展乡村旅游行业的边界，去将更多符合城乡连接特质的新形式新内容吸引进来。创客的出现正是这种突破，创客的活动特别是与农业活动相关度比较高的活动和与农村资源相关的活动，以及生态类和文化类的活动，其本身就可以作为乡村旅游来定义，其丰富了乡村旅游的内涵，扩展了乡村旅游的边界。创客入驻乡村是增强农村活力的重要举措，也是乡村旅游可持续发展的有效路径，强化了乡村旅游成为城乡一体化背景下乡村经济的重要支撑。

（二）乡村创客是对紧密型城乡关系更好的响应

创客活动是对上海这种紧密型城乡关系的响应。传统的乡村旅游可以理解为乡村被动的对于城市发展诉求的响应，而创客活动的产生则源自城市力量主动延伸到乡村。创客把城市人群的目光，在乡村旅游传统产品之外，再一次拉到乡村，将新理念、新技术、新产业引入乡村旅游，盘活乡村资源，创新乡村旅游产品，重组乡村产业结构。创客活动使得上海乡村人群尤其是孩子也可以像城市人群一样得到接触先进理念与技术的机会，拉平城乡差距，缩小观念鸿沟，共享技术红利，这反映了城市对乡村的反哺，也体现了乡村对城市的配套。

站在上海这样的超大型城市视角看城乡关系，乡村是超大城市的稀缺资源、核心功能的重要承载地和提升城市能级和核心竞争力的战略空间。创客活动所属的创意产业便是城市的竞争力体现。创意产业很早就已被确立为上海重点发展的四大现代服务业之一，创意产业已成为上海经济发展中的一大亮点。① 查尔斯·兰德瑞（Charles Landry）指出："如果有这样一个地方，无论是一组建筑群、部分或是整个城市，具备一些能够产生想法和创新的软硬件基础设施，就可称为创意环境（creative milieu）。"② 创客的工作空间正是这样的创意环境。创客来到乡村，是把乡村也逐步打造为创意环境，共同促进上海创意产业的发展，创客是实现上海乡村作为超大核心功能的承载地和提升城市核心竞争力的关键之一。

（三）乡村是创客可选择的创意场所

回到"人"的视角，创客是努力把各种创意转变为现实的人，是伴随如今这个平民化的时代发展起来的。创意不再像过去那么高门槛，仅仅是艺术家、诗人、画家的专属。如今这是共创的时代，创意以无比丰富的形式呈现出来，各行各业能表现出创意且愿意为之实现的人，也就是这个时代的创客。创客需要的是创意的激发元素和创意的实现空间，这两点乡村都能够在

① 厉无畏、蒋莉莉：《上海发展创意产业的优势环境分析》，《上海经济研究》2009 年第 6 期，第 93 ~ 98 页。
② 〔英〕约翰·霍金斯：《创意生态——思考在这里是真正的职业》，林海译，北京联合出版公司，2011。

一定程度上提供。在激发元素上，乡村是城市人的"根"，传统是现代人的"根"，乡村的丰富元素将带给创客启发与创意；在实现空间上，乡村拥有比城市更为广阔的房屋、物业，也是能着手把想法变为现实的承载地。美国产业发展的波兹曼模式也讲到，有风景的地方兴起新经济。好的环境会成为创客考虑的重要因素，随着近几十年的建设，上海的乡村成为洁净、美丽的乡村，大量的自然风光可供人休闲游憩，还有遍布全市乡村的郊野公园，这些环境与创客入驻不无关系，未来将会有更多的创客愿意选择乡村作为实现基地。

五　对创客活动发展的建议

创客活动伴随乡村旅游出现，并且越来越多地出现在乡村，给乡村带来非常积极的影响。然而，创客活动的发展受到乡村与城市两种力量的影响，受到政策、资金、技术和土地空间等资源的制约，面临着很多的不确定性，如何引导、如何保障是未来重点。本报告试图从创客活动的发展特征出发，也借上海发布的促进意见，从文化引导和制度保障角度提出三点建议。

1. 引导创客文化

创客本身就是具备创新和创业精神的人，既是"发明家"也是"实践家"。美国的 DIY 习惯和车库文化，中国的《天工开物》《考工记》《梦溪笔谈》可以看作创客这种创新和创业精神的文化缘起。乡村中的创客更需要这种创新文化的认同和传承，他们是从城市走向乡村的年轻力量，需要延续在城市中的创客精神，培养起跟中国乡土更高的连接度。培养创客用开放包容的心态、实干创新的品格以及开源协作的精神来获得一种新型的反映出中国乡土特征的创客文化尤为重要。乡村中的创客在主体身份认同上更注重"创新者"和"创业者"的身份，很注意与传统的家庭农场、农民合作社、农业企业等传统乡村型经营主体区别开。这点是非常值得关注的，政府应该维持这种创客的自我文化认同，给予其新的社会阶层人士的定位理解，而不是笼统将其归入传统农业经营者，促使更多的返乡人员带着高自尊和先进的

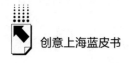

技术理念回乡创业。

从经营者角度讲，创客有个体经营、个人开办公司、企业经营、政府部门经营等；目前很多创客是个人经营，事实上创客的集聚比单独活动重要得多，集聚更能够形成创客的社群文化和自我认同。如何培育分散在乡村各地的创客形成社群连接感，是强化创客文化的关键。在这方面合理的创客自助组织（非空间实体），以及经常举办的创客市集和嘉年华等社群活动是非常值得鼓励的。

2. 提供创客保障

对创客的保障来自对其活动的保障，主体现在三个方面：保障其有合适的活动空间，保障其有市场经营的便利，保障其有更优惠的资金渠道。

在创客活动开展的前期，如何获得可以开展活动的土地和房产资源是关键。可以鼓励乡村对空闲土地及闲置的民宅、工厂、公用设施等依法依规实施改造利用，为创客提供低成本生产和办公场地。尤其要鼓励创客摆脱通过亲属关系获取空间资源的传统路径依赖。应该在乡村提供更多法制化和市场化的选择，鼓励更符合现代社会的契约方式，引导更多乡村创客入驻。

在保障市场经营的便利性方面，创客大部分并不擅长市场注册等相关事务。乡村可以有针对性地提供创业辅导、政策咨询、集中办理证照等服务，减少事务性工作对创客活动的束缚，让创客在合理合规的前提下，尽可能聚焦自己的主业，创造出好的产品。

最后就是融资渠道。创客活动的本质是创新活动，投资周期不短，收益率在前期不会太高，如何通过财政金融手段，让创客"活下来"是关键。实施税费减免和财政资金扶持，降低创客活动生产经营成本是早期政策共识。更重要的是要合理地评估创客所产生的产品及服务，让其拥有合理的评估机制，能够对接产业引导基金、创业投资基金以及社会资本等，通过收益引导，真正保障且鼓励更多创客和资本返乡、入乡创业。

3. 让创客参与乡村规划

《中华人民共和国城乡规划法》中规定乡、村庄的建设和发展，应发挥村民自治组织的作用以及乡村规划要尊重村民意愿在报送审批前，应当经村民会议或者村民代表会议讨论同意。村民是规划的主体，乡村规划需要村民参与，需要充分考虑村民的利益。然而由于长期依靠政府自上而下的扶持，乡村内生发展动力不足，主要表现在乡村只成为政府与村民的博弈，对其他力量排斥，部分乡村反而形成了"外面人谁都进不来，本村人出去了也回不来"的保守代表。

随着上海这种紧密型城乡关系背景下的村民市民流动加剧，外来的力量是否可以在村庄规划和建设当中发挥作用，成为学者们以及 NGO 组织关注的热点。外来的力量与村民应以什么方式合作，在合作的基础上，各自的责任和义务怎么确定等问题并未有结论，但多元主体共同制定乡村规划的趋势成为大家的共识。[①] 本报告认为，创客作为一种城市往乡村的力量输入，给面临空心化挑战的乡村增加了人口也注入了活力，已经切实地参与到乡村建设中来，成为乡村发展的多元主体之一，应该建立合适的机制，将其纳入乡村规划。

六 结语

上海的乡村是典型的位于超大城市内的乡村，受到城乡两种力量的影响，而乡村旅游是连接城乡实现乡村振兴的一种有效途径。上海乡村中出现的这些创客不仅改变着乡村旅游的内涵，还改变着乡村居民参与乡村旅游的形式，是对于紧密型城乡关系更好的反映。他们是新时代乡村旅游发展的创新者，是新时代乡村建设的生力军。上海乡村中的创客是一种城市往乡村的力量输入，乡村旅游就是连接城乡的一种方式，结合在乡村旅游中的创客活动，成为关键力量，对于上海这样一个超大城市的乡村，有着极其重要的意义。

---

① 朱建江：《乡村规划遇到的四个问题》，《小城镇建设》2015 年第 8 期，第 25~27 页；梅耀林等：《乡村规划的实践与展望》，《小城镇建设》2014 年第 11 期，第 48~55 页。

B.5
上海居民电影消费调查报告

任 明[*]

摘　要： 由上海社科院文学所课题组进行问卷设计的"上海居民电影消
费调查"于2018年5～10月在微信平台展开，问卷共设计了51道
题，较为细致地考察了上海居民电影消费的相关情况。本报告
通过对问卷统计结果展开归类与交叉分析，梳理以上海为代表
的我国当下电影消费市场的渠道转换及消费者偏好情况，为我
国电影生产、消费与院线端的发展及长三角地区影院进一步加
强合作提供以实证和量化研究为基础的研究成果。

关键词： 电影消费　电影产业　上海

　　2018 年 5 月 31 日至 10 月 8 日，由上海社科院文学所课题组进行问卷设计的"上海居民电影消费调查"通过社交媒体微信展开，调查对象为在上海工作、生活、学习半年以上的常住居民，回收有效答卷 529 份。问卷共设计了 51 道题，较为细致地考察了上海居民的电影消费习惯、偏好及对当下电影消费环境的满意度等。[①]

　　统计结果显示，529 份样本中，男女比例约为 4∶6（男性样本 206 份，

---

　　* 　任明，上海社会科学院文学所副研究员，研究方向为电影与城市文化。

　　① 　本调查问卷共有 51 个问题（单选题 37 个，多选题 14 个；前 9 个是关于样本的人口统计学
信息），问题设计比较具体，与样本的人口统计学信息相结合，进行交叉分析，在一定程
度上可以反映上海不同年龄、性别、职业、收入、婚姻状况的居民在电影消费习惯与偏好
上的概况。

女性样本 323 份）；18～45 岁样本占比 76.75%；在上海 16 个行政区中，浦东新区样本占比最高，近 1/5，占比超过 10% 的依次为静安区、徐汇区和闵行区；92% 以上的样本为大专及以上学历，其中本科及以上学历占比 80% 以上；职业方面，专业技术人员、学生和职员在样本中所占比例都超过 15%，排在前三位；已婚样本比例超过单身样本比例，分别为 55.58% 和 44.42%；已婚的 294 人中，70% 以上的样本"有一个孩子"，"没有孩子"的样本占比 18.37%，"有两个（以上）孩子"占比 11.56%。

本报告结合统计、归类、交叉分析等手段对问卷调查结果进行综述，对上海居民的电影消费习惯及偏好进行总结与分析，并结合长三角及我国电影产业发展情况提出对策建议。

一　上海居民电影消费习惯、动机与偏好

529 份有效样本中，选择"喜欢看电影"的有 408 人，占比达 77.13%，即样本中近八成是喜欢看电影的。"看电影的最主要的目的"（多选题）按选择比例排序为"艺术欣赏/个人爱好"（70.51%）、"缓解压力/娱乐"（58.98%）、"约会或陪同亲友"（25.52%），说明"看电影"在样本心中最主要的功能是艺术欣赏或娱乐消遣。交叉分析显示，女性将"看电影"作为社交活动的比例超过男性；样本年纪越小，看电影的主要目的为"缓解压力/娱乐"的比例越大；学历越高，电影的"艺术欣赏/个人爱好"属性越明显；"学生"群体最看重电影"缓解压力/娱乐"的功能，而"离退休人员"正相反。

对"影响您选择观看一部电影的最主要因素"（多选题），选择比例从高到低依次为"故事情节"（81.10%）、"看过的人推荐"（46.31%）、"视觉效果"（36.48%）、"大导演"（30.81%）、"大明星"（21.74%）、"宣传造势及话题热点"（17.20%）（见图 1）。这表明在选择电影时，"故事情节"对观众的吸引力最大，而不是大家通常以为的宣传造势及话题热点；导演对观众的吸引力超过明星，解释了一些著名导演的新作虽然并无创新，但仍能吸引很多观众为其买单，而很多花大价钱请"小鲜肉"出演的影片

往往会在票房市场上折戟而归的现象；有近一半的样本选择"看过的人推荐"，证明口碑对电影票房的重要性；就性别差异来说，男性比女性更看重视觉效果，女性比男性更易受他人口碑影响；18～35岁的年轻观众选择"故事情节"的比例最高；60岁及以上老年观众较少受影片宣传影响；学历越高，"视觉效果"的影响力越小，但"看过的人推荐"影响力越大——说明高学历样本更信任熟人推荐而非市场营销；"职业"和"收入"因素显示，独立的工作环境（私营企业主、自由职业者）、离退休和高收入（月收入"20000元以上"）降低样本受"看过的人推荐"的影响程度。

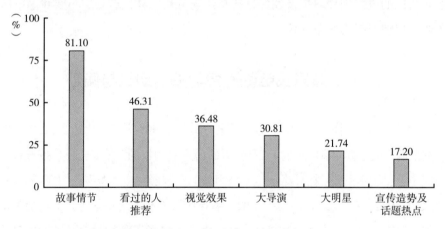

图1　影响观众选择观看一部电影的最主要因素（多选题）

　　排在样本"喜欢观看的影片类型"（多选题）前三位的分别为"剧情文艺片"、"喜剧片"和"科幻片"，分别有六成、五成和四成以上样本选择，"纪录片"、"战争片"和"恐怖悬疑片"紧随其后，分别有37%、34%和31%左右的样本选择，其余类型选择比例为21%～30%，说明这些类型仍受到相当比例的观众欢迎，拥有自己的受众市场（见图2）。交叉分析显示，女性对剧情文艺片、青春爱情片和音乐歌舞片的选择比例高于男性，男性对科幻片、战争片、恐怖悬疑片和武侠动作片的选择比例高于女性；各年龄段对剧情文艺片和喜剧片的喜爱程度差不多，都排在前两位，传记片、战争片和纪录片较受年纪较大的观众欢迎。

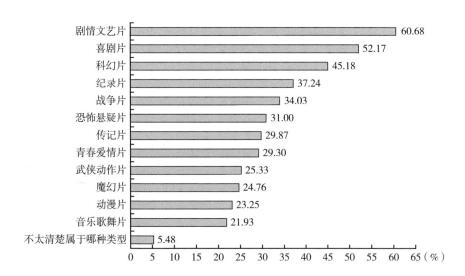

图2 喜欢观看的影片类型（多选题）

就样本喜欢观看的影片的出品地来说，美国电影最受欢迎，有近八成样本选择，一半以上的样本选择欧洲电影（58.41%）和中国内地电影（50.85%），超过1/3的样本选择日韩和中国港台地区出品的电影（见图3）。鉴于近年来我国内地电影票房持续超过进口影片，美国和欧洲电影在样本中受欢迎的程度反映的是人们印象中的日常观影倾向，而非票房消费倾

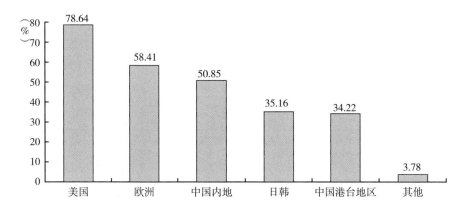

图3 偏爱的电影出品地（多选题）

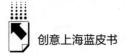

向。交叉分析显示，女性比男性偏爱欧洲和日韩影片，而男性更为偏爱美国和中国内地电影，包括中国港台地区出品的；学生群体偏爱美国电影，其次是中国内地电影；年纪越大，越喜欢观看中国内地电影；中国内地电影的受喜爱程度有随学历和月收入递增而递减的趋势。

二 日常看电影的主要渠道、频率及开支

近一半的样本（46.88%）对"日常生活中看电影的主要渠道"的选择为"电影院"，与近年来我国逐年增长的电影票房收入相吻合。其余选择比例依次为"视频网站（电脑端）"（20.04%）、"视频网站（手机端）"（11.91%）、"网络电视（IPTV 等）"（10.02%）、"传统电视节目（电影频道等）"（5.86%）、"其他"（4.16%）及"DVD"（1.13%）（见图4）。视频网站"电脑端""手机端"所代表的流媒体市场占有率（合计为31.95%）超过网络电视等传统渠道，说明流媒体已成为仅排在影院之后的第二大观影渠道——这一趋势与国际趋势吻合；DVD 作为观影渠道正在被淘汰。

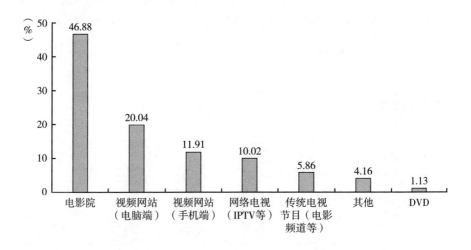

图4 日常生活中看电影的主要渠道

交叉分析显示，男女在看电影渠道上的差别不大；"60 岁及以上"样本通过电视看电影的比例最高（36.67%）；年纪越大，选择"视频网站（电脑端）"作为观影渠道的比例越低；29～45 岁样本选择"视频网站（手机端）"的比例是其他年龄段的近两倍，显示出事业与家庭压力对这个年龄段选择"移动观影"的影响；40% 的学生群体选择"视频网站（电脑端）"，远超"视频网站（手机端）"的选择比例（7.78%），显示出"移动观影"与年龄无关，而是与"在路上"的生活方式有关。

将各种观影渠道全部计算在内，56% 以上的样本每周至少观看 1 部电影，①说明"看电影"已经成为上海市民一项重要的日常文化活动。交叉分析显示：每周看电影数量在"3～5 部"及"5 部以上"的比例，男性高于女性，说明男性有更多"重度观影者"；②每周看电影数量与生活及事业压力有关，36～60 岁样本每周看电影数量少于更年轻及更年长的样本；学历对样本每周观看电影数量具有负相关影响；在所有职业中，"职员"中的"重度观影者"比例最高；样本每周看电影数量随"月收入"递增而递减；"单身"样本每周看电影数量高于"已婚"样本。这些结果再一次证明了"看电影"这一行为与人们所拥有的闲暇时间密切关联。

视频网站作为看电影的渠道已被大众接受，但使用频率仍有待发展。九成以上样本在视频网站上看过电影，但超过 1/4 的样本表示"基本上很少看"，近 1/3 的样本选择"每周只有一天或少于一天观看"，只有不到 1/10 的样本选择"基本上每天都看"；越年长，使用视频网站观影的频率越低；"家庭主妇"是使用视频网站观影最频繁的群体。

样本中"视频网站付费会员"比例（45.75%）低于"非会员"（54.25%），说明"付费消费"尚未成为视频网站主要消费模式；对电影的喜爱程度与是否是视频网站付费会员有明显相关性。非视频网站付费会员的 287 位样本中，对"未成为视频网站付费会员的原因"选择比例依次为时间

---

① 鉴于本课题调研者本身从事电影研究工作，微信朋友圈中电影行业相关人士较多，本问卷调查相关数据预计高出全市平均水平。
② 指每周看电影数量"3~5 部"及"5 部以上"的样本。

原因（"没时间"，26.48%）、经济原因（"视频网站每月的会员费是一笔额外开支"，21.60%）、内容原因（"视频网站提供的节目不够精彩，不值得付费"，21.25%）、渠道原因（"不喜欢在电脑及网络上看电影"，17.42%）；超过六成样本对喜欢的电影仍有下载保存的习惯。

三 与影院相关的消费行为、倾向及观点

关于"最近两年平均去电影院看电影的次数"，综合来看，近六成的样本（57.47%）每个月至少去电影院看一次电影，选择"两到三周一次"和"一个月一次"的样本各在1/5左右，选择"一周一次"的样本在1/10左右。按2017年上海常住人口2418.33万人①计算，当年上海常住人口人均去电影院看电影3.43次，② 本调查问卷得出的数据高于平均数，显示了样本不够广泛所带来的偏差性③。交叉分析显示，"性别"对样本去电影院看电影的次数影响不大，"60岁及以上"年龄段样本影院观影次数高于中年组但低于青年组；单身者去电影院看电影次数高于已婚者。

样本"去电影院看电影的主要原因"（多选题），"娱乐放松自己"（67.38%）、"受新上映的影片吸引"（50.87%）和"追求大银幕的影音效果"（48.93%）这三项，占选择比例的前三位，远远超过"陪同家人"（27.38%）和"与恋人约会时的活动内容"（14.17%）等的选择比例，说明大多数人到电影院去看电影仍然是为了享受电影本身的价值，电影产业要提高对观众的吸引力，满足大家对视听娱乐享受的追求是第一要务；此外，电影院定期举办文化活动，也会对特定观众产生吸引力，13.40%的样本选择了"受影院展映、点映等特别放映活动吸引"这一选项（见图5）。

---

① 《2017年上海人口数据统计分析：常住人口为2418.33万人（附图表）》，东方财富网，2018年1月22日，http：//finance.eastmoney.com/news/1354，20180122824479429.html。
② 由2017年影院观影人次8305.97万人除以常住人口所得出的数据，参见上海市人民政府网站http：//www.shanghai.gov.cn/nw2/nw2314/nw2315/nw31406/u21aw1281987.html。
③ 本次调查得出的去电影院看电影的次数偏高，与调研者本身从事电影研究工作，朋友圈里与电影领域相关的朋友较多有关。

64.08%的样本表示"常常为了看电影而外出到电影院去"——说明这些人已经将"看电影"视作独立进行的文化活动,不需要与其他外出活动结伴进行;余下35.92%的样本表示很少单独为了看电影而到电影院去。博士研究生学历样本为了看电影而外出的意愿最低;单身者为了看电影而外出的比例高于已婚者。

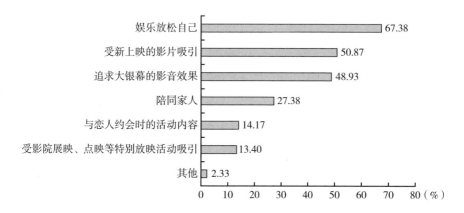

图5 去电影院看电影的主要原因(多选题)

关于"选择电影院时的影响因素",超过六成样本选择"影院距离及交通便捷性"(62.72%),显示影院距离远近和交通是否方便是大多数观众选择影院时最主要的考虑因素;选择"影院内部硬件设施"的比例虽然排在第二位,但仅占1/5左右;选择"影院价格及促销活动"和"影院周边配套设施"的比例依次降低,分别为8.54%和6.99%(见图6)。交叉分析显示,女性比男性更在意影院距离及交通便捷性,男性比女性更在意影院内部硬件设施和周边配套设施;年长的观众(60岁及以上)在意影院内部硬件设施的比例较低,在意价格因素的比例较高;有孩子的样本比没有孩子的样本更在意影院距离及交通便捷性。

本问卷试图了解上海电影院的网点分布情况。根据问卷结果,近一半的样本在距离居住地步行15分钟以内就有电影院,另有43.3%的样本乘坐公共交通15分钟以内可以抵达电影院,两个选项合在一起的比例超过92%,表明上海居民去电影院看电影较为方便,电影院空间分布较为合理。4.66%

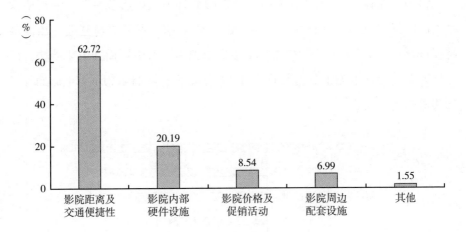

图6　选择电影院时的影响因素

的样本认为离他们居住地最近的电影院，距离较远，且没有方便的公共交通可以抵达。公共交通（48.35%）是看电影的首选交通方式，其次为步行（33.01%），另有15.15%的样本认为首选方式是自己开车（见图7）。

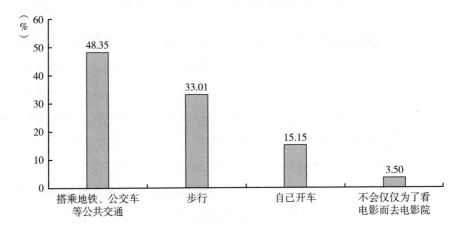

图7　去电影院看电影的交通工具

样本"获取新片上映信息的渠道"（多选题），"网络"排在第一位（67.77%），其次为"微信朋友圈"（48.54%）和"朋友推荐"（42.91%）；售票网站、影院、电视和户外广告的选择比例自高向低排列，从25%左右降到 15% 左右；仅有 4.85% 的样本选择"报刊"，比例远远低于其他渠道，说明纸质媒体的信息传播作用已经极大减弱。交叉分析显示，男性选择"微信朋友圈"、"朋友推荐"和"户外广告"的比例低于女性；"60岁及以上"样本选择比例最高的信息渠道为"微信朋友圈"，这一点出乎调研者意料，说明微信对老年人的娱乐生活具有很大影响；选择"售票网站"的比例基本上呈随年龄递增而递减的趋势，说明老年人仍较少使用售票网站购买电影票；"影院推广"在各年龄段中的选择比例都高于"户外广告"。

对"通常一起去看电影的人"，超过 1/3 的样本选择和家人一起去，超过 1/4 的样本选择和朋友、同学、同事一起去，13.01% 的样本选择和恋人一起去；选择"自己一个人去"的比例达 22.52%，说明有相当多的观众已经将看电影看作一种个体文化行为（见图 8）。

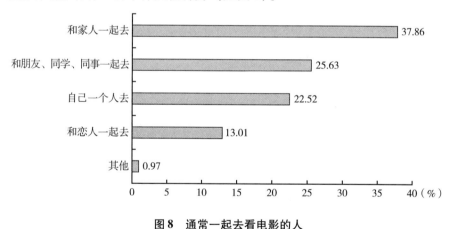

图 8　通常一起去看电影的人

除去回答"不去电影院看电影"的 14 人，余下的 515 人中，"每月用于看电影的开支"排在第一位的为"50～100 元"（40.19%），按 2017 年上海平均电影票价 39.59 元①计算，这些人平均每月看电影的数量为 1～2

---

① 《"上海出品"影视剧，票房流量奖项口碑全面出击》，澎湃网，2017 年 12 月 17 日，https：//m. thepaper. cn/newsDetail_ forward_ 1905836。

部；35.15%的样本每月用于看电影的开支在 50 元以下，合计起来，超过 3/4 的样本每月看电影的开支不超过 100 元。就上海的人均收入水平来看，用于电影的消费开支还有较大提升空间。

近 70% 的样本认为合理的电影票价为 21～40 元，这个数字与目前网络售票平台的票价基本吻合，说明大部分上海观众认为目前的电影票价比较合理；其余选择依次为："因影片而异"（20.58%）、"41～80 元"（18.25%）、"10～20 元"（17.86%）、"81 元及以上"（1.17%）（见图 9）。交叉分析显示，年纪越轻、收入越高，越能接受较高的票价水平。

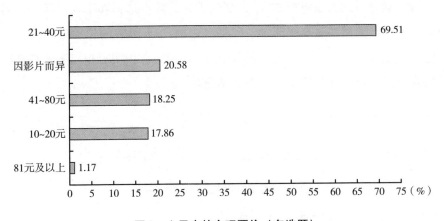

图 9　心目中的合理票价（多选题）

对购票方式，近九成样本选择"网上购票"（88.93%）（见图 10）；"60 岁及以上"的样本，半数选择现场购票。

对看电影的时间段，选择比例最高的为"17：00～21：00"（38.25%），其次为"13：00～17：00"（20.58%），选择晚上九点以后和下午一点以前的分别只有 4.66% 和 3.69%，此外还有近 1/3 的样本选择"不固定"（32.82%）。由此可见样本对上午看电影的意愿最低；但此项调查结果也说明任何时段都会有人去看电影，只不过是人多与人少的问题。

有关电影档期，超过八成样本表示"看电影基本不受档期影响"（81.94%）；就已有档期而言，春节档和暑期档的影响力较大，分别有 20.97% 和 17.67% 的样本选择，其余依次为国庆档、元旦档、圣诞档和情

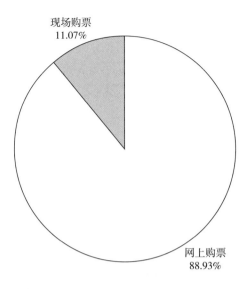

图10 日常看电影的购票方式

人节档，选择比例在4%和10%之间（见图11）。交叉分析显示，与女性相比，男性更容易受档期影响；就年龄来说，"18~28岁"的样本最容易受档期影响。

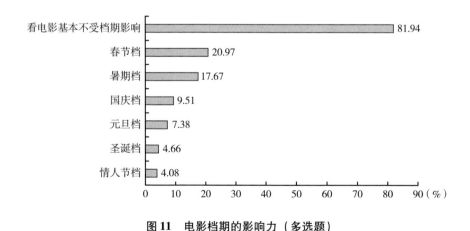

图11 电影档期的影响力（多选题）

高达96.89%的样本"去电影院之前已决定看哪部电影"，说明观众的观影行为是信息决策的结果，并非盲目消费，宣传发行部门需要注意不同信

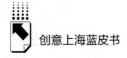
息源对观众观影选择的影响。

超过一半的样本（51.46%）具有看电影之前搜索、阅读他人评价的习惯，40.39%的样本表示"不一定"，只有8.16%的样本选择"否"（见图12）。这再一次证明影片放映后的口碑及网络评价对电影票房具有不容小觑的影响力。交叉分析显示，女性、年纪较轻及以"艺术欣赏/个人爱好"为看电影主要目的的样本更倾向在看电影之前参考他人评价；学历和月收入对参考他人评价的倾向具有负相关影响。

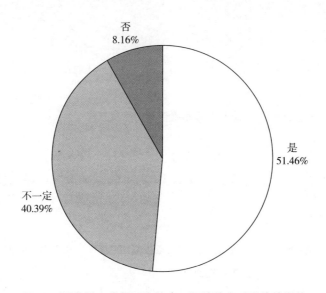

图12　看电影之前是否会搜索、阅读他人对影片的评价

超过1/3的样本表示在看电影之前会先考察宣传片，50.49%的样本表示"不一定"，15.92%选择"否"，说明宣传片的质量是相当一部分观众的观影参考，值得制片公司和宣发团队认真对待。

40%的样本表示"会参加电影映后谈活动"，31.07%的样本表示"有时会有时不会"，28.93%的样本表示"不会"，表明七成以上观众有参加电影映后谈活动的意愿与可能性。

56.31%的样本没有自己买票观摩过上海国际电影节的展映影片；55.15%的样本没有听说过上海艺术电影联盟及其放映活动，但在回答"知道"的231人中，接近六成（58.44%）买票观摩过上海艺术电影联盟的放映活动，说明上海艺术电影联盟作为一个"分众"市场，在适当群体中扩大知名度会带来受众市场的增长。

本次问卷还调查了上海居民对爆米花等影院零食及电影周边产品的消费情况与态度。在515位样本中，超过一半的样本（53.20%）选择"很少买"爆米花和饮品等，有1/5左右的样本（21.36%）选择"从不购买"，选择"几乎每次看电影都要买"的样本比例为16.89%，另有8.54%的样本选择"很难说"，这说明看电影时有购买爆米花、饮品习惯的上海观众不到20%（见图13）。去掉87位选择"几乎每次看电影都要买"的样本，余下428位样本对"不在电影院购买爆米花、饮品等零食的主要原因"的选择依次是"不喜欢在看电影时吃东西"（38.32%）、"影院食品价格过高"（25.7%）、"营养与热量原因"（22.2%）、"没有自己喜欢的零食"（11.21%）。交叉分析显示，样本不购买零食是因为零食的价格、营养、热量、口味等问题，而不是因为他们反对在看电影时吃零食；女性比男性更愿意在看电影时购买零食，但也更在意零食的营养及热量问题。

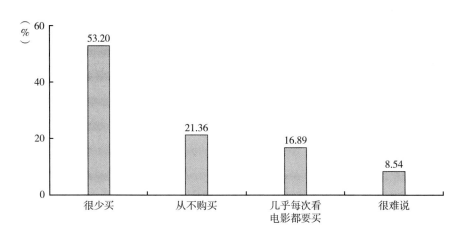

图13　在电影院购买爆米花、饮品等的频率

对电影周边产品，64.27%的样本表示"不会购买"；交叉分析显示，消费电影衍生品的购买意愿随年龄递增而递减；"有两个（以上）

孩子"的样本中，超过四成愿意消费周边产品，高于"没有孩子"（29.63%）和"有一个孩子"（30.58%）的样本。实际上，"有两个（以上）孩子"的样本在影院零食消费习惯中选择"几乎每次看电影都要买"的比例也同样最高（32.35%），说明家庭的儿童数量对影院消费行为有较大影响。

关于"上海影院存在的问题"（多选题），选择依次如下："票价过高"（43.3%）、"各影院排片过于雷同"（43.11%）、"影片过于商业化"（35.53%）、"影院环境缺少特色"（31.46%）、"缺少策划展映活动"（26.8%）、"引进片缺乏多样性"（24.47%）、"影院缺少与社区居民的互动"（21.55%）、"放映效果有待提升"（16.89%）、"卫生条件差"（15.15%）、"零食品种单一"（14.95%）、"服务态度有待提升"（10.87%）、"缺少休闲配套设施"（4.47%）。其中四项跟影院放映内容有关的选项，皆排在前六位，说明上海观众对影院放映内容的丰富性和人文性的进一步提升仍有期待。"票价过高"是选择比例最高的选项，说明大多数观众仍希望上海的电影票价能够进一步下调；此外观众对影院的文化氛围（环境特色）、与社区居民的互动、放映效果和卫生条件等都有进一步改进的期待。

四　对中国电影及自身电影消费状况的认知度与满意度

此次问卷调查结果显示，中国电影中受观众认可程度最高的为"剧情文艺片"和"喜剧片"，选择比例分别为45.83%和41.17%，其次为"武侠动作片"（28.35%）、"青春爱情片"（28.16%）、"纪录片"（25.44%）和"战争片"（21.55%），选择比例皆超过1/5；"传记片"、"恐怖悬疑片"、"魔幻片"和"科幻片"的选择比例皆低于10%，说明这类影片受认可的比例较低，有较大提升空间；"动漫片"和"音乐歌舞片"的选择比例仅为1%左右，说明观众认为这两种类型的影片创作非常不成功。在"中国电影受认可的类型"与"样本自身喜爱的电影类型"这两项调查中，选择比例居前两位的皆为"剧情文艺片"和"喜剧片"，说明当下中国电影创作与观众消费口味比较吻合，但对二者创作情况表示满意的样本不到一半，这一点值得警醒。

"内容更贴近我们的生活，文化思想上有共鸣"（61.17%）是中国电影相对于外国电影的主要优势，其次为"语言相通，不需要看字幕"（51.46%）、"明星的粉丝效应"（23.50%）和"导演的粉丝效应"（14.37%）。此结果说明剧情、语言和明星是构成电影文化亲近感的主要因素。交叉分析显示，就中国电影吸引力来说，女性比男性更看重明星，男性比女性更看重内容；与较年长的观众相比，年轻一代更看重明星的粉丝效应，而不那么在意语言相通；与明星相比，"导演"在与外国电影竞争中不具有相对优势。

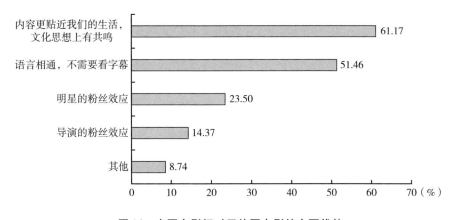

图14 中国电影相对于外国电影的主要优势

"中国电影存在的突出问题"（多选题），排在前两位的是"思想深度"和"讲故事的能力"，分别有一半以上的样本选择；有近四成样本认为"演员水平"和"政府管制（审查）"存在较大问题；分别有27.77%和22.52%的样本认为"整体工业水平"和"镜头语言与艺术风格"存在问题；此外，"走出国门的能力"（6.6%）和"市场营销能力"（4.47%）也都被认为存在问题。样本对中国电影存在问题的选择与中国电影的创作现状和市场情况基本吻合；对"演员水平"的不满意，可以说是一段时间

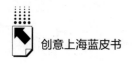

以来偶像派明星和"小鲜肉"当道所造成的负面影响。总体来看，国产电影在各方面都还有较大提升空间。

对我国电影审查制度的态度，选择"不赞同"的比例最高，45.05%的选择比例近乎是选择"赞同"（15.92%）的三倍，其余几个选项分别为"无所谓"（12.04%）、"不太清楚什么是审查制度"（13.01%）和"不反对"（13.98%）。

关于"对自身电影消费状况的满意程度"（多选题），超过一半的样本对自己目前的电影消费情况感到满意，愿意这样保持下去；近三成样本认为去电影院看电影目前基本上可以满足其对电影消费的需求；有33.59%的样本希望能提升自己的电影欣赏水平；32.43%的样本希望电影院能举办更多电影赏析活动，22.33%的样本希望影院能通过举办各种活动，让观众加强交流；18.06%的样本希望能有更多露天电影放映活动。与男性相比，女性对影院举办赏析活动表现出更多需求；对自己目前电影消费状况和自身电影欣赏水平满意度最低的是46~60岁年龄段样本。

五　调查结果对国内电影产业发展的启示

拥有悠久的电影消费历史与丰富的文化底蕴的上海，向来就不乏真正的影迷与艺术电影的欣赏者。上海已经连续四年蝉联全国城市票房冠军。2019年，上海影院票房收入为38.52亿元，比上年同期增长4.33%，占全国票房6%以上；上海的影院数量和银幕数量已经持续几年在全国城市中排名第一。[①] 对"上海居民电影消费调查"问卷的分析结果，揭示出以下值得我国电影产业，尤其是放映端重视的趋势与问题。

第一，讲好中国故事、引发情感共鸣最重要。70.51%的样本看电影的主要目的为"艺术欣赏/个人爱好"，81.10%的样本表示影响自己选择观看

---

① 《9部"上海出品"票房过亿！2019年度上海电影交出喜人答卷》，"新民晚报"百家号，2019年12月31日，https：//baijiahao.baidu.com/s？id = 1654416048762851475&wfr = spider&for = pc。

某一部电影的主要因素是"故事情节"，61.17%的样本认为中国电影相对于外国电影的主要优势为内容的贴近性和文化思想上的共鸣……这些调查结果说明电影在我国仍然是个人艺术欣赏与文化交流的重要媒介，讲好中国故事、引发情感与思想上的共鸣是中国电影的首要任务；以往认为打造视觉奇观与拼凑网络段子就可以吸引观众的想法已经行不通了，《阿修罗》《李茶的姑妈》等影片的票房惨败已经说明了这一点。近一半的样本表示看电影会受"看过的人推荐"影响，表明电影放映后的口碑对电影票房确实会有重要影响。

第二，类型分众市场大有可为。在"喜欢观看的影片类型"中，样本对12种电影类型选择比例最高的为60.68%（"剧情文艺片"）、最低的为21.93%（"音乐歌舞片"），表明每种电影类型都有自己的受众，虽然有的比较大众化，有的相对小众化，但都有自己的市场潜力。在大众文化消费水平与欣赏水平日益提高并不断呈个性化、趣味化发展的当下，我国电影产业发展应重视"精耕细作"，做好分众市场。

第三，电影院需不断提升"影院观影"的价值。样本去电影院看电影的主要原因排在前三位的依次为"娱乐放松自己"（67.38%）、"受新上映的影片吸引"（50.87%）以及"追求大银幕的影音效果"（48.93%），说明"影院观影"所带来的享受是大多数人到电影院去看电影的主要原因。电影产业需要满足观众对娱乐及影音效果的高标准高要求，才能不断提高自身吸引力。高达96.89%的问卷样本"去电影院之前已决定看哪部电影"，说明前期宣传及映后口碑对观众的观影选择具有很大影响。

第四，档期概念亟须更新，电影消费呼唤全产业链策划能力。81.94%的样本表示"看电影基本不受档期影响"，说明电影界需要更新过去的"档期"观念，减少扎堆"热门"档期，令大片、好片"自相残杀"现象的发生概率。51.46%的样本在决定观看某部电影前，会事先搜索、阅读他人评价，33.59%的样本会事先考察宣传片，这说明网络评论和宣传片质量对相当一部分观众有显著影响。这些结果表明国产电影要完善产业链发展能力，提升整体策划、宣发与制作的能力。

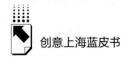

第五，影院需要满足观众日趋个性化、趣味化的观影需求。超过 1/5 的样本表示经常一个人去电影院看电影，这与长期以来我国将"去电影院看电影"视作集体行为和社交行为有很大偏差，说明该活动已经成为一项个体性很强的行为，电影院需要满足越来越多样化、个性化的消费者的观影需求。只有刚刚超过半数的样本对自己目前的电影消费情况感到满意；不到 1/3 的样本认为去电影院看电影基本上可以满足其对电影娱乐与消费的需求，说明上海居民对自己的日常电影消费及影院消费状况仍有较大改善期待，观众的这一愿望可供全国各地影院借鉴。

第六，票价与排片是影院需要关注与改善的重点问题。排在"上海影院存在的主要问题"前两位的是"票价过高"和"各影院排片过于雷同"，说明我国观众仍有电影票价进一步降低的需求；此外，在排在前六位的选项中，有四项与影院放映内容有关系，说明上海乃至全国影院提质增效的重点仍需放在提高放映内容的丰富性与灵活性等方面。

第七，国产电影在各方面仍有较大提升空间。超过一半的样本认为国产电影存在的突出问题是"思想深度"和"讲故事的能力"，其次是"演员水平"，表明观众对中国电影创作现状和演员表演水平皆不满意；排在第四位的是"政府管制（审查）问题"，有近四成的样本选择这一项，说明有相当比例的观众认为我国电影创作缺少自由。总的来说，国产电影在各方面仍有较大提升空间。

第八，重视我国家庭结构变化对电影消费产生的影响。"子女数量"对样本看电影的目的、频率、偏爱的影片类型、外出看电影的意愿、交通工具的选择、票价敏感度、影院食品消费等都具有一定程度的影响。我国开放"二胎"以来，家庭结构变化给电影产业带来的影响不应该被忽视。

在新冠肺炎疫情令国内电影院"停摆"46 天之后，上海电影集团（以下简称"上影集团"）于 2020 年 3 月 9 日宣布推出全国首支"影院抗疫纾困基金"，总额达 10 亿元。该基金既是为影院管理和影院经营等企业因疫情出现资金困难而推出的纾困基金，也代表上影集团在电影产业链终端直接面向消费者的院线界继续做大做强的雄心。据媒体报道，基金将重点聚焦长三角地区有纾困需求的影院，希望通过提供资金、政策、营销与管理等方面的支持，推动长三角地区影院产业的动态整合与资产联合，进一步巩固上影集团在长三角地区的市场占有率与影响力。①

作为我国经济最活跃的地区，长三角地区每年电影票房收入占全国票房总额的26%左右，票房规模超过全球第三大票房市场日本，是我国电影消费市场的重镇。目前长三角地区有2500家左右的电影院，约占全国影院数量的1/4。② 然而，中国院线企业必须要面对的一个严峻现实是，自2016年开始，我国电影院的单银幕票房收入持续下滑，单银幕的票房收入从2015年的135万元，下降到2019年的93万元，全国各家影院都面临较大的经营压力。③ 各大影院如何通过真正了解观众，满足国内观众日益丰富、日趋个性化与趣味化的电影消费需求，在当下既是挑战，也是机遇。上影集团通过推出"纾困基金"进一步联合长三角地区影院资源的战略举措，可被视作2019年11月上海、江苏、浙江和安徽等地共同成立"长三角电影发行放映联盟"后，再次彰显对长三角地区电影市场发展潜力的信心之举。

江南城市的文化消费空间与经营模式是否能互相借鉴？上海艺术电影联盟的影史抉珠与大师风采是否能推广到长三角其他城市？上海国际电影节是否能在周边城市产生联动效应？观众日益彰显的对影院特色服务与消费升级换代的需求、对影院艺术氛围与文化环境的期待、对影院放映内容与互动模式的追求，能否为影院带来品牌化、特色化发展的新动力？这些问题在长三角影院不断加强合作的基础上，值得展开积极探索。

---

① 《上影集团成立全国首支"影院抗疫纾困基金"规模10亿元》，新浪财经，2020年3月9日，http：//finance. sina. com. cn/roll/2020 - 03 - 09/doc - iimxxstf7662129. shtml。
② 孙佳音：《10亿元！全国首支"影院抗疫纾困基金"刚刚成立了》，腾讯网，2020年3月9日，https：//new. qq. com/omn/20200309/20200309A0G3W900. html。
③ 《上影集团成立全国首支"影院抗疫纾困基金"规模10亿元》，新浪财经，2020年3月9日，http：//finance. sina. com. cn/roll/2020 - 03 - 09/doc - iimxxstf7662129. shtml。

B.6
城市文化空间的再生产：路径与载体

孙洁 曾琪*

摘　要：　经济与文化的不断交融使城市的经济空间、社会空间和文化
　　　　　空间都在发生巨大的变化。城市文化空间建构已成为当前城
　　　　　市建设发展的重要组成部分。城市文化空间的再生产路径主
　　　　　要有两种：商业的文化增值路径和文化的经济拓展路径。城
　　　　　市文化空间的再生产载体通常是园区或是街区，其展现城市
　　　　　文化空间的更新演替。

关键词：　城市文化空间　文化增值　文化载体

　　美国现代哲学家刘易斯·芒福德说过："城市是一种特殊的构造，这种
构造致密而紧凑，专门用来流传人类文明的成果。"① 城市寄托着人们的梦
想，承载着发展的方向，人们在城市中生活，在城市中奋斗，城市不仅仅是
满足人们物质生活的地方，也是满足人们精神需求的地方。1996 年联合国
人居组织发布的《伊斯坦布尔人类住区宣言》强调："我们的城市必须成为
人们能够过有尊严、健康、安全、幸福和希望的生活的地方。"② 2010 年上
海世界博览会的主题为"城市，让生活更美好"，2018 年上海政府对推动上
海高质量发展提出了打响包括"上海服务"、"上海制造"、"上海购物"和

---

　　* 孙洁，博士，上海社会科学院应用经济研究所副研究员，研究方向为产业集群；曾琪，上
　　　海社会科学院应用经济研究所硕士研究生，研究方向为产业经济学。
　　① 刘士林：《芒福德的城市功能理论及其当代启示》，《河北学刊》2008 年第 2 期。
　　② 《伊斯坦布尔人类住区宣言》，联合国网站，https://undocs.org/zh/A/CONF.165/14。

"上海文化"在内的四大品牌。中国的城市化进程正在高速推进，经济的不断发展和文化的不断交融使城市的经济空间、社会空间和文化空间都在发生巨大的变化。城市文化空间建构已成为当前城市建设发展的重要且必不可少的组成部分。

一 城市文化空间再生产的路径

城市文化空间的再生产路径主要有两种：商业的文化增值路径和文化的经济拓展路径。前者是指城市中已有的传统的商业模式或商业载体通过文化的赋值来提升自身价值，这一过程使传统商业与文化产业相互融合，以此获取经济效益，促进商业的发展。后者是指传统文化的传承与创新需要经济效益支撑才能实现可持续发展，传统的文化产业通过现代化的商业运营使传统文化不断传承发展，保持生机活力。

（一）商业的文化增值路径

传统商业通过与文化产业融合来提升自身价值在现有的商业形式中比较常见，传统商业用"文化"的高附加值获得经济效益、社会效益，是商家追求利润最大化的市场的选择。

1. 上海 K11 艺术购物中心的精准运营

位于上海商业中心淮海路的 K11 艺术购物中心（以下简称"K11"）已经成为上海的一张名片，是传统商业购物中心通过"文化"实现商业模式颠覆性创新的典型案例。从 2013 年翻新改造完成，K11 便成为商业地产和购物中心的创新模版。它成功的核心就在于将艺术融于商业的精准运营。K11 的创始人对 K11 的定义是"博物馆零售业"（Museum Retail）。

首先，差异化定位和运营使 K11 形成了其他竞争者难以模仿的核心竞争力。区别于传统商场，K11 将美术馆搬到购物中心，将艺术带入人群，用艺术打造商业空间。在 K11 里除了购物，消费者还可以去地下三层欣赏艺术展，那里是年轻艺术家展示作品的空间；可以去地下二层体验烘焙课、素描课或是陶艺课；可以闲逛创意市集或是欣赏乐队演出……在电子商务不断冲击实体零售业的今天，K11用独特的"艺术＋商业"模式吸引人们前往购物、消费、观展，无论是平日的艺术展览活动，还是圣诞节跨年夜的特别活动，K11特别的氛围吸引了众多消费客群，培养了现代上海人新的生活方式。用艺术为购物中心带来人流，将艺术转化为经营利润的差异化定位，让K11形成了旗帜鲜明的风格，拥有了其他竞争者难以模仿的核心竞争力。

其次，通过基金会等手段发挥艺术在商业化运营和品牌塑造中的作用。在构建K11的品牌底蕴过程中，艺术是极其重要的一环，K11从创始之日起就致力于成为全球艺术、设计和创意生态圈中的一股可持续发展的力量，并为当代艺术推广提供平台支持。K11通过K11艺术基金会（K11 Art Foundation）储备了庞大的艺术家资源库，该资源库为购物中心艺术展示提供了强大的后台支持。K11艺术基金会是2010年成立的推动中国当代艺术持续发展的机构，长久以来培育年轻艺术人才，为他们提供展示和交流艺术创作作品的平台和窗口。K11在艺术上投入了大量的前期成本和运营维护成本，但这些成本转化为品牌特色，为土地带来增值，为商业化运营带来生机，获得了可观的投资回报。

2. 上海星巴克烘焙工坊的沉浸式体验

2014年星巴克在西雅图的首家星巴克臻选烘焙工坊开业后，2017年星巴克臻选"上海烘焙工坊"在南京西路兴业太古汇开业，不同于传统星巴克零售门店只出售咖啡和杯子等，这家烘焙工坊集工业烘焙、精品消费、顾客体验于一身，是星巴克为顾客打造的多感官沉浸体验的高端旗舰店。

星巴克烘焙工坊的运营是商业活动通过挖掘文化内涵、依托技术手段带来效益提升的探索。首先，线上线下相结合的双线方式，既包含了严苛的工艺制作，又运用了前沿的科技置入。消费者只需登录上海烘焙工坊的手机版网页——"线上工坊"，通过AR扫描功能，就可以开启沉浸式体验之旅。"线上工坊"平台提供在线菜单查询，并通过AR技术将线下咖啡吧台、冲煮器具和其他特色场景搬到线上。用打卡工坊景点获取虚拟徽章的方式为顾客提供趣味个性的探索体验。其次，沉浸式场景设计和互动式教学激发顾客体验兴趣。烘焙工坊里大胆而创新的设计性元素，让顾客仿佛身处咖啡版《查理和巧克力工厂》电影场景中。约两层楼高、装饰着1000多个中国传统印章和篆刻图案的巨型铜罐诉说着星巴克和咖啡的故事；从屋顶连接下来的透明管道输送新鲜咖啡生豆到烘焙机器中，黄色管道将烘焙过的咖啡熟豆输送到吧台储豆罐中；三个吧台在内的工坊景点为顾客展示七大咖啡煮制方式。烘焙工坊不仅是一个现实意义上进行生产烘焙的工厂，也是一个顾客进行咖啡体验的剧场。顾客身处其中，感受星巴克如何烘焙制作出醇香诱人的咖啡。除了让顾客通过眼、鼻、嘴感受咖啡文化，烘焙工坊还通过咖啡教学活动，教顾客从研磨滴滤开始一步步制作店内的饮品，让顾客亲自动手制作饮品。当然，星巴克上海烘焙工坊的商业选址也十分讲究。其坐落于人流量聚集的兴业太古汇北广场，和兴业太古汇的相互引流作用十分明显，两者互相成就，整体客流有了显著提升。

3. "上海艺术商圈计划"

"上海文化""上海购物"两大品牌联手，开展"上海艺术商圈计划"，让传统零售业更具活力，让商圈更具文化特色，让顾客走进商场感受文化、尽情购物。2016年上海市人民政府办公厅出台《上海市促进新消费发展发挥新消费引领作用的行动计划（2016—2018年）》，从"2017上海艺术商圈"1.0版，到"2018上海艺术商圈"2.0版，再到"2019上海城市文化客厅"3.0版，上海艺术商圈不断扩大覆盖面，升级主题活动形式，推动商场客流量和销售额显著提升。

2017年4月8日，由上海市文化广播影视管理局和上海市商务委员会共同发起和指导的"2017上海艺术商圈"正式启动，至12月26日落下帷幕的八个多月时间里，静安、黄浦、长宁、虹口、杨浦、闵行、浦东等7个城区的26个商圈举办了536场活动，参与人次近25万。来自国家和民营文艺院团、艺术院校、美术馆以及国外文艺演出团体等的专业艺术工作者深入基层，在人流密集的商场为顾客带来音乐、舞蹈、戏剧演出以及展览讲座等表演和展示。一方面艺术家通过参与"2017 上海艺术商圈"的演出活动与大众近距离互动，拓展了表演空间和平台。另一方面，顾客可以在"2017 上海艺术商圈"活动中感受到或是古典或是现代、或是传统或是新潮、或是国粹或是跨界的海纳百川、融合创新的上海文化，这吸引了大批市民前往活动现场接受文化熏陶，各个商圈以及商场的客流量和销售额在主题活动期间有了明显的提升，同比均上涨了三成左右。"2017 上海艺术商圈"活动，以"艺术+商业"的创新联动发展模式展现了上海文化，展示了上海记忆，打造了商圈特色，带动了商圈发展，增强了消费客群的黏性，改善了消费客群的消费体验。

"2018 上海艺术商圈"在"2017 上海艺术商圈"的基础上进行了服务人民群众和优化购物环境的"文化+购物"模式的融合创新和改造升级。上海市 15 个区的商圈参与艺术商圈的计划，将文艺演出引入商业综合体，让顾客在休闲购物的同时欣赏丰富多彩的文化节目。较 2017 年的艺术商圈计划，2018 年在活动形式上进行了扩充，除了原有的音乐、舞蹈、戏剧演出、展览讲座等活动，新增加了上海非物质文化遗产展示和饮食、收藏、动漫、红色文化、海派文化、智能机器人演展等主题活动，丰富和完善了艺术商圈计划的艺术形式，给顾客带来更愉悦的艺术享受。

"上海艺术商圈"进入第三年，2019 年的 3.0 版在原有基础上再次进行了扩容升级，构建"2019 城市文化客厅"，通过与上海大剧院艺术中心和上海戏曲艺术中心等的合作，将超过 600 台的节目带入上海市 80 多个商场，带到群众身边，还特别以二次元漫画展和"王者荣耀"电竞展等形式来吸引年轻群体。

"上海文化"和"上海购物"，强强联手，强化城市品牌效应，塑造城市文化名片，让传统零售业吸引客流人群，提升经济效益，焕发生机。

（二）文化的经济拓展路径

传统文化的发展往往由于经济效益的制约难以传承创新，对传统文化产业进行经济拓展是城市文化空间再生产的重要路径，经济效益的提升能支撑传统文化产业可持续发展。

1. 苏州诚品书店的文化撬动地产模式

自 1989 年台北第一家诚品书店诞生，诚品书店就成为文化创意的代表。不同于传统书店严肃沉闷的风格，诚品书店充斥着人文艺术的氛围，除了传统书店卖书的经营模式，诚品书店还进行画廊、商场、餐饮的复合经营。位于苏州城中心金鸡湖畔的苏州诚品书店作为大陆的首家诚品书店，更是用文化撬动了地产。

苏州诚品书店作为一个融合文化、商务、观光、休闲、自然、住宅于一体的城市文化综合体，将传统的文化产业拓展到更广的产业中创造经济效益。苏州诚品书店的总面积达 13.57 万平方米，采用开放式的空间设计，打造出包罗诚品书店、商场、餐厅、咖啡厅、画廊、剧场、展演空间等在内的跨界综合文化创意平台。除此之外，苏州诚品书店也首度跨界住宅，建设诚品居所。苏州诚品书店的地下两层作为停车场和商场使用，地上三层裙楼作为复合式书店文化商场运营，四楼以上分为两幢塔楼，作为高级公寓使用。这是诚品书店首次拥有物业，诚品的品牌首次用于房地产项目。数字时代的到来似乎让传统实体书店维持运营都变成了一件很难坚持的事情，但诚品书店以"人文、生活、艺术、创意"的品牌价值观为内核，将苏州诚品书店定位为"人文生活的提案者"，在更广阔的商业化平台中展示了传统文化传承创新的新姿态。

地方政府对苏州诚品书店的大力支持让文化和经济实现了共同发展。一方面，苏州诚品书店成为苏州市的一张文化名片和旅游名片，不仅为苏州这个历史悠久的城市增添了文化氛围，也为苏州市吸引了大量游客。另一方面，诚品书店得到了大量地价、税收方面的政策优惠。从政府获取土地建设资格后，诚品居所的运营也分成塔楼物业和商业物业。塔楼开发成高级公寓产品后获得销售收益。商业物业则打造文化商场，以部分自营、部分转租的模式进行书店、餐厅、文创产品、特产等模块的运营，获得书店经营收益和租金收益。在苏州诚品书店的项目上，诚品已获得高于普通商业地产的利润。

依托品牌效应，诚品书店将业务扩展到经济回报更高的产业，用文化撬

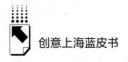

动地产，成为苏州城市文化的一道风景线，在获得经济效益的同时也让实体书店得以生存，让传统文化产业有了传承发展的机会。

2. "光的空间"的"活动带动效益"模式

2017年12月"光的空间"在上海爱琴海购物公园的盛大亮相，成为人们热议的话题。设计"光的空间"的是国际建筑大师安藤忠雄，这位享誉国际的建筑大师本身就具有强大的号召力，而他设计的"光的空间"也如其所说，是一个能让大家聚集的场所。

"光的空间"由1620平方米的新华书店和1980平方米的明珠美术馆组成，用"书店+美术馆"的组合为大家营造出立体的阅读文化体验。书店是"读者与读者邂逅、读者与书籍邂逅的场所"，书店的所有经营业态都为读者的阅读而服务。"光的空间"将实体书籍的纸质阅读、画作雕塑的视觉阅读、沙龙互动的深度阅读等作为互联网时代下阅读的延伸，"光的空间"展现的就是这样一个以阅读为核心的文化艺术空间，其用高科技为读者创造良好的阅读体验，用俱乐部活动吸引读者创造经济效益。

"光的空间"书籍超过15万册，并运用高科技为读者带来书店选书、精准查书、涂鸦找书、情绪荐书等耳目一新的阅读体验，让读者畅游书海的同时享受阅读带来的乐趣。"书店+美术馆"的形式也为读者提供了更多趣味性的体验选择。"光的空间"通过读书会、嘉宾担任一日店长、志愿者荐书员、大咖分享会、作者见面会、主题讲座沙龙、手工坊等形式，让读者多层次全方位地体验阅读、感受美好。丰富的阅读活动让读者汇聚在"光的空间"，"光的空间"在"活动行"平台上发布各类读书会、讲座、签售见面会的活动信息，读者了解活动信息后报名参加或是讨论活动。同时，"光的空间"在豆瓣创建了"光的空间（上海）"账号，在活动结束后回顾活动内容。这些以阅读为核心的各类活动吸引了大量读者前往，增加了读者与"光的空间"书店的黏度，为"光的空间"创造了理想的经济效益，让这家实体书店的运营更有活力。

"光的空间"用各类特色活动吸引读者，为读者打造专注阅读的场所，引领了一种新的实体书店经营形式。如何在传统书店的基础上找到自身差异化定位，打造特色文化商业体系，"光的空间"交出了一份令人满意的答卷。

3. 上海朵云书院的多元化业态平台模式

2018 年，朵云书院在"上海之根"松江广富林文化遗址内开业，这是上海世纪出版集团与松江区合力打造的多元文化空间。2019 年，朵云书院又来到了"上海之巅"——中国第一高楼上海中心的 52 层。为进一步从过去单一的文化内容出版商转变为文化服务提供商和文化空间运营商，上海世纪出版集团推出了"朵云书院"这一全新的文化品牌，通过"大而雅"的朵云书院、"小而美"的思南书局、"微而精"的思南书局快闪店布局上海出版市场，用文化创新强化品牌效应。

朵云书院从诞生之日起，就找准了市场定位，主打文史与书画两张牌，定期举办"云间读书会"，组织学术研讨会和艺术雅集活动，为传统文化和海派文化、江南文化提供平台，具备多元化业态平台的特点。首先，朵云书院的选址都极具辨识度，成为自带热点的城市文化空间。无论是"上海之根"松江广富林文化遗址还是"上海之巅"上海中心，朵云书院开在了上海的地标性建筑内，可以说尚未开业就成为关注的焦点，自带流量，开业之后更是成为人们争相体验的"网红"打卡地。

其次，背靠国有企业运营支持，朵云书院一方面作为公共文化空间为读者开辟了一个读书的区域，另一方面也利用商业文化活动获取了经济效益。坐落在广富林徽派古建筑群中的朵云书院展出文史社科、书画艺术和生活休闲等类别的图书 6000 余种，特设珍稀古籍的展示专柜，策划画展展出艺术珍品，邀请专家学者进行主题活动分享，为传统文化、海派文化、江南文化的研讨交流提供平台支持。依托上海世纪出版集团丰富的出版资源和艺术品资源，朵云书院集书房、展馆、会场、文苑等多元化业态于一身，打造综合的文化空间，为读者提供多样化的阅读文化体验。上海中心 52 层的朵云书院旗舰店则在 200 多米的高空为读者打造了一个"山水秘境"。通过"上海之巅"读书会活动，读者、作家、学者会聚在这里进行思想的碰撞交流，打造上海品牌"城市文化客厅"。和位于广富林的朵云书院一样，上海中心

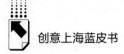

的朵云书院旗舰店也以多元化业态平台模式运营。朵云书院旗舰店开设不同主题的阅读活动，举办文学主题展、新书首发活动、艺术展览活动、演讲论坛等，并打造"朵云印象"品牌售卖原创特色文化创意产品。

作为公共文化空间，朵云书院享受提供公共产品的补贴，例如适当的租金减免和成本分担。而作为商业文化空间，朵云书院用多元化业态平台模式，用商业化运营的经济效益支撑实体书店不断发展。书店作为城市的窗口，文化的交流聚集地，需要经济效益的支撑，才能作为城市机体的一部分永葆生机。

二　城市文化空间再生产的载体

城市文化空间通常以园区或是街区为载体进行更新演替或再生产。前者包括新建生产型文创园、消费型文创园和文旅融合空间等，文创园区通过文化艺术类企业或是文化艺术类消费的集聚成为城市文化空间再生产的载体。后者通过集中展示重要街巷的传统格局和风貌，展示城市历史文化的积淀，传承城市文化记忆，打造创意街区成为城市文化空间再生产的载体。

（一）园区载体

1. 生产型文创园

8号桥文创园（以下简称"8号桥"）是以设计类企业集聚形成生产型文创园的典型代表。8号桥位于上海市中心城区黄浦区建国中路8号，这里原是旧属法租界的厂房，后又成为上海汽车制动器厂所在地，2003年在上海市经济和信息委员会以及卢湾区政府的支持下，旧厂房进行了开发、改建和招商，凝聚着历史文化底蕴的旧厂房升级成时尚独特又实用的文化创意生产园区，吸引了海内外近百家设计类企业入驻。为将8号桥的创意品牌效应向外辐射，8号桥在申贝办公机械厂和上海电池汇明分厂的基础上进行了改造，建设8号桥二期、三期园区，形成集办公、创作、展示、品牌推广和行业交流于一体的综合文化创意园区。其中一期园区内共有七幢楼，打造成符合创意产业特点和适合创意人才工作的办公园区，营造独特个性、自由轻松的办公环境。8号桥以其独特的历史文化底蕴和时尚个性的办公空间集聚了包括建筑设计、室内设计、产品设计、服装设计、广告设计等在内的创意设计类企业，形成了以创意、设计、文化为核心的8号桥品牌效应。

M50创意园（以下简称"M50"）是以艺术类企业集聚形成生产型文创园的典型代表。M50位于上海市普陀区苏州河南岸，这里原是信和纱厂，拥有从20世纪30年代至90年代的工业建筑50余幢，现在是上海最具规模和影响力的创意产业园区之一。M50以艺术、创意、生活为核心价值打造文化创意品牌，引进海内外20多个国家和地区的艺术类工作室和画廊。其中瑞士人劳伦斯创办的香格纳画廊是目前国内最好的画廊之一，在国际艺术界也享誉盛名。M50致力于成为国际化的创意园区，举办服装文化节、时尚周、车展、艺术展览、慈善派对、产品推广等时尚活动，让企业、媒体、艺术爱好者和市民游客参与其中。同时，举办"M50新锐奖"评选、创意设计大赛和青年艺术项目吸引青年艺术家来到M50进行艺术创作。M50不仅是艺术家进行创作的基地，是上海城市历史变迁和上海城市文化空间变迁的见证，也是当代上海的城市艺术地标，吸引游客前往感受浓厚的艺术文化气息。

2. 消费型文创园

田子坊是以文化艺术类消费集聚形成消费型文创园的典型代表。位于上海市黄浦区的田子坊是上海市创意产业园区的领头羊，这里是艺术家工作的生态社区，更是有上海特质的艺术消费区。田子坊老街区形成于1920年，保存了上海目前所剩不多的典型里弄建筑格局。为保护濒危城市文化遗产，田子坊在保留海派里弄社区功能的基础上利用创意和文化艺术促进经济增长，打造了一个现代创意产业集聚园区。自1998年陈逸飞在田子坊开办工作室，大批艺术工作者和品牌入驻田子坊，成立设计室和工作室，逐渐形成了以田子坊为中心的泰康路艺术街。在此基础上，田子坊开始了商业化经营

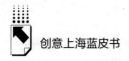

活动，形成了艺术区、购物区、西餐区和酒吧街等特色区域，吸引游客驻足流连，消费购物，感受老上海街区的特色和味道，感受老上海石库门建筑的市井风情。现在田子坊的业态主要为创意工艺品、时尚首饰服装、特色美食酒吧的模式，游客在田子坊保留的原生态生活场景内，品味海派文化，贴近艺术，进行休闲消费。

八万吨筒仓也是从工业遗产蜕变为主题艺术空间的消费型文创园的典型案例。2017 上海城市空间艺术季以上海市民生路 3 号的八万吨筒仓为主秀场，这里曾经是亚洲最大的粮仓，是民生码头最具震撼力的生产建筑，但是其随着黄浦江岸线产业转型、工业外迁成为工业遗产。如今褪去工业时代的繁华，经过改造再利用，华丽转身，成为艺术展览空间，重新焕发生机活力。经过建筑师柳亦春的设计，八万吨筒仓释放了 13000 平方米的室内展厅，加上周边开放空间，在作为 2017 上海城市空间艺术季主展场进行展览后也免费向市民开放，让市民近距离感受八万吨筒仓的工业魅力和艺术氛围。八万吨筒仓作为上海市发展过程中的工业遗产，在展示城市历史文化变迁脉络的同时，也蜕变为艺术展览、艺术品交易、文化演出等功能性公共活动区域，成为上海市主题艺术空间综合体。

3. 文旅融合空间

"文化＋旅游"的文旅融合空间也是城市文化空间再生产的一种重要载体，用文化创意为旅游业注入鲜活力量，成为旅游业发展的动力来源。文旅融合空间是"文化＋旅游"有机结合后开放式、多业态的综合领域。其中，特色小镇作为文旅融合的重要形式在各地都进行了推进建设。国家发改委发布的《2019 年新型城镇化建设重点任务》中强调要支持特色小镇的有序发展。

位于江苏无锡的灵山小镇拈花湾就是一个将佛教文化和休闲度假完美融合的禅意生活方式特色小镇。灵山景区本就是佛教文化旅游的标志性景区之一，在灵山景区的基础上进行的拈花湾开发工程建设，让灵山景区从单纯的观光景区蜕变为文化与休闲旅游充分结合的特色景区，相较于其他观光景区有了差异化优势，从而吸引了大量游客前往观光旅游，感受禅意的佛教文化和诗意的江南山水的深度融合，显著提升了灵山景区的经济效益。

文化与旅游的融合，核心是高度重视文化在旅游发展中的根基作用，围绕特色文化打造宜业、宜游的旅游空间。根据市场定位瞄准游客群体，建设良好的居住环境、休闲设施，为游客提供适宜的旅游氛围是非常重要的一环。文旅融合空间对产业运营有很高的要求，需要在项目的前期建设和后期运营中将特色文化主题贯彻旅游业运营的各个方面，全方位地体现文化在旅游业运营中的重要性。这也是文旅融合空间进行清晰的概念定位、高质量差异化发展的必要条件。

（二）街区载体

城市在不断发展，历史在不断前进，街区作为城市的一个小单元，是城市发展进程的一个小缩影。街区作为城市文化空间再生产的载体，通过相对集中的展示和时尚消费型的业态创新不仅可以保护历史文化遗产风貌，还可以利用文化品牌效应进行商业化运营，不断传承历史价值、文化价值和旅游价值，延续城市记忆。

目前建设的历史文化街区通常都是在保持原有重要街巷的传统格局和风貌基础上，保护街区内的空间肌理，保护文物保护建筑。历史文化街区往往还会在降低居住密度、完善居住基础设施、改善居住环境的基础上，保留原有的居住功能和居民生活方式。政府通过扶持传统产业以及引入新兴产业，形成集创意、文化、旅游、商业、居住功能于一体的综合历史文化街区。一面是历史文化的积淀，一面是现代生活的活力，历史文化街区的品牌效应为街区的发展注入鲜活动力，获得社会效益、经济效益和环境效益。

位于苏州的平江路历史文化街区是苏州古城迄今保存最为完整的街区，也是"中国十大历史文化名街"，自2002年，苏州政府花费大量的人力物力，实施历史风貌保护和环境整治工程，保护这条有800年历史的古巷，让平江路能作为苏州古城的一个缩影展示苏州城市空间变迁的进程，展示城市

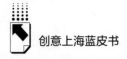

的发展复兴。根据修旧如旧的原则，在保留平江路大量老宅和古代建筑的同时，餐馆、酒吧、会所也隐居其中。而古琴馆、书场、评弹博物馆、昆曲博物馆更是为平江路增添了历史文化气息，这些曲曲折折的街巷、古老的建筑物在历史洪流中屹立，在文明的演进中增加了丰厚的气蕴。

南京夫子庙历史文化街区位于南京市秦淮区秦淮河沿岸，作为江苏省历史文化街区，其形成了秦淮河人文景观轴的"一河"，夫子庙儒学文化景观轴、贡院科举文化轴的"两轴"，贡院街、贡院西街、大石坝街商业景观轴的"三街"，以及在主要街巷交叉口、核心景观区布置景观节点的"多节点"景观格局。夫子庙是中国四大文庙之一，是我国古代的文化枢纽，由孔庙、学宫、贡院三大建筑群组成，作为南京夫子庙历史文化街区的核心，蜚声中外。1984年起，南京市政府便开始保护金陵古都文化遗产，恢复文物古迹和旅游景点，通过多年的努力，将明清江南街市的风貌在夫子庙历史文化街区再现，如今这里形成了小商品、餐饮旅游、古玩字画、花鸟鱼虫等特色市场群，成为南京市的商业中心之一，也成为享誉海内外的旅游胜地，吸引海内外游客感受夫子庙的历史积淀、文化气息与生机活力。

除了在传统街区的基础上建设历史文化街区，对其进行保护和利用，随着城市和交通的发展，地铁创意市集也成为城市文化空间再生产的一种载体。杭港鼹鼠地铁市集是杭州首个城市地铁创意市集，由杭港地铁和酷麦文化打造。随着四季的变幻，杭港鼹鼠地铁市集打造了包括"春·动漫志""夏·潮流志""秋·艺文志""冬·恋物志"在内的四大特色主题，每个季节的主题市集都会吸引大批创意人才在市集里摆摊售卖相应主题的手工艺品、原创制品、创意饰品等，让匆匆路过的行人驻足停留，感知地铁市集和创意文化的魅力。除了用特色主题给顾客带来新鲜有趣的体验，杭港鼹鼠地铁市集还定期举办特色沙龙，聚集创意人才和创意爱好者交流碰撞。杭港鼹鼠地铁市集不仅仅是城市生活中的一个普通空间，也是城市文化的创意空间，为市民在地下集市里打造全新的城市文化空间。

街区作为城市历史文化的积淀和缩影，各个城市都通过保护和利用街区，用创新让古老的街区焕发生机。但是很多城市在保护改造历史文化街区的过程中也存在亟须警惕的问题。有些街区在发展过程中仅仅局限于街区本身，没有深入探索街区作为城市文化空间再生产载体的更多可能性，在引入新兴产业和业态的时候缺乏科学性。历史文化街区间存在同质化竞争、低端消费以及难以持续发展的问题。基于此，历史文化街区的发展要与其存在的整体大环境互利共荣，要根植于街区的历史底蕴和文化特点进行规划运营，形成街区的差异化特色，打造独特的综合文化品牌，实现历史文化街区的可持续发展。

参考文献

〔美〕刘易斯·芒福德：《城市文化》，宋俊岭等译，郑时龄校，中国建筑工业出版社，2009。

孙逊、陈恒主编《刘易斯·芒福德的城市观念》，上海三联书店，2014。

刘合林：《城市文化空间解读与利用：构建文化城市的新路径》，东南大学出版社，2010。

〔英〕大卫·赫斯蒙德夫：《文化产业》（第三版），张菲娜译，中国人民大学出版社，2016。

〔美〕艾伦·J. 斯科特：《城市文化经济学》，董树宝等译，中国人民大学出版社，2010。

比 较 篇
Comparison Reports

B.7
2020年长三角地区会展业发展报告

郐 明*

摘　要：　本报告通过分析上海、江苏、浙江、安徽地区的会展业发展状况，围绕展览、会议、活动，以及场馆建设，以翔实的数据阐述长三角三省一市会展业的发展情况；同时分析三省一市会展业的发展特点，评述三省一市的典型会展案例。本报告在总体分析长三角会展业发展情况的基础上，剖析了三省一市会展业短板，对长三角地区的智慧会展也提出了建设性意见。长三角地区会展业跨区域合作应始终立足自身会展业发展的特色和优势，以扩大城市群之间的会展资源共享、会展项目合作、企业主体联动、品牌集聚为目标，加大品牌活动引进、深化智慧会展和推动绿色会展三个方面的力度，共同推动长三角区域会展经济向深层次融合发展。

---

* 郐明，博士，上海大学新闻传播学院教授，研究方向为营销传播和文化创意产业；本报告项目团队其他成员还包括戚倩、兰靖、侯莉、胡婷婷、曹菲、林丽媛、梁伊璠、叶琦等。

关键词：　会展业　智慧会展　长三角

一　概述

（一）我国会展业整体概述

1. 产业现状

（1）我国会展业一直保持较快增长

据贸促会资料，近三年来，中国会展业直接产值的 CAGR① 约为14.5%，我国的展览总面积的 CAGR 约为11.7%；2017 年，国内共举办4022 个展览会，据不完全统计，展览会总面积约12379 万平方米。② 历经30多年的发展变迁，我国的会展业，不论是规模上还是产业链的类别上都呈现不断扩张的趋势。中国更是全球展览场馆数量及其可供展览面积最多的国家，展览场次和面积逐年增长。根据 2020 年 6 月中国会展经济研究会会展统计工作专业委员会发布的《2019 年度中国展览数据统计报告》数据，2019 年中国全国展览总数为 11033 场，展览总面积为 14877.38 万平方米，较 2018 年分别增长 0.6% 和 2%；全年净增展览 65 场、展览总面积 301.62万平方米。③

（2）各地政府重视发展会展产业

国家高度重视会业发展，2015 年国务院办公厅出台《国务院关于进一步促进展览业改革发展的若干意见》④。同时各地政府高度重视展览与会

---

① CAGR（Compound Annual Growth Rate）：复合年均增长率，描述一个投资回报率转变成一个较稳定的投资回报所得到的预想值。公式为：（现有价值/基础价值）^（1/年数）- 1。
② 综合整理自正略咨询"企业战略的落地实施和创新发展"研究课题组。
③ 《行业深度！一文带你了解 2021 年中国会展行业市场现状、竞争格局及发展趋势》，前瞻网，2021 年 6 月 18 日，https://bg.qianzhan.com/trends/detail/506/210618 - 66890479.html。
④ 《国务院印发关于进一步促进展览业改革发展的若干意见》，中国政府网，http://www.gov.cn/xinwen/2015 - 04/19/content_ 2849202.htm。

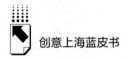

议产业，相关鼓励政策相继出台，各地都以会展作为城市名片。40多个中国城市的重要支柱产业都将会展业涵盖在内，给予会展业极高的战略地位。[①]

（3）场馆建设依旧如火如荼，但已趋于饱和

据前瞻产业研究院发布的《2019年中国会展行业市场前瞻与投资机会分析报告》统计数据，截至2018年，国内展览馆数量为164个，同比增长7%；室内可租用总面积约983万平方米，同比增长5%。截至2018年全国展览馆市场整体租馆率提升明显，有104家展馆租馆率提高，比2017年增加4家，占比达到63%，我国展览馆利用率整体呈现提升的发展趋势。

2. 市场格局

目前来看，我国会展经济格局较大，市场广阔，依据地域结构划分，主要形成了三大会展城市群、三条会展城市带以及两个会展城市圈。其中三大会展城市群指的是以"北上广"为核心的环渤海、长三角、珠三角三个会展城市群；三条会展城市带指的是以成都、重庆、大连、沈阳、武汉、郑州等城市为内核的西部、东北、中部三个会展城市带；两个会展城市圈指的是以福州、厦门和海口、三亚为内核的海峡西岸经济区和海南国际旅游岛，简称海西、海南两个会展城市圈。[②]

（二）长三角地区会展业整体概述

长三角地区场馆基础设施建设具有巨大优势，场馆的综合展能稳居全国首位。京交会权威发布的《2018版会展蓝皮书——中外会展业动态评估研究报告》显示，根据SMI会展生产力三要素指标体系综合评估，上海会展业综合实力极为杰出，甚至领先了巴黎和法兰克福，成为世界首席会展城市。室内面积为40万平方米的上海市国家会展中心在国际十大顶级展馆中位列第2，改变了长三角地区乃至全国会展业基础设施的全球格局。从2018年的展览

---

① 曾武佳：《现代会展与区域经济发展》，博士学位论文，四川大学，2006。

② 《2014~2015年会展市场深度调查分析及发展前景研究报告》，产业调研网，http://www.cir.cn/2013-12/HuiZhanShiChangDiaoYanBaoGao/。

面积来看，上海市以 1906.31 万平方米居全国第 1 位，其次依次是江苏（1050.12 万平方米）、浙江（820.02 万平方米）、安徽（260.43 万平方米）。

长三角会展业对该地区的发展具有一定的集聚效应。以上海为例，上海作为我国的经济、金融和贸易中心，其国际化程度不断提高，频繁举办国际会议和国际展览，不仅为上海带来了直接的经济效益，而且带动了众多相关产业的发展，增加了大量就业机会，同时又辐射带动了上海周边地区经济的发展，形成了长三角会展业产业带。①

二 各地区会展业发展情况

（一）上海地区会展业发展状况剖析

1. 上海地区会展业概况

（1）2020 年上海会展业发展新背景

①法律保障：创新性立法促进上海会展业发展

2019 年 12 月 17 日，上海市第十五届人大常委会第十六次会议听取了市人大法制委员会委员宋妍所做的关于《上海市会展业条例（草案）》审议结果的报告，2020 年 3 月 19 日上海市第十五届人民代表大会常务委员会第十八次会议通过了《上海市会展业条例》，并于 2020 年 5 月 1 日起开始施行。② 该条例是全国首个会展业地方性法规，它的出台是一次创制性立法，标志着我国会展业再一次往前迈进一大步，为上海市会展业发展提供了很好的法律保障。该条例的内容主要以上海"建设国际会展之都"为目标，结合上海市会展业发展的实际情况，以及借鉴上海各大展会成功举办的经验，从优化营商环境、赋能行业发展、加强服务保障、办好进博会等多个方面提出相关政策规定，进行一次全面的阶段性的规划设计。

---

① 杨明强：《会展业对区域经济发展的影响研究》，硕士学位论文，天津财经大学，2013。
② 《〈上海市会展业条例〉全文公布啦!》，"中经网会展"微信公众号，https://mp.weixin. qq.com/s/ApZCc－mmwX4x－HXZoQ9YuA。

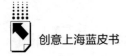

②政策支持：防疫举措促进上海会展业恢复与发展

2020年5月11日，上海市会展行业协会发布《上海市会展行业新冠肺炎疫情防控指南》，力求促进上海市会展业的恢复与发展。此则防控指南主要依据上海市实际情况，从严格落实新冠肺炎疫情防控主体责任、充分做好展前准备、合理控制展会现场人流、确保场馆卫生、严密防范各类风险五个方面做出了一系列相关规定。上海会展业严格按照规定，开始有序恢复举办各类会议、展览活动。这标志着上海线下展会经历疫情后成功按下"重启键"，实现了疫情防控常态化下的有序突围。①

③人才培养：上海大学会展专业首获教育部"会展"专业命名

2020年3月5日，教育部正式发文（教高函〔2020〕2号），公布2019年度普通高等学校本科专业备案和审批结果及普通高等学校本科专业目录（2020版）。上海大学会展专业获批全国首个目录外特设交叉本科专业（代码99J001T）。②会展专业以传播沟通为主要专业特质归入传播学专业类，会展专业教育正本清源，跨入新发展阶段。会展专业的设立对于完善会展教育体系，培育更多复合型的优秀会展人才具有重要意义。

（2）上海会展行业情况

①行业基本情况

根据《2020年度中国展览数据统计报告》，截至2020年12月底，IAEE（国际展览与项目协会）在上海地区的个人会员共有53人，在全国各大城市排名中位列第1名，占比17.73%；企业会员共有10家，占比14.71%，在全国各大城市排名中位列第2名。不管是个人会员还是企业会员，都呈现多元化、精英化的特点，基本涵盖了会展主体业务以及与之相关的业务领

① 《会展大咖说｜上海会展业在常态化防控下的有序突围》，"中国贸易报"微信公众号，https：//mp.weixin.qq.com/s/NJx1NxWBE6xz_VbiuryBzA。

② 《喜报｜上海大学新闻传播学院会展专业成功获批教育部目录外新增首个特设交叉本科专业》，"上海大学新闻传播学院"微信公众号，https：//mp.weixin.qq.com/s/s6JdF0wROUfYnXk－H8hduQ。

域。此外，品牌展览企业数量与日俱增，如上海万耀企龙展览有限公司、上海汇展信息科技有限公司、上海新国际博览中心、贝斯特中国会议展览（上海）有限公司和励展博览集团等。

截至 2020 年底，UFI（全球展览业协会）中国会员达到了 181 个，较 2019 年增加 22 个，增幅为 13.84%。其中，从城市的分布上看，上海地区达 29 个，位于全国第 1 名。

此外，2020 年在中国境内通过 UFI 认证的项目中，上海共有 25 个，占比 17%，位居各大城市第 1 名，主要包括中国国际化工展览会、中国（上海）国际家具博览会、中国国际服装服饰博览会、长三角国际文化产业博览会以及上海设计周等。

②展览项目情况

受全球疫情影响，上海市各类展览活动举办数量及规模较上年明显下降，会展行业发展受到较大冲击，如表 1 所示。

表 1 2019~2020 年上海办展情况对比

指标	2019 年	2020 年	同比增长率（%）
办展数量（个）	1043	550	-47
办展总面积（万平方米）	1941.67	1107.79	-43

资料来源：《2020 年度中国展览数据统计报告》。

根据收集整理的线上展项目清单解析，可得线上展各主办城市地区分布，其中 2020 年上海举办线上展数量位列全国第 1 名，共达 133 场，占中国境内线上展总数的 21.18%。

据《2020 年度中国展览数据统计报告》，从各城市情况来看，上海于 2020 年举办国际、国内展览会以及各类会议、活动，合计 550 场，同比减少 47%，但在全国占比达 10.17%，依旧蝉联全国第 1 名；展览总面积达 1107.79 万平方米，同比减少 43%。全年举办规模超过 10 万平方米的展会 25 个（其中 30 万平方米以上展会 2 个），较上年减少了 20 个。

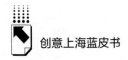

从整体发展来看，如图1所示，上海市办展总面积从2011年到2019年呈现逐年增长的趋势，行业规模不断扩大，虽然2020年受疫情影响有所减少，但相信之后会很快恢复发展。

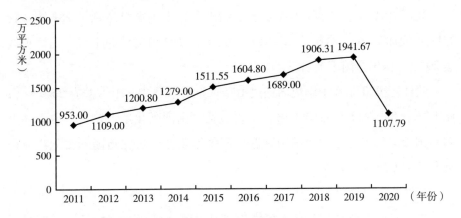

图1　2011～2020年上海办展总面积趋势

资料来源：《2020年度中国展览数据统计报告》。

③场馆设施情况

从2020年全国投入使用的展览场馆数量来看，上海市共有9座展览场馆，展览面积共达97.7万平方米，在全国各省（直辖市、自治区）排名中位列第3名。

从2020年单个城市在用展馆数量来看，全国共有148个城市有展馆，上海凭借拥有国家会展中心（上海）、新国际博览中心、世博展览馆、世贸商城、农业展览馆、上海展览中心、汽车会展中心、光大会展中心、上海跨国采购中心9大主要场馆位居全国首位。

从单个展馆规模情况来看，2020年全国单个展览场馆室内可供展览面积1万平方米以上的展馆共有259个，其中排名前3的展馆分别为国家会展中心（上海）、中国进出口商品交易会展馆、昆明滇池国际会展中心。

此外，全国目前有30个城市展览场馆室内可供展览总面积超过10万平方米，上海市以75.36万平方米再次居首位。

④上海会展学术概况

从会展教育情况来看，截至2020年，上海共有18所高校设立会展相关专业，其中本科院校8所，专科院校10所，上海会展教育在国内居于前列。此外，2020年，上海大学会展专业成功获批教育部目录外新增首个特设交叉本科专业，其会展专业的人才培养和知识创新得到了社会高度认可，已基本建成高校会展类本科专业特色品牌。

从会展研究机构来看，目前上海市共有4家研究机构，分别为上海对外经贸大学中德国际会展研究所、复旦大学会展与服务经济研究中心、上海大学上海会展研究院以及上海第二工业大学国际会展产业研究院。其中，上海会展研究院为国家商贸部与上海市政府共建单位。

（3）上海会展业发展特点

①制定"十四五"规划，上海会展业迎来"加速跑"

依据"十四五"时期发展目标规划，上海将会展作为推动经济发展的一个平台，提出"搭建更多开放合作交流平台，积极传递中国声音和中国主张，更好地服务引领全球经贸发展"。

作为进博会举办地，上海在全国率先出台了会展业地方性法规，制定了建设国际会展之都专项行动计划，迎来了会展业的快速发展，其展览面积稳居全国第1位。

2020年7月初，随着疫情得到有效防控，上海展览项目逐步重启，仅7月、8月两个月，上海就举办展览88个，展览面积达342万平方米，规模比去年同期增长36%。这充分展示了上海作为国际展览中心的旺盛活力。且如图2所示，2011～2019年上海办展数量整体上呈现波动增长的趋势，在2019年达到最高峰，共有1043个，虽说2020年受疫情影响有所下降，但在全国办展数量的占比还是稳居首位的。

2001年，上海代表中国承办APEC峰会，成为我国21世纪维护发展与APEC成员关系，深化经贸往来的重要历史机遇。上海会展业的展出面积从2001年的大约100万平方米，通过后来十几年努力增长到接近2000万平方米，对外贸易投资的市场化平台逐步扩大。与之相互伴生的是，上海进出口

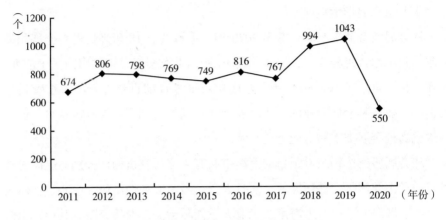

图2 2011~2020年上海办展数量趋势

资料来源:《2020年度中国展览数据统计报告》。

总额从2001年的5041亿元,增长到2020年的3.48万亿元;上海的国民生产总值从2001年的5210亿元,增长到2020年的3.87万亿元。

②转型升级,线上线下展会有机融合

受疫情影响,各大展会也在寻求新的发展。上海市贸促会与阿里巴巴集团联合推出"云展平台",全年有近20个展会上线运行。第二十五届CBE中国美容博览会、第二十六届中国国际家具展览会等10多个重点展会在办好线下展会的同时,推出了高水平的线上展会,组织境外展商通过"云洽谈、云签约"等方式参与展会,积极开展展会服务模式创新,提高展会数字化水平。

2020年6~12月,上海市举办展会面积达1067万平方米,恢复到上年同期的近90%;在疫情防控常态化的情况下,25个10万平方米以上的展会均在下半年成功举办,下半年举办大展数量与去年同期持平。第三届中国国际进口博览会和2020中国国际工程机械、建筑机械、工程车辆及设备博览会两个30万平方米以上的大展也均于2020年11月在线下成功举办。

2. 典型案例

(1)第三届中国国际进口博览会

2020年11月5日,第三届中国国际进口博览会(以下简称"进博会")

在上海如期举办，延续"新时代，共享未来"的主题，推动着世界经济复苏。尽管受到疫情影响，但中国扩大开放的步伐仍在加快。在统筹好疫情防控工作的基础上，最终此次展览总面积达到近 36 万平方米，比上届扩大近 3 万平方米。办好第三届进博会，对于充分展示中国疫情防控取得的重大成就和全面扩大开放的坚定决心，推动形成以国内大循环为主体、国内国际双循环相互促进的新发展格局，都具有重要意义。① 中国国际进口博览局官方表示，第三届进博会取得了丰硕的成果，交易采购成果实现较大增长，按一年计，累计意向成交 726.2 亿美元，比上届增长 2.1%。② 截至 2020 年 11 月 8 日，在洽谈签约方面，线上线下共有来自 64 个国家和地区的 674 家展商、1351 家采购商参会，达成合作意向 861 项。③ 第三届进博会期间，中国国际进口博览局共举办相关配套活动 101 场。

2018 年首届进博会开幕式上，习近平总书记宣布长三角区域一体化发展上升为国家战略，推进更高起点的深化改革和更高层次的对外开放。同"一带一路"建设、京津冀协同发展、长江经济带发展、粤港澳大湾区建设相互配合，共同完善中国改革开放的空间布局。④ 过去两年，对长三角地区来说，进博会的溢出效应是明显的。全球展商在这里找到了自己企业加入长三角产业新布局的方向；众多长三角及国内其他地区企业在这个"一展汇全球"的进博会平台上了解了全球相关企业的领先产品、研发趋势，获取了宝贵的竞争信息，也找到了自己产品在全球产品研发格局中的位置。当然，在进博会这个平台上直接签订单、谈项目，更是收获颇丰。进博会的"溢出效应"推动长三角一体化加速前行。

---

① 《第三届中国国际进口博览会举行新闻发布会介绍筹备进展、展会亮点及服务保障等情况》，上海市人民政府网站，https://www. shanghai. gov. cn/nw12344/20201030/22946f4ebedf4c149648 8865676f8011. html。

② 《第三届进博会累计意向成交 726.2 亿美元　比上届增长 2.1%》，央视网，http://m. news. cctv. com/2020/11/10/ARTIF1m8pVV41RrmkKVEQv7b201110. shtml。

③ 《成效超预期　未来更可期》，中国国际进口博览会网站，https://www. ciie. org/zbh/bqxwbd/20201110/24544. html。

④ 《重磅！习近平在首届中国国际进口博览会开幕式上的主旨演讲（全文）》，"新华社"百家号，https：//baijiahao. baidu. com/s？ id＝1616266184960999920&wfr＝spider&for＝pc。

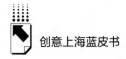

（2）第十八届中国国际数码互动娱乐展览会（以下简称"China Joy"）

China Joy 是全球数码互动娱乐领域具有影响力的盛会之一。

在全球疫情的影响下，很多线下展会都已经取消，各种展会也在不断拓展新的出路，云看展、云游戏应运而生。而此届 China Joy 则是采取线上与线下相结合的方式，克服了重重困难，最终成功举办，实属不易。第十八届 China Joy 于 2020 年 7 月 31 日至 8 月 3 日在上海新国际博览中心隆重举办，以"科技·引领数字娱乐新浪潮"为此次展会主题，首次实现线上和线下双翼齐飞。① 在推出防控、预约、限流等一系列细致入微的防疫举措之外，还联合 10 大网络平台将精彩内容搬到线上，最终"云展览"共触达 6 亿多用户，远超线下规模。本届 China Joy，共包含 10 个展馆，共计 12.5 万平方米，参展企业总计 400 家左右，其中 BTOC 参展企业近 200 家，BTOB 参展企业 200 家左右。总的来看，经过 18 年的不断发展，China Joy 已从早期单纯的游戏展会，发展成为最具权威性、专业性、国际性的产业功能服务平台，进而成为举世瞩目的中国创造的知名国际数字娱乐产业大型活动品牌之一。

（3）2020 年上海旅游节

在疫情防控常态化背景下，2020 年上海旅游节于 9 月 12 ~ 27 日成功举办。本届旅游节认真践行"人民城市人民建、人民城市为人民"发展理念，坚持"两手抓、两手硬、两手赢"，共创"新空间"，共建"新模式"，共享"新体验"，实现"安全有序、供需两旺、共建共享、精彩圆满"的预期目标。

据统计，旅游节期间，上海市宾馆饭店客房出租率达 64%，环比增长 8 个百分点；各大景区点接待游客 350 万人次，环比增长 28%。据市税务局统计，住宿业销售收入同比增长 21.6%，2020 年首次实现同比正增长；文艺演出销售收入同比增长 9.6%；动漫游戏行业销售收入同比增长

① 《第十八届中国国际数码互动娱乐展览会参考资料》，百度百科，https：//baike. baidu. com/reference/50042394/1b92p1_ rL52HQm9C - miS5907hZEikDPNnkc79ViQ4DLMvrJBoWq6ks8avACa6S9K25P1Qw_ d8_ KdKSGRUjgEUraZ。

4.4 倍。大数据显示，9 月 12 ~ 25 日，上海市接待旅游人数同比增长39%，环比增长96%。据银联上海公司统计，9 月 12 ~ 27 日，上海地区旅游、餐饮、娱乐售票等日常消费类交易总金额为 319.7 亿元，环比增长 35%。

（二）江苏地区会展业发展状况剖析

1. 江苏地区会展业概况

（1）江苏省会展产业发展特点

①会展业逐步趋向专业化与市场化，会展的数量与规模得到增加

江苏会展业在世界经济局势面临深度调整，以及中国经济下行走势加大的背景下，能够基本保持稳步增长，办展的规模与市场化专业化的水平也有所提升。

2020 年江苏省共举办展览 610 场，展览面积为 588.41 万平方米，展览数量全国占比 11.28%，仅次于广东省的 14.70%，成为全国会展数量第二大省。江苏省正在逐步打造有世界影响力展会品牌，形成政府及相关部门、国有会展企业、民营会展企业、中外合资会展企业等多方主体办展的格局。

②会展板块经济初具雏形，品牌会展影响力的提升使得县级会展品牌亮点凸显

以世界物联网博览会、江苏发展大会、世界智能制造大会为代表的国际性大会为江苏经济转型提供了重要战略意义。以品牌展会和当地特色产业为核心，形成布局合理、功能齐全、运转高效的"一核三区"城市会展新格局。"一核"指的是南京全省会展核心区，也就是南京国际博览中心、南京国际展览中心等城市中心会展；"三区"指的是以苏州为重点的苏锡常会展城市区、以泰州为重点的通泰扬会展城市区以及以连云港为重点的徐连盐宿会展城市区。江苏县级会展品牌的发展势头也同样不容小觑，自 2015 年昆山会展业规模首超义乌后，目前已领跑其他县级城市，跃居全国县级会展排名首位。

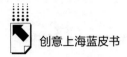

③会展基础设施持续完善，会展城市地位逐步上升

从 2020 年全国投入使用的展览场馆数量来看，江苏省已经建成并在使用的专业展览场馆有 30 个，在全国仅次于山东，列第 2 位，全国占比达 10.1%。在各省（区、市）中，按投入使用展览场馆的室内可供展览总面积，江苏省达 85.3 万平方米，居全国第 5 位。其中，南京会展规模居全国第 9 位，展览数量 228 场，展览面积 229.27 万平方米；苏州居全国第 19 位，展览数量 120 场，展览面积 123.48 万平方米。2019 年《ICCA 国际会议统计报告》数据显示，南京以 28 个 ICCA 会议数，居全球排名第 108 位，在中国内地入围城市榜单中，南京居第 6 位。

（2）江苏省会展产业发展数据

《2019 年度中国展览数据统计报告》资料显示，2019 年，在宏观经济下行压力持续加大的环境下，中国展览业低速增长。全年经济贸易展览总数达 11033 场，展览总面积达 14877.38 万平方米，较 2018 年分别增长 0.6% 和 2%，但增速明显低于全国 GDP 6.1% 和第三产业 6.9% 的增长水平。展览场数与展览面积连续 6 年低于 GDP 的增长水平。由此可见，依靠增加展会数量带动行业增长的时代已宣告结束，而扩大展会规模已成为中国展览业成长的主要动力。中国展览业已从数量型增长转入质量型提升阶段。[①]

由表 2 可见，2019 年全国按展览面积排名前十的省（区、市）为上海、广东、山东、江苏、四川、重庆、浙江、辽宁、北京、河南。江苏省以 1186 场的展览数量位居全国第 4 名，全国占比达 10.75%，展览面积达 1080.75 万平方米，展览面积全国占比达 7.26%，展览平均面积达 0.91 万平方米。其中南京市展览数量达 543 场，全国占比达 4.92%，展览面积达 512.30 万平方米，全国占比达 3.44%；苏州市展览数量达 174 场，全国占比 1.58%，展览面积达 152.83 万平方米，全国占比达 1.03%。

表2 2019年全国各省（区、市）展览数量和展览面积排序

序号	省（区、市）	展览数量（场）	全国占比（%）	展览面积（万平方米）	全国占比（%）	展览平均面积（万平方米）
1	上海	1043	9.45	1941.67	13.05	1.86
2	广东	1029	9.33	1721.83	11.57	1.67
3	山东	1004	9.10	1505.28	10.12	1.50
4	江苏	1186	10.75	1080.75	7.26	0.91
5	四川	953	8.64	1020.84	6.86	1.07
6	重庆	513	4.65	992.00	6.67	1.93
7	浙江	697	6.32	831.96	5.59	1.19
8	辽宁	729	6.61	689.70	4.64	0.95
9	北京	324	2.94	589.80	3.96	1.82
10	河南	412	3.73	442.23	2.97	1.07

资料来源：《2019年度中国展览数据统计报告》。

如表3所示，从全国投入使用的展览场馆数量来看，2019年，江苏省投入运营的展览场馆达30座，位居全国第2名，全国占比达10.3%，其中苏州投入使用最多，运营6座展览场馆，南京投入运营4座，无锡拥有3座场馆，泰州、常州都各自拥有2座；按投入使用展览场馆的室内可供展览总面积看，江苏省2019年已达85.3万平方米，位列全国第5名。

表3 2019年全国各省（区、市）展览场馆数量、展览面积比较

单位：座，万平方米

省（区、市）	展馆数量	展览面积
广东	28	174.40
山东	45	155.60
上海	9	97.70
浙江	22	96.90
江苏	30	85.30
云南	6	72.10
河南	26	55.80
四川	9	53.20
河北	10	41.00
福建	3	38.00

资料来源：《2019年度中国展览数据统计报告》。

　　根据《2020 年度中国展览数据统计报告》，2020 年全国按展览数量排名
前十的省（区、市）为广东、江苏、山东、上海、浙江、广西、重庆、福建、
河南和湖南。其中 2020 年江苏省共举办展览 610 场，展览数量全国占比达
11.28%，展览面积共 558.41 万平方米，全国占比达 7.23%，展览平均面积已
经达到 0.92 万平方米。其省会城市南京于 2020 年共展览 228 场，展览面积达
到 229.27 万平方米。由表 4 可明显看到，2020 年由于新冠肺炎疫情的影响，
各城市的会展业及会展经济无疑都受到了极大的冲击，江苏省整体的办展数
量与 2019 年相比，同比下降 48.5%，展览面积同比下降 48.33%。

　　从江苏各城市看，除了泰州市、常熟市、宿迁市，其余各城市 2020 年
在办展数量上出现了阶段性大规模下滑，其中徐州受影响最大，展览数量同
比下降达 97.22%；在展览面积上，同比 2019 年江苏省各大城市都呈现缩
减状态，其中苏州市和常熟市缩减幅度较小。

表 4　2019～2020 年江苏省及其 14 市展览数量及展览面积一览

省/区/市	2019 年		2020 年		同比下降	
	展馆数量（座）	展览面积（万平方米）	展馆数量（座）	展览面积（万平方米）	展馆数量（%）	展览面积（%）
江苏	1186	1080.75	610	558.41	48.57	48.33
南京	543	512.30	228	229.27	58.01	55.25
苏州	174	152.83	120	123.48	31.03	19.20
无锡	106	107.97	60	68.9	43.40	36.19
泰州	16	49.41	39	22.31	-144	54.85
昆山	54	46.60	20	20.22	62.96	56.61
常州	25	30.90	12	14.8	52	52.10
南通	40	37.85	18	12.4	55	67.24
徐州	36	35.00	1	1.32	97.22	96.23
盐城	50	31.91	11	10.89	78	65.87
扬州	40	21.23	25	13.51	37.5	36.36
常熟	43	18.61	45	16.66	-4.65	10.48
连云港	21	16.49	9	8.36	57.14	49.30
宿迁	15	12.00	15	8.5	/	29.17
镇江	7	6.15	3	4.2	57.14	31.71

　　资料来源：《2019 年度中国展览数据统计报告》《2020 年度中国展览数据统计报告》。

2. 典型案例

（1）2020 中国人工智能峰会（CAIS 2020）

CAIS 2020 由南京市人民政府、中国人工智能产业发展联盟主办，中国（南京）智谷承办，工业和信息化部国际经济技术合作中心、英国工商业联合会、英中贸易协会、南京高新区（高淳高新区）、南京新一代人工智能研究院共同协办。本届峰会以"智领变革 点亮未来之光"为主题。2020 年 6 月 23 日，来自全球人工智能领域的顶尖力量云集智谷会客厅，共商人工智能产业的当下与未来。

CAIS 2020 大咖云集。英国驻上海总领事 Chris Wood，创新工场董事长兼 CEO 李开复，SAP 全球副总裁倪寅凌，捷豹路虎公司全球副总裁于钧瑞，励讯集团副总裁张玉国，华为、阿里巴巴、Emotech 公司、Micro Focus 公司等科技巨头的多位高管，以及来自中外人工智能领域的多位产业领袖、学术专家和行业代表们在本次峰会上强强对话，聚焦"新基建"建设下中国人工智能产业发展的各项议题，共议世界人工智能产业的发展机遇和挑战。

中国人工智能峰会已经连续举办四届，目前已成为南京地区最具代表性的顶级科技盛会。

（2）2020 GT SHOW 国际改装风尚秀

一年一度的潮流改装盛会 2020 GT SHOW 暨中国汽车文化风尚秀/国际改装风尚秀于 2020 年 8 月 21～23 日在中国潮流改装发源地苏州国际博览中心举行，GT SHOW 国际改装风尚秀是中国首个由汽车改装媒体主办的汽车改装专业博览会。GT SHOW 是以竞速改装为主、越野改装为辅的潮流汽车改装展会，早期越野性能的改装比例居高，现在越来越多的南派改装品牌争相露脸。

2020 年展会现场的改装车琳琅满目，WALD、RWB、Liberty Walk、Rocket Bunny、ROBOT WORKS、CMST 等诸多品牌组成中国宽体改装车展示矩阵。GT SHOW 以"有用又好玩"作为办展宗旨，意在成为改装细分领域的年度新品发布会，成为汽车个性化定制升级配件的一站式采购专业展会。同时也希望通过多元化的展示以及跨界新玩儿法让汽车改装爱好者在观展体

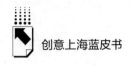

验中了解改装知识、熟悉改装产品，并推动国内汽车文化及汽车改装文化发展。

GT SHOW 作为国内较大的改装车盛典，有来自全国的汽车文化爱好者，改装车爱好者表现出了空前的热情。虽然受全球疫情影响，个别国际大厂没有参加，但展会整体的规模和质量并没有下降。

（3）2020 中国（南京）文化和科技融合成果展览交易会

2020 中国（南京）文化和科技融合成果展览交易会作为聚焦文化科技融合的全国性平台，依托大数据、虚拟现实、人工智能等热门科技，展示文化和科技融合应用。

展会以"新时代、新体系、新体验"为主题，设有"文化和科技融合典型应用案例""国家文化和科技融合示范基地""国家文化大数据建设成果""业态创新成果"等展区，展览面积约 3.5 万平方米，共吸引 592 家企事业单位参展参会，既有"北上广深"等 10 余家国家文化和科技融合示范基地，也有人民网、百度、蚂蚁集团、太平洋未来科技、枭龙科技、优必选等国内外知名企业。同期举办第六届国家文化和科技融合示范基地负责人高级研修班、2020 文化和科技融合热点和趋势论坛、第二届中国沉浸产业发展论坛、资金文化产业沙龙（文化科技融合专场）等一系列活动。吸引观众近 5 万人次前来参观，为行业发展树立风向标，真正体现了文化和科技融合既催生新业态，更延伸了文化产业链。其间开展各类活动 93 场，展会现场直接促成交易额超 5300 万元，招商对接活动签约项目 38 个，金额近 350 亿元。

（三）浙江地区会展业发展状况剖析

1. 浙江地区会展业概况

（1）浙江地区会展业发展概况

随着 G20 峰会在杭州的召开，2015 年杭州首次成为全球 100 强国际会议目的地，在国内排名也一跃而上，仅次于北京和上海。在 ICCA 2018 年发表的全球会议目的地城市排行榜中杭州列国内城市第 3 位，2018 年度共开展了 28

场大型会议。随着杭州市的会展品牌力逐渐提升，会展业在浙江地区形成了以杭州市为中心，宁波、义乌、温州、台州等地协同发展的版图。

（2）浙江会展业发展现状

根据《2020年度中国展览数据统计报告》，2020年度浙江地区举办的展览数量为438场，占全国总体展览数量的8.1%，展会总展览面积达443.17万平方米。参照国际展览协会（UFI）对展览馆市场统计的标准，浙江地区符合标准的展览中心有22个，展览面积共96.9万平方米。如表5所示，根据拥有展览中心的数量进行排序，浙江地区在全国位列第5名；根据展览面积进行排序，浙江地区则在全国位列第4名。

如表6所示，在浙江地区的展览馆中，展览面积超过5万平方米的场馆有7个，其中温州国际会议展览中心室内展览面积最大，达19.4万平方米。在全国148个拥有展馆的城市中，杭州市拥有7个展馆，是全国继上海和北京后拥有展馆数量最多的城市，展馆总面积达30.76万平方米。其拥有3个室内展览面积超过5万平方米的展览场馆，分别是杭州国际博览中心、杭州白马湖国际会展中心和杭州市国际会议展览中心。目前全国在建展览场馆共有24个，其中包括了浙江省杭州市可供展览面积30万平方米的杭州大会展中心（一期）。

表5　2020年全国31个省（市、区）展览场馆数量、展览面积比较

单位：个，万平方米

省（区、市）	展馆数量	展览面积	省（区、市）	展馆数量	展览面积
山东	48	183.4	陕西	5	24.8
广东	28	174.4	江西	4	17.0
上海	9	97.7	黑龙江	6	16.3
浙江	22	96.9	湖南	5	15.4
江苏	30	85.3	天津	4	14.1
云南	6	72.1	广西	3	13.3
河南	26	55.8	内蒙古	5	10.3
四川	9	53.2	新疆	1	10.0
河北	19	48.1	山西	5	8.0
福建	9	38.0	贵州	2	8.3

续表

省(区、市)	展馆数量	展览面积	省(区、市)	展馆数量	展览面积
辽宁	10	32.7	甘肃	3	6.7
重庆	3	30.5	西藏	3	6.3
北京	9	33.5	青海	2	5.7
安徽	7	26.3	海南	1	3.8
吉林	7	25.1	宁夏	1	3.0
湖北	5	24.8			

资料来源：《2020 年度中国展览数据统计报告》。

表6　浙江省展览面积超过5万平方米的场馆一览

单位：万平方米

场馆名称	城市	室内展览面积
温州国际会议展览中心	温州	19.4
义乌国际博览中心	义乌	12.6
杭州国际博览中心	杭州	8.8
永康国际会展中心	永康	7.6
杭州白马湖国际会展中心	杭州	6.5
杭州市国际会议展览中心	杭州	6.0
宁波国际会议展览中心	宁波	6.0

资料来源：《2020 年度中国展览数据统计报告》。

　　根据表7分析得出，浙江地区会展业的发展，主要依托于杭州、宁波、义乌、温州等地。杭州市在2020年举办展会191场，展览面积达128.8万平方米；宁波市2020年举办展会102场，展览面积达117.19万平方米；义乌市举办展会50场，展览面积达77万平方米；温州市举办展会33场，展览面积达43.13万平方米；绍兴市和嘉兴市分别举办展会15场和12场，展览面积为16.5万平方米和16万平方米；永康市举办展会7场，展览面积达18万平方米；海宁市举办展会6场，展览面积为5.25万平方米；台州市、慈溪市以及余姚市举办展会都在5场以下，且展览面积均在5万平方米及以下。

表7　2020年浙江省部分城市会展业发展情况

城市	展馆数量(个)	举办展会数量(场)	展览面积(万平方米)
杭州	7	191	128.8
宁波	1	102	117.19
义乌	1	50	77
温州	1	33	43.13
台州	1	3	5
余姚	1	3	3.6
永康	1	7	18
慈溪	1	4	3.4
嘉兴	1	12	16
海宁	1	6	5.25
绍兴	1	15	16.5

资料来源:《2020年度中国展览数据统计报告》。

由此可见,浙江地区的会展业发展总体来说是以杭州、宁波、义乌和温州为主,各城市全面开花。

(3)浙江会展业发展特点

①中心城市积极举办综合性大型会展,树立城市形象

2000年秋季,杭州市政府跨世纪成功举办了第二届西湖博览会(以下或简称"西博会")。截至2020年,杭州共成功举办了21届西湖博览会,不仅展示了杭州的城市形象和西博会的品牌形象,还大大促进了贸易成交量。2019年10月18日至20日,第二十一届杭州西湖国际博览会、第四届世界休闲博览会(以下或简称"休博会")于杭州国际博览中心召开,引来了大量观众参展。如今,西博会和休博会已经成为杭州的城市名片。

②会展场馆建设方兴未艾

杭州国际博览中心作为第六代会展场馆代表,其总建筑面积共有85万平方米,主体建筑结构包括地上5层和地下2层,是集会议、展览、餐饮、旅游、酒店等多元化、多业态于一体的大型综合体。场馆所设展览中心面积达9万平方米,可提供国际标准展位4500个,满足特种展览、大型集会、

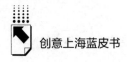

体育休闲等不同规模及不同类型的展会需求,拥有 61 个会议场地、14 个 VIP 贵宾室及 1 个商务中心,多样化的会议场地和高效细致的会议服务体系,舒服雅致的配套酒店等。

2. 典型案例

(1) G20 杭州峰会

2016 年 9 月 4 日,G20 峰会在中国杭州国际博览中心成功举办。中国国家主席习近平出席了 2016 年二十国集团工商峰会(B20 峰会)开幕式并发表题为《中国发展新起点　全球增长新蓝图》的主旨演讲,向国际社会充分展现中国担当、诠释中国理念、贡献中国智慧、提供中国方案,在 G20 历史进程上镌刻下不可磨灭的中国印记。

(2) 杭州西湖博览会

杭州西湖博览会于 2000 年恢复举办,至今已举办 21 届,是包含数十个乃至 200 余个会议、展览、活动的大型会展平台,培育了杭州·云栖大会、中国杭州文化创意产业博览会等一大批国家级、国际级会展项目,并在海宁、上虞、诸暨、德清、安吉、武义、龙泉、南浔、枫泾、江山、朱家尖、昆山、徽州、铁岭、嵊泗等地增设 15 个分会场,会场跨越钱塘江,从浙江省内跨越到浙江省外,促使各城市发挥自身优势,形成分工与合作,优化产品、资金流动与组合配置,取得了规模经济效益,在加快经济发展方式转变的实践中发挥了重要的推动作用。①

(3) 2019 第四届世界休闲博览会

2019 年 10 月 18~20 日,第四届世界休闲博览会、第二十一届中国杭州西湖国际博览会在杭州国际博览中心举办。本届休博会、西博会以杭州特色产业为基础,着眼于体现美好生活,聚焦休闲、科技、美食等美好生活触角,培育和发展专业性会展项目,打造"四博一展"的核心格局。展会规模庞大,展览面积达 12 万平方米,邀请国内外领导、高管和专家达 5000 余

---

① 黎菲、方坚辉:《会展业对加快经济发展方式转变的作用机理研究——基于杭州的实证分析》,《杭州学刊》2017 年第 3 期。

人，邀请国内外业界知名企业以及国内成长型企业 3000 余家，国内外专业客商、与会嘉宾及观众超过 40 万人。

（四）安徽地区会展业发展状况剖析

1. 安徽地区会展业概况

（1）安徽省会展产业发展概况

①展览数量及展会面积持续增长，区域影响力不断增强

2019 年全年办展数量达 58 个，实际办展面积达到 155.4 万平方米。安徽省也逐渐形成了区域品牌展会，比如"中国安徽名优农产品暨农业产业化交易会"等。

在展能方面，安徽省共有 9 个会展场馆，室内展能达 27.65 万平方米。在场馆方面，合肥拥有室内可租用面积共 19 万平方米的合肥滨湖国际会展中心、安徽国际会展中心、安徽省农业展览馆三大会展场馆。在其地级市芜湖还有工程建筑面积达 4 万平方米，设有 1000 个国际标准展位的芜湖国际会展中心。2019 年 11 月，中国会展经济研究会发布的《2018 年度中国城市会展业竞争力指数报告》显示，合肥市在全国 111 个省会城市及地级市城市会展业竞争力指数排名中位居第 5 位，连续 4 年跻身省会及地级城市前 10 强。

②会展场馆建设不断加强，会展产业发展迅速

在会展场馆方面，安徽省内综合实力较强的有安徽国际会展中心、合肥滨湖国际会展中心、芜湖国际会展中心、池州国际会展中心等。安徽国际会展中心总建筑面积达 10 万平方米，包含 2 个展区、4 个展馆，单层空间足以设置 1200 个标准展位。2020 年 3 月，总建筑面积 13.15 万平方米，由 2 个标准展馆、1 个综合展馆及独立地下车库组成，建筑高度达 36 米的合肥滨湖国际会展中心二期项目正式启动，建成后与建筑面积约 17.96 万平方米，包括 6 个标准展厅、登录大厅、主展馆的一期工程合璧后，合肥滨湖国际会展中心足以跻身亚洲顶级会展中心行列，能使安徽会展产业再上新台阶。

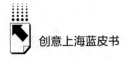

（2）安徽会展业的发展特点

①引进和自办并举，促进会展产业发展

为提高安徽省会展业发展水平，政府主动引进全国性乃至国际性会展活动。在大量各类规模不一的展会的成功举办态势下，自主会展品牌和地方产业得到了有力的发展。省内各城市逐渐学会依托自身区位优势和资源优势，组织策划各类契合本地区域经济特点，以农业、科技、旅游等为主题的展会，积极培育集生态环境、民俗文化、风景及经济于一体的会展产业市场。

②场馆设施较为完善，承办能力基本合格

从安徽省会展设施建设现状来看，目前安徽省已经拥有众多承办能力较强的会展场馆，其中较为出名的有安徽国际新博览中心、安徽国际会展中心、芜湖国际会展中心、黄山市体育馆等。而安徽国际新博览中心作为全国范围内规模较大、配套设施较为完善的国际会展中心之一，其总建筑面积已超过23.3万平方米，且场馆内拥有6个标准展厅，能够充分满足各种不同的大型会展活动对展览空间的需求，更能依据会展活动主题风格的不同在一个场馆内对展区进行多元化、个性化的设计。作为一个现代化数字国际博览中心，其场馆内更是配备了诸如同声传译、多媒体播放系统等众多现代电子会展设备。此外，安徽国际新博览中心更是拥有长达120米的商业步行街，以满足大众在参与会展活动之余，对餐饮、娱乐休闲、逛街购物等多方面的日常需求。可以说，当前安徽省会展方面的硬件设施和相关的支持性产业已基本搭建完善，具备了承办大型国际性会展活动的服务能力。

2. 典型案例

（1）世界制造业大会

2019年9月20～23日，2019世界制造业大会在安徽省省会合肥市举办。本届世界制造业大会以"携手全球中小企业　共创智能制造业高质量发展新未来"为主题，有来自德国、英国、法国、俄罗斯、美国、日本等78个国家和地区的4500余名嘉宾参会，集中签约项目600多个，签约项目总金额突破 7000 亿元，其中，80% 以上来自制造业。①

2020 年 9 月 12 日，2020 世界制造业大会 5G + 工业互联网高峰论坛在合肥举办。受疫情影响，本次大会采用云端办会的形式开展，通过云开幕、云论坛、云展示、云签约的会展流程向世界展示线上经济赋能高质量发展的广阔前景。

（2）2020 年中国安徽名优农产品暨农业产业化交易会

2020 年 10 月 16～18 日，以"质量·品牌·融合·共享"为主题的 2020 年中国安徽名优农产品暨农业产业化交易会在合肥滨湖国际会展中心成功举办。本次大会由安徽省人民政府主办，合肥市人民政府、安徽省农业农村厅、中国农产品市场协会、中国农业产业化龙头企业协会承办。虽受疫情影响较大，但本次农交会规模并未缩减，有多国大使、领事以及外资企业参与。最终成功签订招商引资项目 778 个，总投资额达 1617 亿元，引资项目比 2019 年增加 91 个。更有 60 个金额达 2 亿元以上的重大项目在现场集中签约，总金额达 486.2 亿元，较上年增长近 20 亿元。展会现场销售额达近亿元，签订贸易订单 2389 份，比上届增加 216 份；合同金额近 29.7 亿元，比上届增加 6.5 亿元。

（3）2019 年第七届中国（安徽）旅游品牌节

2019 年 7 月 14 日，2019 第七届中国（安徽）旅游品牌节在合肥开幕。本次大会集中展示了安徽旅游业 40 年品牌建设成果，集体推介了安徽区域、景区、企业等旅游品牌。活动现场发布了《安徽旅游业 40 年 40 大品牌人物》《安徽旅游业 40 年 40 大系列品牌》等公益推选榜单。来自以合肥为中心、以 500 公里为半径的安徽旅游客源地市场，辐射安徽及周边多个省份的旅行渠道商齐聚合肥，为安徽各大旅游企业搭建了市场拓展和业务交流的有效平台。

---

① 《高端制造扎堆 智能制造亮眼——从 2019 世界制造业大会看高质量发展之基》，中国政府网，http：//www. gov. cn/xinwen/2019－09/25/content_5433064. htm？_ zbs_ baidu_ bk。

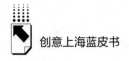

（五）智慧会展

近年来，随着各类新技术的发展，科技创新已成为行业发展的新引擎。会展业作为最注重数据的行业之一，当前，已经将物联网、人工智能、大数据等先进技术和产品应用到会展行业之中。

受全球疫情的影响，会展行业的智慧化升级进程加速。从宏观视角看，智慧会展是以客户体验为主轴、以会展数据为核心、以互联网技术为手段的智能化、创新性会展智能体验；从会展经济微观视角看，智慧会展是依托互联网大数据、云计算、人工智能、物联网等技术工具实现线上线下互动融合，将商品物流、信息技术资源进行整合，推动会展经济智能发展、高效运营的综合服务体系，具有经济上的高效可持续化、服务体验上的个性化、管理上的信息智能化的优势。2018 年，首届中国国际进口博览会运用人脸识别技术，使参会者在正常行走中，即可完成人脸识别、核身工作，会场入口一共布置了 110 余个无感知核身机，承担每天近 30 万次的参会人员核身任务，为与会者打造更安全、更智能、更便捷的体验；2018 年 9 月举行的世界物联网博览会上，物联网通信与平台支撑企业展、智能制造与传感器主题展、智慧生活主题展、智慧交通与车联网主题展、智慧城市主题展五大主题展，以及物联网典型应用案例互动体验展，充分体现了高科技在展会上的运用。

目前，会展业数字信息化管理主要是利用会展信息管理软件、网络技术平台、先进的电子科技设备、智能硬件、通信基础设施等，实现对展会项目或者展览企业科技化、信息化、网络化、数字化的运营与管理。具体表现为：在项目组织管理方面，展会组织者通过充分利用会展项目管理软件，运用数字科技技术与网络平台，处理展会活动过程中涉及的各类信息，提高工作效率和监测效果，减少管理过程中的工作量和工作误差；在企业经营服务方面，企业逐步建立客户关系管理系统（CRM）以及企业信息化管理系统，实现企业管理的系统化及信息化，以数据驱动营销；在展览活动展示方面，展会组织者可以借助互联网，快速高效地开展与展会相关的市场调查、宣传推广、在线招展、吸引观众等工作，并且呼叫云平台、会展信息网站、电子邮件营销（EDM）等众多的互联网技术已经被广泛地应用于展会的营销推广之中，这在很大程度上促进了营销推广的高效化、简单化。

"互联网＋会展"是大势所趋，特别是建设线上会展场馆，形成"线上＋线下"的"双线会展"智能模式。线上展会由于其具有不受内容、形式、规模、距离和参与方式限制的特点，在疫情防控时期成为会展行业的主要突围赛道，促进了会展行业的转型升级，与此同时也拉开了"数字会展产业新经济"的序幕。当前，在疫情防控常态化的情况下，很多展览企业、展会项目组织者都纷纷采用了"线上＋线下"的"双线会展"创新模式。会展业利用大数据新技术，实现线上"可进入式"的可视化展馆场景，在可视化展馆中，展会任一展品都可点击查看，并直接下单，配送到家。目前，从国内一线城市的会展经济现状来看，已经普遍开始尝试对互联网及物联网技术进行综合利用。无论是具有国际影响的广交会还是上海承办的中国国际进口博览会都通过互联网技术采集大量关于参展商和观众的感知数据，其中包括场馆实时状况、展位布置、展品陈设以及人流感知等数据，以满足展会主办方和参展商对现场进行实时管理及展会营销的需求。客户信息的精确获取有利于企业进行商品市场定位与后续开发，也有利于企业优化提升观众参观体验，如合理回避客流高峰时段、享受个性化的服务体验等。

作为数字会展领域的先锋企业，31会议一直践行于以创新科技引领会展新模式。当前，31会议已经形成集邀约、注册、日程、接待及现场等150余个数字化系统为一体的智慧会展平台。在疫情防控时期，通过在线活动及直播系统实现了线下到线上的转变，实现了策划、运营及数据管理的一体化运营。

总的来看，中国会展业作为现代服务业的重要组成部分，其自身的运行状态和发展趋势是我们需要重点关注的，影响着社会发展的方方面面，尤其是对于经济发展的转型升级。会展业的发展与国家的经济转型密切相

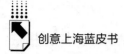

关，不仅会展业的发展有利于促进国家经济的创新驱动转型，同时信息化与数字化建设也不断推动我国会展业深远变革发展。目前，在智慧会展上的应用更多的是通过移动终端，借助互联网、5G等信息技术来实现，例如使用手机体验掌上阅览等，在很大程度上提升了智慧会展的服务水平，增强了智慧会展的智能化，为用户带来了更加人性化的体验。可以说目前我国的互联网发展水平已经走在世界前列，在技术上足以支撑智慧会展发展的各项需求，只要我们在合理运用的基础上创新扩展，就能进一步实现"互联网＋"智慧会展在经济生产力、文化创造力、城市发展力等方面的提升。

三 总结与展望

长三角经济一体化是以上海为龙头，以大都市圈为载体，以国际化、市场化为目标打造的世界级区域经济一体化的新模式，而国家的长三角一体化战略为拥有35万平方米土地、2亿人口的长三角地区的协同发展提出了更高的要求，会展业将成为这一高质量发展模式的重要抓手。早在2017年12月，长三角区域市场一体化工作会议就曾提出要重点发展联合区域的重点展会，2018年6月在上海举办的长三角主要领导座谈会上通过的长三角地区协同做好中国国际进口博览会服务保障工作合作协议也表明了中国国际进口博览会是上海带动与苏浙皖一体化进程的重要契机。其成功举办加速了上海建设"国际会展之都"的进程，也对长三角地区的会展产业规模、会展经济产值、会展企业主体、会展公共服务体系以及城市核心功能等会展环境起到了领跑者的带动作用。

相关研究显示，长三角城市间会展经济空间联系不断加密加深，从省内分散发展向省际多级网络型空间结构转变，形成以上海为轴心，中南部的杭州、嘉兴、苏州等环绕分布的发展主轴，和以南京、扬州、镇江、泰州等紧密联系的发展副轴；但目前主副轴之间缺乏有效沟通，如何加强主副轴之间相互沟通、协同发展是长三角会展经济一体化需要着重面对的紧迫问题。① 中国国际贸易促进委员会上海浦东分会副秘书长姜刚昇曾提出，近年来，长三角城市之间的协作越发紧密，相关政策更加具有实质性，最大限度地避免了区域内重复办展和恶性竞争，长三角三省一市的统筹发展、产业布局调整和资源的优化配置也将进一步促进长三角地区各城市之间会展行业的互动与共赢，对增强区域内资金、人才、技术等各会展要素有效流动，推进区域内以会展场馆为载体、物流和商贸服务业进一步发展，增强以著名会展企业主体为依托、长三角地区传统贸易向新型贸易输出转型起到积极的作用。目前，上海已经基本建成国际会展之都，长三角已经跻身中国三大会展城市群龙头地位。未来，长三角地区会展业跨区域合作应始终立足自身会展业发展的特色和优势，以扩大城市群之间的会展资源共享、会展项目合作、企业主体联动、品牌集聚为目标，加强品牌活动引进、深化智慧会展和推动绿色会展，共同促进长三角区域会展经济向深层次融合发展。

目前，涵盖虹桥商务区和南北两大拓展区的上海虹桥国际开放枢纽，在长三角三省一市协力打造下，形成了"一核两带"、十四区县、7000平方千米的新发展格局。作为国际会展之都，上海引领长三角区域会展经济打造高质量一体化的会展特色平台，以进博会为核心，以大交通、大会展、大商务为支柱，着力建设国内大循环的中心节点、国内国际双循环的战略链接。未来长三角三省一市的会展业发展，前景光明。②

参考文献

王聪：《长三角生产性服务业的时空演变及其特征》，《南京社会科学》2017年第7期。

---

① 倪姣、孙维筠：《长三角城市群会展经济发展评估与影响力格局演化特征分析》，《市场周刊》2021年第5期。
② 《张敏：会展业助力长三角加快构建新发展格局》，会链接网站，http：//www.hweelink.com/articles/2084.html。

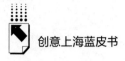

赵玉婷、栾贵勤、刘文：《上海会展经济发展对策研究》，《党政论坛》2010年第11期。

桑敬民主编《上海会展业发展报告（2020）》，上海科学技术文献出版社，2020。

杨明强：《上海会展业的产业关联性研究》，《中国商贸》2012年第36期。

卢晓：《上海会展产业集群竞争力研究》，《学术论坛》2012年第5期。

楼嘉军、郑逸凡：《上海会展业发展史》，《国际市场》2014年第2期。

冯学钢、于秋阳、黄和平编著《会展业导论》，清华大学出版社，2014。

孟建国：《我国会展经济的发展展望》，《中国市场》2008年第1期。

任国岩：《长三角会展场馆空间集聚特征及影响因素》，《经济地理》2014年第9期。

董云：《产业链视角下中国会展产业发展研究——以杭州为例》，硕士学位论文，山东大学，2009。

王承云主编《会展经济与城市发展研究》，中国科学技术出版社，2016。

X. Jin, K. Weber, T. Bauer, "Relationship Quality between Exhibitors and Organizers: A Perspective from Mainland China's ExhibitionIndustry," *International Journalof Hospitality Management*, 2012, 31（4）.

X. Jin, K. Weber, "Exhibition Destination Attractiveness'-Organizers' and Visitors' Perspectives," *International Journal of Contemporary Hospitality Management*, 2016, 28（12）.

X. Gao, L. Zhang, "Analysis on the Factors Affecting the Development of MICE Industry Based on Grey Relational Method: A Case of Dalian," *Journal of Harbin University of Commerce*, 2011.

J. Whitfield, "Attracting Convention and Exhibition Attendance to Complex MICE Venues: Emerging Data from Macao," *International Journal of Tourism Research*, 2014, 16（2）.

B.8

长三角地区"民宿+"新业态发展研究

吴文智　崔春雨*

摘　要：　乡村振兴战略的推进及旅居文化的兴起，使民宿产业发展势如破竹。具有优良经济和人文环境的长三角地区，民宿数量和民宿投资居全国首列且呈持续增长态势，以莫干山周边民宿为代表的民宿产品类型也逐渐由单一化经营模式向多样化、个性化、套餐化范式转变。随着新一轮消费升级，旅游消费观念日趋朝品质化、定制化、多元体验化方向转变，因而民宿产业也需积极做加法，探索"民宿+国学""民宿+民俗""民宿+亲子"等新业态，以引领长三角地区民宿产业升级与高质量发展。本报告在总结长三角地区民宿发展概况、聚集特征、经营发展现状与问题以及消费、体验评价特点的基础上，从时间、空间、内容、消费者偏好等方面分析当前民宿度假旅游的延伸性需求，进而通过"民宿+"新业态案例解读，把握民宿供给侧改革新趋势及"民宿+"创新发展新变化，积极展望民宿旅游与民宿生活新方式，以期实现长三角地区民宿产业良性、可持续性发展。

关键词：　"民宿+"　乡村振兴　长三角地区

---

* 吴文智，华东师范大学工商管理学院旅游学系副教授，华东师范大学旅游规划与发展研究中心副主任，研究方向为旅游规划与产业政策、古村镇旅游与乡村休闲、公共景区管制等；崔春雨，华东师范大学旅游规划与发展研究中心科研助理，研究方向为旅游开发与管理、民宿旅游等。

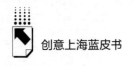

一 长三角地区民宿新业态发展概述

根据中共中央、国务院 2019 年发布的《长江三角洲区域一体化发展规划纲要》，长三角地区包括上海市、江苏省、浙江省、安徽省全域，共 41 个城市，区域面积 35.8 万平方公里。长三角地区良好的经济和人文环境为民宿的发展与集聚奠定了扎实的经济基础与人文基础，当前，该区域以莫干山周边民宿为代表，形成了高品质的民宿集聚区，是中国大陆地区发展最成熟的范例之一。

（一）民宿发展规模

2016 年，途家网并购了蚂蚁短租，随后又并购了携程旅行网和去哪儿网两个平台的公寓民宿业务，拥有了四个平台的海量受众，成为我国最大的共享住宿平台。因此，本报告把途家网所发布的长三角地区的民宿相关情况作为长三角地区民宿发展基本概况的参考。

截至 2020 年 9 月 30 日，长三角的民宿总量为 52904 家，其中，浙江省29843 家，江苏省 7823 家，安徽省 3749 家，上海市 11489 家（见图 1）。浙江省作为民宿行业发展的先行者，数量远高于另外二省一市。当前，三省一市的民宿数量和民宿投资均继续保持增长态势。

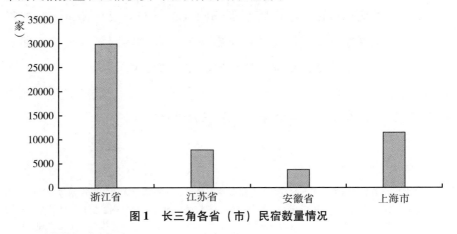

图 1　长三角各省（市）民宿数量情况

资料来源：途家网。

（二）民宿产品类型及创新情况

1980 年，中国台湾的花莲及垦丁地区旅游业迅速发展，节假日时大批游客的到来使得当地酒店及旅馆住宿设施供不应求，有闲置房屋的人家便挂起招牌，招揽游客，民宿应运而生。[①] 该时期民宿仅发挥简单的住宿功能，甚至不具备餐饮服务。大陆地区最早的民宿发展业态以农家乐为主，如改革开放以来，杭州西湖等景区附近出现的民营客栈和农家乐等，它们是民宿最初的形态。这时除了住宿，民宿还能为游客提供当地特色餐饮服务，以及瓜果采摘、农活体验等娱乐活动，但总体来说，民宿产品及服务功能十分有限，无法满足游客多样化、特色化及深度化的旅游体验需求。

随着国民生活水平的提高及消费观念的转变，旅游消费升级带动越发旺盛的住宿需求，在此过程中，民宿产品快速迭代更新。原先只提供住宿和早餐的单一化的民宿经营方式，如今已变得丰富多彩，生态民宿、主题民宿、假日农庄、老洋房、木屋、乡村旅店、特色客栈、帐篷营地、房车营地等，越来越多的民宿类型给了人们更多的选择。此外，民宿内提供的产品和服务越来越多样化、人性化，逐渐形成以公共活动空间、配套休闲服务设施、特色娱乐活动为主要吸引点的套餐化经营模式，力求全方位满足游客的在地生活体验。如作为全国民宿发展最为成熟的地区之一的浙江，其民宿最初仅提供吃、住以及喝茶、打牌等简单的休闲活动，如今，越来越多的民宿不仅具备泳池、影音室、茶室、吧台、咖啡厅、儿童游乐区等公共活动空间，具备无线网、洗衣机、厨房餐具、卫浴设施、乐高积木、儿童滑梯等服务及休闲配套设施，还能为游客提供采茶、挖笋、爬山、垂钓、乘直升机、坐热气球、骑马、漂流、环线徒步等各种独具特色的户外体验活动，同时在传统手工、艺术沙龙、民俗活动等常态化的文化活动选择方面提供了便利，极大丰富了游客的休闲度假体验。在这一过程中，民宿自身逐渐演变成一个微旅游

---

① 翟健：《乡建背景下的精品民宿设计研究》，硕士学位论文，浙江大学，2016，第 24 页。

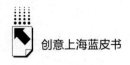

目的地，成为人们在地文化及生活体验的新方式，不再单纯作为周边景点的住宿配套而存在。

（三）民宿集聚状况与特点

1. 浙江省民宿聚集状况与特点

从城市来看，浙江省民宿数量最多的地区为杭州和舟山，以及莫干山所在的湖州市；其次是东部沿海的宁波市，台州市与温州市；浙江中西部城市民宿分布较少，其中，衢州全市的民宿数量不到200家（见表1）。

进一步分析各个城市的民宿分布情况可以发现，浙江省内各城市的民宿往往分布在有独特旅游资源或生态环境良好的区域。以杭州市为例，民宿分布最多的区域是西湖区和临安区，其中，杭州最知名的景点基本都分布在西湖区，如西湖、西溪湿地、宋城，而临安区则拥有良好的生态环境，如浙西大峡谷、天目山、白水涧等多个适合开展生态旅游的自然类景区；在东部沿海城市温州，其民宿主要分布在唯一的海岛区——洞头区，同时，以田园山水风光见长的楠溪江景区和拥有众多古村落的永嘉县也有一定规模的民宿集聚；民宿数量相对较少的衢州市，其民宿也主要集中在世界自然遗产江郎山所在的江山市。

表1　截至2019年9月浙江省各市民宿数量情况

单位：个

城市	数量	城市	数量
杭州市	8550	丽水市	942
舟山市	8107	金华市	841
湖州市	5703	嘉兴市	692
宁波市	2063	绍兴市	459
台州市	1188	衢州市	197
温州市	1101	总计	29843

资料来源：途家网。

2. 江苏省民宿聚集状况与特点

从城市来看，江苏省的民宿主要分布在苏南地区，民宿数量最多的地区是苏州市、无锡市和常州市三市；其次是省会南京市和与上海接壤的南通市（见表2）。苏锡常都市圈是苏南地区的传统"三强"城市，也是江苏省最发达的都市圈。作为国家历史文化名城和风景旅游城市，苏州拥有众多高品级的自然和文化资源。同时，苏州与上海接壤，是长三角城市群最重要的中心城市之一。经济优势、资源优势和区位优势为苏州市的民宿发展提供了肥沃的土壤。整体来看，江苏省各市的民宿发展与其经济发展程度有较大关系；其次是区位条件和资源条件，如扬州市和连云港市。

具体来看，江苏省各市的民宿主要分布在自然环境良好且文化资源丰富的区域。以苏州市为例，苏州市的民宿主要分布在吴中区和昆山市，其中，吴中区位于太湖之畔，拥有1个国家级旅游度假区、1个国家级农业园区、1个国家5A级景区、5个国家4A级景区，同时，文化资源也十分丰富，拥有4个国家级历史文化名镇，5个国家级历史文化名村，如甪直古镇、木渎古镇。省会城市南京的民宿主要分布在江宁区和高淳区，江宁区有牛首山旅游区、汤山温泉旅游度假区等多个适合开展度假旅游的景区景点，汤山温泉旅游度假区是世界著名的温泉疗养区，而高淳区是世界慢城联盟在中国授予的首个"国际慢城"，也是国际慢城联盟中国总部所在地，坐拥先天的山湖资源。苏北地区的连云港市的民宿则主要分布在连云区，连云区是江苏省唯一一个具有美丽海滨风光的城区，森林覆盖率高，海岛自然风光秀丽迷人。

表2　截至2019年9月江苏省各市民宿数量情况

单位：个

城市	数量	城市	数量
苏 州 市	3795	泰州市	90
无 锡 市	916	镇江市	89
常 州 市	907	徐州市	36
南 京 市	757	淮安市	24
南 通 市	534	盐城市	14
扬 州 市	327	宿迁市	13
连云港市	321	总　计	7823

资料来源：途家网。

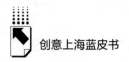

3. 安徽省民宿聚集状况与特点

从城市来看，安徽省的民宿主要分布在以黄山市、宣城市、池州市为代表的皖南地区，以及地处大别山范围的六安市与安庆市和省会城市合肥。整体来看，安徽省的民宿分布特点十分鲜明，皖南地区自然资源与文化旅游资源十分丰富，境内的黄山作为世界文化与自然双重遗产举世闻名，与中国三大地域文化之一的徽州文化，一直是安徽省最重要的文化与自然资源，这为该地区的民宿发展奠定了重要基础；而位于大别山范围的六安市与安庆市，其良好的自然生态环境与红色文化也为发展民宿提供了肥沃的土壤，尤其是位于大别山腹地的霍山县、金寨县、岳西县与潜山市。

表3 截至 2019 年 9 月安徽省各市民宿数量情况

单位：个

城市	数量	城市	数量
黄 山 市	1258	宿 州 市	11
宣 城 市	1037	阜 阳 市	10
池 州 市	537	蚌 埠 市	7
六 安 市	323	铜 陵 市	6
安 庆 市	241	亳 州 市	5
合 肥 市	200	淮 南 市	2
芜 湖 市	77	淮 北 市	2
马鞍山市	21	总 计	3749
滁 州 市	12		

资料来源：途家网。

4. 上海市民宿聚集状况与特点

上海市民宿数量最多的区域为浦东新区与崇明区，其次为青浦区与松江区以及上海传统老区（黄浦区、徐汇区和静安区）（见表4）。根据在途家网上统计的数据，浦东新区的民宿主要集中在迪士尼度假区附近，占比超过80%。上海迪士尼的开园为周边带来了庞大客源，但"民宿"标准一直是制约上海民宿发展的一道关卡，这使该地区民宿成为上海首批得到政策规范的民宿，反过来也为该地区发展民宿提供了良好条件；而崇明区被评为全国城市医疗联合体建设试点城市（区）、国家生态县、国家级生态示范区、全国绿化模范县等，优越的气候条件和自然环境，以及作为上海后花园的区位优势，使其民宿得以较快发展。

表4　截至2019年9月上海市各区民宿数量情况

单位：个

区域	数量	区域	数量
浦东新区	7020	奉贤区	98
崇明区	2268	金山区	86
青浦区	564	长宁区	84
松江区	460	嘉定区	33
黄浦区	242	虹口区	14
徐汇区	206	杨浦区	3
静安区	167	普陀区	2
闵行区	131	总计	11489
宝山区	111		

资料来源：途家网。

（二）民宿品牌与经营者发展情况

长三角地区民宿行业发展早、发展速度快，一部分民宿品牌凭借自身的用心打造，脱颖而出，并在行业中占据领先地位。长三角地区各省（市）因地域文化的差异孕育各具特色的民宿品牌。具体来看，浙江省是精品民宿的聚集地，莫干山上的"裸心谷""裸心堡""一叶山居""西坡""后坞生活""大乐之野"等品牌闻名全国，定义了一种人与自然共生的生活方式。此外，还有坐落在象山依山傍海的"半山半海""朝山暮海"等民宿品牌。江苏省以无锡和苏州的民宿品牌最具特色，无锡有展现东方美学中返璞归真特色的"拈花客栈"，苏州有太湖之滨的"东庭·云栖民宿""森林里""右见十八舍"等品牌。安徽的民宿品牌则尽显徽州文化风韵，有隐藏在徽州民居中的"半山闲客""八福山居""德润堂"，还有黄山上的"黄山云上""不舍美宿"等品牌。上海则以位于市郊，展现乡野风情的"宿予民宿""林泉·渔家傲""东篱竹隐"等品牌较为知名。

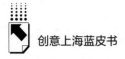

各具特色的民宿品牌离不开经营者的悉心打造,民宿可分为用自家房屋出租和投资建设两大类,经营者大多熟悉当地情况,能够发掘优越地块,并且具有一定的情怀,希望向游客展现当地的自然风光和文化底蕴。经营者创办民宿的主要动机可划分为获取经济利益和宣扬生活方式两种,大部分人更希望可以二者兼顾。成功的民宿经营者在生活方式、人情味、文化氛围营造方面都有过人之处,如"裸心"品牌创始人高天成所秉承的理念就是"引领绿色生活方式","林泉·渔家傲"的创始人李伟则因自己多年在渔村生活的经验而能够挖掘乡情渔趣,"大乐之野"的设计理念则是"被遗忘的美好之地"。但目前,民宿经营者仍然面临管理和推广压力,以及旅游的季节性所带来的淡旺季客流差异大的问题,民宿经营者"诗与远方"的理想主义正不断经受现实问题的考验。

近年来,随着长三角地区民宿数量的增长和市场规模的快速扩张,品牌竞争日益激烈,品牌化经营已经成为一大发展方向。一方面,由于单体民宿在经营中面临管理水平低、经营成本高、盈利能力不足的困境,需要通过品牌化经营来实现标准化管理和运营。另一方面,民宿的巨大市场潜力不仅激发"花间堂""隐庐"等知名民宿品牌继续扩张,许多其他领域的公司和资本也进入民宿行业试图分一杯羹,例如如家酒店推出了"云上四季民宿"品牌,绿地集团也和携程旅行网携手创建民宿品牌。在未来,长三角地区单体民宿的个性化发展和民宿品牌的扩张将共同成为新的发展趋势。

(三)民宿旅游消费特点及体验评价

民宿旅游消费作为一种正在蓬勃发展的旅游消费行为具有一些新的特点。第一,高学历、高收入的高消费力群体和"80后""90后"的年轻群体是民宿消费的主力军。这些人在经济状况良好的同时面临更大的生活压力,对于生活品质的要求较高。他们因文化水平高而具有一定的文化素养和审美能力,不满足于酒店所提供的标准化服务和农家乐的低端住宿体验,希望能够深度体验当地文化和生活方式,并且获得定制化、个性化的服务。第二，民宿旅游消费的时间以周末和节假日为主。民宿消费人群通常选择在周末至城市周边的民宿休闲游憩，在节假日中也会选择民宿休闲度假。第三，民宿消费者会预先在线上完成民宿预订和购买。在实际消费体验中，除了传统的观光、休闲、游憩活动，消费者还会将民宿视作一个目的地，感受民宿所营造的文化氛围和传达的人文关怀，并将民宿与所在社区联系在一起，在感受民宿所展现的目的地文化的同时，还能在民宿业主的引领下深度体验当地文化。

在民宿消费的体验评价方面，消费者对不同档次的民宿评价有所不同。据途家网发布的《2018 途家民宿品质报告》，豪华民宿的体验评价达到 4.9 分（满分 5.0 分），略高于精品（4.88 分）、舒适（4.86 分）和经济型民宿（4.73 分），对民宿的满意度整体较高，体验较好。[①] 民宿消费者在预订网站的在线评论中，主要从整洁程度、管理服务、交通位置和设施装修四个方面进行打分评价。除此之外，许多用户还会对居住期间与民宿经营者的互动进行点评，良性互动越多的民宿收获的评价越高。

二 "民宿＋"引领长三角民宿升级与高质量发展

（一）民宿旅游度假的延伸性需求

游客休闲度假意识的提升，使旅游业呈现由快至慢、由行到居的发展趋势。现代都市人群在快速忙碌的生活节奏中产生了暂时逃离现有生活的需求，他们更加渴望在旅行中深度体验慢生活。在此背景下，旅客对民宿的定位从原有的基础住宿产品逐步发展为民宿旅游度假的核心产品，在时间、空间、内容等方面形成了不同形式的延伸需求。

---

① 姚科技：《〈2018 途家民宿品质报告〉：用户群年轻化趋势明显》，搜狐网，2019 年 2 月 20 日，https：//m. sohu. com/a/295901298_ 380891。

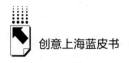

在时间方面，对于住客而言，民宿不只在睡眠时间存在，民宿是实现包含早餐、下午茶、夜生活、体验活动在内的休闲、娱乐、餐饮、养生等多元化需求的全时段活动场所。住客愿意投入更多的时间体验民宿生活，对民宿能够实现的"有获得感的时间浪费方式"有所期待。

在空间方面，民宿不仅是住宿功能的载体，亦是住客与自己沟通以放松身心、与他人互动以建立新关系的交流空间。在传统的居住空间外，住客希望在公共空间、体验空间、周边场景中与其他住客、民宿主人、管家、当地居民等不同人群共同构筑一种主客共享的生活方式。在设施、卫生、安全等硬件需求基础上，住客对民宿的生活氛围、建筑风格、美学品位、文化特色、民宿主人的魅力等软件的要求有了进一步提升，民宿不应只是冰冷的物理空间，而应是能让住客感受到温度、人情味的生活空间。

在内容方面，住客在民宿旅游度假中逐步产生了体验性、特色性、互动性与多元性的需求。丰富的体验成为提升民宿住客满意度的重要一环，优质的民宿产品应包含兼具参与性、文化性、娱乐性的活动，如亲子手工、茶艺体验等，供不同的住客群体进行选择。此外，独特性也成为衡量民宿品质的标准之一，民宿应拥有自身的文化特色与品牌记忆点，形成差异化，且这类差异不应只停留在外在设计，而应是由内至外的主题文化差异，带住客走进一段故事。在这个故事中，住客与当地居民、其他住客、民宿主人、民宿管家等群体交流互动，实现文化流与信息流的交汇与流动，创造专属于民宿的新文化环境。住客也能够与当地的文化和环境进行交互，了解与吸收当地的文化，实现生活品质的升级。同时，民宿度假体验并非单纯的一次元旅游活动，民宿通过"食""行""住""人"等多方元素联通住客的感官，借由多个服务触点使住客实现一次完整的生活感受，满足住客对于精神与生活品质的追求。

在旅游偏好方面，民宿住客更强调在地旅游，他们将民宿作为一个节点，参与社区，游访周边景点，定点深入，与当地居民打成一片，体验当地生活节奏，融入乡土文化，感受自然生态，品味人文精神，从惯常环境的日常生活中实现暂时的逃离，在新的环境中实现自身的沉淀与再发现，偏好具有融入感与乡土味的旅游方式，不为游览目的地而为享受过程，实现从点到点的浅层游客式旅游参观至缓慢沉淀的深度住客式旅游体验的升级。

（二）民宿供给侧改革与"民宿＋"创新

在旅客以民宿旅游度假为导向的延伸性需求推动下，民宿行业产生了供给侧的新特征，民宿通过融入多行业、多角度、重视体验的产品思路，致力于实现"民宿＋"创新。

1. 由内到外的场景更新

民宿场景主要分为外部物理场景与内部服务场景，前者包括建筑环境、基础设施、配套服务产品等，后者包括服务理念、服务人员配置、服务质量要求等。现阶段的民宿开始强调外部物理环境的定制化设计，注重民宿整体的建筑风格与创意表达，基于建筑原有特色或与行业建筑师合作，构筑独具匠心的民宿场景，注重细节处的情怀传递，从物理环境层面营造沉浸感。而在内部服务场景方面，民宿的服务理念亦从传统的具有距离感的服务模式转变成主客共享的服务思维，通过私人管家、民宿主人等服务团队的构建，在保证高品质服务的同时创造更具亲近感与人情味的主客互动模式，从而营造令住客产生精神归属感的服务场景。

2. 从住到其他的产品体系

传统民宿是围绕住宿功能设计的旅游相关产品，而在"民宿＋"新业态下，民宿纳入了娱乐、休闲、餐饮、研学、养生、运动等功能，住客可在民宿中度过旅行中的大部分时间，民宿自身成为旅游目的地之一。这使得民宿内公共空间的比例大幅提升，原有的客房占据大比例空间的配置模式实现了转变，同时民宿推出了一系列体验活动，如手工创意、康养休闲、亲子研学、生态运动、农耕采摘等，以及相关衍生文创或农业产品，满足了民宿住客的多元化消费需求。活用"民宿＋"思维，融合多样化元素设计新民宿产品，实现了民宿从单一功能至综合一体化产品的升级，配合消费升级趋势有利于民宿长期经营。

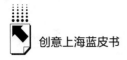

3. 从片段式居住到沉浸式生活的居住体验

民宿的住宿功能正在被弱化，住客在民宿内的停留时间也被拉长，民宿不只提供了睡觉的场所，更致力于为住客提供一个"度过有意义的时间"的契机，将当地文化特色、乡村文化色彩、中国生活美学编入民宿的生活哲学中，通过环境建设、活动设计、气氛营造等全方位感染并引领住客进入一段沉浸式的居住体验，体会一种新的生活方式，听一段鸟鸣，吹一阵凉风，品一杯清茶，和当地人闲聊或与自己对话，融入当地的生活节奏与氛围，享受诗意自然的田园生活。

4. 从住宿地到社区融合的发展模式

在"民宿＋"发展背景下，民宿的发展不再局限于住宿地这一小范围，开始延伸至周边社区，将社区中的人、物、景作为日常但特别的元素纳入民宿整体设计进行深度融合，充分发挥当地社区的闲置资源价值，推动民宿和社区的良性互动。民宿住客能够与当地居民建立友好亲密的主客关系，挖掘当地人视角中的在地旅游生活方式，参考结合社区著名景点的旅游线路，活用社区的配套设施与活动，收获真实的生活体验。民宿通过与社区的融合，在与社区的二元关系中保持较好的平衡，最终实现与社区的协同高质量发展。

（三）"民宿＋"新业态发展案例解读

随着消费者需求与供给的升级，民宿产业相应形成了"民宿＋"的新业态特色，这意味着在现阶段一个优秀的民宿产品不仅需要提供舒适的住宿体验，更需要提供其他独特丰富的体验与难忘的回忆。在这一发展趋势下，目前长三角形成了一批"民宿＋"产品，如以"民宿＋非遗"为核心的宋庄民宿、以"民宿＋书屋"为特色的莫干山居图、以"民宿＋体育运动"为主题的莫干山漫运动小镇等，此外亦有"民宿＋绿色""民宿＋国学""民宿＋研学""民宿＋民俗""民宿＋艺术""民宿＋康养""民宿＋团建""民宿＋COSPLAY"等创新的行业发展分支。

1. 案例一："民宿＋绿色"之"后坞生活"

发展概况。后坞生活位于莫干山镇后坞村西坞里 52 号，近 304 省道，开业于 2016 年，建筑面积约为 3000 平方米，私有竹林地约 17000 平方米，客房数为 30 余间，可同时容纳 120 位住客。① 民宿原为夯土屋，改建过程中贯彻再利用物资最大化与尽可能不破坏自然环境的原则，致力于为住客打造回归自然的住宿体验。

特色。绿色自然的轻生活态度，多样化的公共空间与活动设计。

主题内容。后坞生活针对不同客群的差异化需求建设了种类众多的公共空间，如阳光咖啡吧、餐厅等餐饮空间，SPA 馆、汗蒸房、山泉池、太极瑜伽禅房等康养空间，露天泉水吧、露天泳池等休闲空间，布艺手工坊、艺术家工作室等体验空间，乡村酒吧、露天剧场、烧烤 BBQ 场地等娱乐空间，以及面向商务住客的不同规模的会务空间。大量的公共空间为住客提供了沉浸式居住体验的机会，在整个民宿区范围内既能实现自身的休闲放松，亦能参与各类活动以实现自身的提升。基于功能各异的公共空间，后坞生活设计了如养生太极、瑜伽、舞蹈、赋诗作画、手工扎染、民宿课堂培训等多样的活动，以休闲养生、体验手工为主，充实住客在民宿中的生活。此外，后坞生活向住客倡导了一种亲自然、原生态的生活模式，鼓励住客通过徒步、骑行等方式漫游民宿周边的竹林与乡野，欣赏都市中难以见到的田园风光，呼吸自然清新的空气，借农场体验、野果采摘、河边垂钓等农趣活动，返璞归真，感受最原始最纯粹的生活乐趣。后坞生活用绿色为民宿做加法，为日常笼罩在高楼大厦与汽车尾气中的都市人群搭建了一个原生态农趣与品质生活兼备的居住场景。在这一场景中，后坞生活通过空间氛围与活动设计逐步引导住客放松并融入当地生活状态，创造了较高的服务附加价值。以原有乡村建筑为基础的低碳绿色改建，符合现代乡村建设与可持续发展的要求，同时实现了民宿的轻量化改建以及与周边环境的协调平衡。

———————

① 后坞生活网站，2020 年 9 月 25 日，http：//www.howoolife.com。

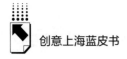

2. 案例二："民宿＋国学"之"同里别院"

发展概况。同里别院位于苏州市吴江区同里镇三元街 66 号，原址为同里古镇文物保护建筑"庞宅"，即吴江县商会会长庞元润先生的住所，于民国二十年建造。同里别院将苏州园林建造手法与房屋修缮改造结合，还原了江南明清民居风貌的一角。民宿一期共 5 间套房，二期包括 13 间客房，辅以中式餐厅书苑、茶空间、咖啡厅、香道馆、陶瓷体验馆等各项文化空间。①

特色。中国式传统优雅生活方式、全方位江南苏式风格、私人管家式高品质服务体验。

主题内容。位于同里古镇中的同里别院将中国传统生活美学做到了极致，从住客入住民宿后的熏香更衣至每日清晨的太极拳、八段锦，借仪式感营造了精致古典的生活方式。在苏式住宅的"住"元素外，同里别院通过基于时令食材制作的特色小菜、当地手工米酒和每晚开展的苏式评弹表演、闻香、古琴、书法、禅修等体验活动的"食""娱""闲"元素，打造了极具沉浸感的苏州古典风格，并通过专属于别院的红茶香气、门外鸟笼中文鸟的"早安铃"等细节渗透体验。同里别院以私人管家式服务为特色，由当地私人管家负责每位住客的入住熏香更衣、厨房菜色选择告知、养生课程预约、送餐时间安排等生活服务，并结合现代通信技术与专属微信号绑定，24小时回应，便捷且高效，提升住客对苏宅主人身份的代入感，打造最宾至如归的民宿体验。

同里别院将太极、古琴、书法、禅修等元素融入民宿，配合老宅自带的文化气质为住客带来了沉浸式体验，通过雅集、茶会、退思园堂会、文人夜宴等旅游活动进一步丰富在地旅游内容，逐步铺设了苏式国学品牌，让民宿成为住客的目的地，满足了住客对于审美体验、自我提升体验及生活品质的追求，同里别院以服务传统苏式住宅主人的姿态让住客感受到了最真实的苏式文人生活。

---

① 《寻觅江南庭院生活，水乡雅筑隐庐同里别院》，Tigerhood，2020 年 9 月 17 日，https：//www.thetigerhood.com/yangtze－river－delta/。

3. 案例三："民宿+研学"之"双溪茧舍"

发展概况。双溪茧舍位于杭州市余杭区双溪村老龙泉茧站附近，依托蚕桑研学基地"蚕堡王国"建设而成，[①] 于2019年正式开业，共有18间客房，大多是为亲子研学设置的标间，配有1.5m的标准床位和1.2m的儿童床位，此外还有两间loft户型的大床房可供选择。民宿区域内建有蚕桑科普馆，周边为3A级姜家村落、天子口瀑布、十里水果长廊、翰红墨香馆等景点。

特色。以桑蚕为主题的研学体验，与周边研学项目与景点集群形成联动。

主题内容。以桑蚕研学为导向，双溪茧舍将亲子研学作为民宿建设的主基调，在客房设计中将主要的客房设计为亲子房，并在民宿中设计了蚕文化研学教室与蚕文化主题的文创板块，将亲子、研学、文创深度融合，实现父母与孩子都能享受的亲子研学民宿体验。同时，双溪茧舍与蚕堡王国研学基地相辅相成，由蚕堡王国负责开发"时光胶囊""千丝茧室""百变作坊""蚕堡粮仓"等一系列蚕桑特色研学课程与体验项目吸引客源，由双溪茧舍负责提供研学项目亲子的住宿并完善其在当地的文化体验。在蚕桑研学基地外，双溪茧舍也可与周边的文渊狮城非遗文化、龙川湾知青文化、翰红墨香党史文化、瀛山书院儒学文化等主题研学旅游，以及姜家村落、天子口瀑布等当地旅游景点联动，为住客提供完整的在地旅游体验。

双溪茧舍作为蚕桑研学基地的联动项目，把握了蚕桑研学这一主题特色，针对有亲子研学需求的客群进行了民宿建设与项目构想，在配套设施与活动设计上与研学项目产生了良好的联动效应，满足了亲子客群的特色消费需求。围绕亲子研学客群，与周边的社区、景区提供了景、游、研、学、乐一体的民宿体验。通过研学市场激活了当地的传统农业特色资源，通过民宿拉动了当地闲置房屋资源，以"民宿+研学"实现了当地生产发展与旅游消费的升级。

4. 案例四："民宿+民俗"之乌村

发展概况。乌村位于乌镇西栅历史街区北侧500米，占地面积约

---

① 《"研学+民宿"，开创乡村旅游发展新模式》，中国乡村旅游网，2019年11月29日，http：//www.crttrip.com/showinfo-88-3845-0.html。

300000 平方米，建筑面积约 1600 平方米，农业相关面积约为 23000 平方米，投资约 2.5 亿元，以独立院落为单位，共有客房 186 间。民宿大多为 20 世纪六七十年代保留下来的建筑原址，后进行了不同风格的改建。① 乌村内有阅读吧、餐厅、集市、活动中心、运动中心等各具特色的分区，发挥当地原有的民俗特色，与乌镇品牌形成联动。

特色。民俗文化与农耕文化的融合，一价全包式套餐体验。

主题内容。乌村以当地民俗文化与农耕文化为根源，在建筑修建、活动设计、品牌建设等各个方面突出其与现代民俗的融合特色。乌村民宿在改建过程中以"修旧"和"补旧"为主要手段，以当地乡村文化关键词为民宿命名，最终形成了以桃园、竹屋、渔家、米仓、磨坊、酒窖、知青年代等 7 个民宿为主体的民宿群，从居住环境中向住客传递乌村的乡土味，贴合住客的乡愁情绪。围绕农耕文化，乌村配套了精品农产品种植加工区、农事活动体验区和知青文化区，邀请住客与居民共同协作，体验各类农事活动，将当地种植加工的农产品作为品牌商品进行出售，提供画农民画、扎稻草人、编草鞋、编制藤制品等 30 余项乡村休闲体验活动，供住客参与，通过亲手制作、亲自参与、亲口品尝的方式，为久未接触农事的城市客人提供一个回归农耕的契机。乌村采用了一价全包式套餐的模式，住客可选择非住宿一价全包或住宿一价全包，前者可进出一次并体验特色餐饮与特定活动，后者则包括乌镇门票、乌村与乌镇之间的往返、特色餐饮、特定活动体验等一站式内容，同时为住客配置私人管家，展现最完善细致的服务。

乌村将民俗这一元素与民宿融合，打造了综合式服务。无论是硬件设施还是体验活动设计，都将当地的历史故事、手艺传承、特色饮食等民俗元素作为亮点，形成了差异化的产品特色。乌村的游客大多为长三角对于耕种生活与农耕文化陌生的都市人群，民俗特色与高端服务体验的融合使乌村成为"村民"的乌托邦，游客在这里寻根，满足自身对乡村生活的向往。

---

① 乌村网站，2020 年 9 月 25 日，http：//www.wuzhenwucun.com/。

三 民宿旅游与民宿生活新方式展望

（一）"民宿＋"旅游新方式展望

从"民宿＋美食""民宿＋体育"，到"民宿＋国学""民宿＋研学"，再到"民宿＋民俗""民宿＋夜经济""民宿＋小众文化（动漫）"……"民宿＋"掀起了一阵风潮，在这背后，是民宿发展过程中产业融合和延伸的生动写照。"民宿＋"的兴起在一定程度上可以解决当前我国大陆地区的民宿缺少与土地相连接的"乡土味"和"人情味"这一问题。但"民宿＋"不能沦为一种宣传口号，要把经营者想表达的东西真正地"＋"进去，并且要因地制宜，不能强行输入，导致"＋"入的文化与当地文化格格不入。正如斯维登集团文旅民宿事业部副总经理在桐庐国际民宿发展大会上表示，很多创业者把民宿当作商机，忽略了民宿实际承载的文化意义。"一幢民宿最吸引人的地方，一定是激发了游客对当地文化生活方式的好奇，好的民宿其实代表一种旅居文化，是当地民俗和游客擦出火花的培养皿。"[①] 成功的民宿不能止于提供住宿、餐饮服务，还要灵活地将创新、创意、产业相融合。同时，经营者也要明白，跨界不是目的，而是途径，不能为了融合而融合，而要用"心"去经营，为客人带来独特的体验。[②]

未来的"民宿＋"，一定是一种在融合度假、高端休闲、康养、国学、研学、亲子等多种元素的基础上，为顾客提供"个性化""亲情化"服务，创造全新的场景化生活体验，多方位展示当地文化、环境、风土人情的"民宿家"。

[①] 《中国民宿产业入局3.0时代 "民宿＋"点亮乡村振兴》，中国新闻网，2019年9月20日，https：//baijiahao.baidu.com/s? id = 1645196395787762237&wfr = spider&for = pc。

[②] 《民宿＋：打开民宿的正确方式》，搜狐网，2017年1月13日，https：//www.sohu.com/a/124199283_ 488901。

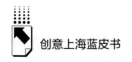

（二）"民宿＋"与民宿旅游新社区

"民宿＋"发展背景下，长三角民宿旅游经济的打造更应重视其与当地居民以及周边自然乡村环境的和谐统一，以整体营造的方式，打造民宿旅游新社区，台湾桃米村即是这一模式的典型代表。桃米村是一个以生态农业为主题的乡村，"9·21"地震后，该村在地方行政部门、学界、社会组织及当地居民的共同努力下，从"文""人""景""地""产"五个方面展开民宿社区建设，最终从一个环境杂乱、发展无力的边缘社区，转型为乡土生态建设典范。

首先，该村村民联合台湾"新故乡"文教基金会以及台湾暨南大学专家学者，根据当地多样的蛙类及蜻蜓等生态资源，提出"桃米生态村"的发展理念，并将青蛙提炼为乡村的新文化符号，奠定了以生态文化为主的特色民宿发展的主基调；其次，面向社区营造及民宿经营的主体——当地居民，开展青蛙文化及休闲产业课程培训，鼓励当地居民按照青蛙和生态主题，将自家房屋改建成特色民宿，通过提高村民整体素质和参与意识，激发其参与民宿发展整体环境营造和经营的主动性；再次，全村共谋村庄景观环境治理与保护、乡村建筑修缮与更新，以及基础设施的配套，在此基础上，才正式开始了民宿的推广与经营；最后，为实现社区经济的永续发展，桃米村以生态产业为主导，引导村民改造传统耕作方式，发展生态观光与休闲产业，开发农事文化体验、社区参观及访学、生态学习与教育等"畅游桃米"项目，并利用村庄独特的青蛙形象进行旅游产品的宣传和推广，近年来还积极寻找产业的多元化发展路径，桃米社区的产业从青蛙观光、生态、旅游走向了影视、媒体等创意产业，产业链条不断延伸。

桃米村以社区整体营造方式，通过提炼特色主题文化、激发社区主体意识、提取创意符号、发展创意产业等实践，创建、整合、集聚小微景观，塑造了一个集生态农业、观光、体验、休闲和教育于一体的民宿旅游新社区，为如何实现民宿与社区的协同高质量发展提供了思路与参照标本。基于此，上海乡村民宿应以科学规划为前提，充分利用城郊地区闲置资源，深入挖掘自然、文化符号，提炼具有地方特色的民宿发展主题，避免一味强调高端与"网红"的发展趋势。通过村企合作等方式提高上海城郊地区的基础建设水平，为居民和外来投资者营造良好的环境。

（三）"民宿＋"与未来美好生活方式

作为人们心中的"诗和远方"，民宿本质上代表一种"美好的生活方式"。它既是民宿经营者及当地居民美好生活方式的践行与展示，也是游客在地美好生活方式的体验与感悟。

民宿是民宿经营者及当地居民美好生活方式的践行与展示。在中国文化和旅游背景下，生活方式导向型的经营者是乡村民宿创客的主流，这类民宿经营者将经营民宿作为提升生活品质、追寻精神享受及内心满足感的途径，希望通过民宿设计及装修、文化氛围营造及与客人的互动，传达自身美好的生活方式理念；同时，在社区整体营造的理念下，在民宿旅游新社区中，当地居民成为主角，他们生活其中、参与其中，并以"接地气"的、活化的乡村生活日常，践行和展示自由洒脱、纯粹自然的美好生活方式。另外，游客作为参与者，也体验和感悟民宿经营者和当地居民传达的美好生活方式。通过民宿，游客融入当地人的日常生活，体验当地特色的生活方式，用一种独特的形式与外界交流，释放自己。民宿客人的到来及其热爱生活、享受休闲、追求品质的生活态度也会对当地居民及民宿经营者产生积极的影响，从而实现美好生活方式理念的良性循环与互动。

新时代背景下，游客各具特色的需求，以及民宿经营者经营理念、擅长领域的不同，无疑将催生更多不同的民宿套餐产品，涌现更多民宿经营发展的新业态。面对瞬息万变的市场环境以及个性化、多样化的游客需求，上海民宿不仅应融合文化观光、美食体验等传统旅游活动，还应积极拓展文艺展览、二次元 IP、数字内容生产等新文旅项目，实现上海民宿产业的创新发展。但无论如何创新，只有在美好生活方式理念下，"民宿＋"才能走得更远、更久。

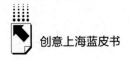

创意上海蓝皮书

参考文献

《长江三角洲区域一体化发展规划纲要》，中华人民共和国中央人民政府网站，2019年12月1日，http：//www. gov. cn/zhengce/2019 – 12/01/content ＿ 5457442. htm? tdsourcetag = s＿ pcqq＿ aiomsg。

龙飞等：《长三角地区民宿的空间分布及影响因素》，《地理研究》2019年第4期。

吴琳等：《生意还是生活？——乡村民宿创客的创业动机与创业绩效感知研究》，《旅游学刊》2020年第8期。

B.9
长三角品牌发展研究报告

石章强　秦彪*

摘　要： 长三角品牌资源丰富，长三角城市群品牌是长三角区域经济
与社会持续快速发展、一体化发展的基础性力量。长三角城市
群品牌形成的聚集效应，能不断深化企业的专业化程度，提高
产业链协作水平，降低企业交易成本，提升企业、产业集群的
创新能力。上海作为长三角城市群的龙头城市，已经提出打响
"上海服务""上海制造""上海购物""上海文化"四大品
牌。长三角城市群具有强大的国际影响力，形成了一定的城市
品牌消费能力，未来长三角城市群品牌将持续蓬勃发展。

关键词： 品牌　数字经济　现代服务业　长三角

一　全球城市群发展模式研判

（一）城市群经济发展模式的历史与兴起

1915 年，帕特里克·格迪斯在《进化中的城市》（*Cities in Evolution*）
中首次提到了"megalopolis"这一术语；后来，简·戈特曼在其 1961 年具
有里程碑意义的研究《城市群：城市化的美国东北海岸》（*Megalopolis：The*

---

* 石章强，锦坤创始人，上海现代服务业联合会品牌服务专业委员会秘书长，上海市政府品牌
专家委员，研究方向为产城园企第一品牌研究与实践；秦彪，产业经济学硕士，现就职于融
创中国，任投资经理，研究方向为文化创意产业、产业集群。

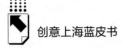

Urbanized Northeastern Seaboard of the United States）中使用该词描述美国东北沿海的城市群，该城市群自马萨诸塞州的波士顿起，经纽约、费城和巴尔的摩，止于华盛顿特区和弗吉尼亚州北部。

城市群已成为带动各国经济发展的龙头，全球公认的六大世界级城市群更是全球经济发展的核心，此外，各国其他城市群也呈迅速发展态势。目前世界主要的大都市带有美国的波士顿—华盛顿城市带、五大湖区城市群，日本的太平洋沿岸城市群，中国的长江三角洲城市群、珠江三角洲城市群等。

（二）长三角的区位优势及特点

从区位优势看，长三角处于长江入海的三角洲区域，港口较多，海运优势明显。同时长三角背靠广大内陆腹地，具有强大的辐射、带动作用，与内陆的协作较顺畅。长三角产业科技含量在全国领先，经济对外依存度相对较低，与中西部地区的经济往来非常密切，同时国家对长三角十分重视，长三角未来发展将获得更多资源。

教育方面，长三角优质教育资源丰富，高端科研机构、大专院校聚集，智力优势十分突出，拥有包括复旦大学、浙江大学和南京大学等在内的中国最强梯队学府。

交通方面，长江航道的存在，为长三角辐射中西部提供了优渥的条件；区域内高铁、铁路、公路网络发达，同时长三角的城际轻轨发展迅速。

区域合作方面，长三角也走在前列，其围绕上海建立国际大都市圈，并以上海为极核，将其建设为国际经济、金融、贸易和航运四大中心，不断强化长三角在亚太地区及全世界的影响力。

二 长三角产业分布与一体化

（一）长三角城市群产业分布特点

经过多年的发展，长三角三省一市已经形成整体强大、各具特色的产业体系。上海是全国的经济、金融、贸易、航运和科创中心，在长三角乃至全国都极为重要。江苏历史文化底蕴深厚，制造业发达、科教资源丰富，开放程度极高。浙江的互联网和数字经济产业处于国内领先水平，民营经济最为活跃。安徽创新活跃、制造业特色鲜明同时生产要素成本较低，具有明显的后发优势。

长三角肩负国家对外开放战略、东中西区域联动、国家经济增长驱动等多重使命，在重点产业领域开展协同创新，是有效整合区域创新资源、充分发挥集群优势、协同创新效应、立足区位优势及产业基础的必然趋势。

结合国家近年来关于长三角一体化发展的重要指导，以及全球科技和产业发展趋势，在当前推进长三角更高质量一体化进程中，有五大产业方向值得重点关注：集成电路、生物医药、智能制造、新材料和新能源汽车。

（二）五大重点产业方向

1. 集成电路

长三角是我国集成电路产业发展的龙头。多年来，长三角集成电路产业规模占全国60%以上，是国内集成电路产业链最完整、综合技术水平最高的地区。

长三角共有4个城市进入全国集成电路设计业十大主干城市的行列，集聚了国内55%的集成电路制造企业、80%的封装测试企业以及近50%的集成电路设计企业，芯片产能占全国的63%，已形成包括研究开发、设计、芯片制造、封装测试及支撑业在内的较为完整的集成电路产业链，涌现出中芯国际、长电科技、中微半导体等全国集成电路领军企业。

2. 生物医药

长三角的生物医药产业规模大、质量高，产值和技术水平都位居全国前列。长三角生物医药产业集聚化程度高，已建成上海生物及新型医药研发与生产中心，并形成了以上海、杭州、泰州三大国家生物产业基地和无锡

"太湖药谷"为主，以苏州、连云港、湖州、金华等中医药、化学原料药和生物医药研发生产基地及上海临港、盐城、宁波、舟山等海洋生物产业基地为辅的生物医药产业集群。长三角各地都涌现出一批龙头企业，形成了区域品牌效应，如江苏的扬子江药业、先声药业等。

在产业协同方面，长三角绿色制药协同创新中心和长三角干细胞产业联盟已经成立。上海牵头，联合江、浙两省共同发布了《江浙沪药品上市许可持有人跨省委托监管规定（试行）》，在药品监管政策及统一标准、监管信息与资源共享、检查员资格和检查结果互认方面跨出了第一步，对推进长三角生物医药产业融合、打造高质量的产业集群意义重大。

3. 智能制造

在"一带一路"与长江经济带发展政策的推动下，长三角加快推动传统产业技术改造和转型升级，大力推动智能制造产业发展，通过技术创新和制度创新齐头并进，引领制造业向中高端迈进，成为我国智能制造产业的核心区。

长三角智能制造产业的特色主要体现在硬件制造环节，以上海、南京、杭州、宁波等城市为核心，发挥各自产业优势，培育了一批优势突出、特色鲜明的智能制造装备产业集群。

从发展水平来看，各地区发展虽存在差距，但整体发展水平相对平衡，形成"多点开花、各具特色"的发展格局。例如，上海集聚了众多国内外智能制造领域的龙头企业，在机器人、关键零部件、航空航天装备等方面处于国内领先地位，并成为中国最大的机器人产业基地。凭借区位优势及雄厚的工业基础，南京吸引并培育了一批装备制造企业，形成了以新型电力装备、轨道交通、汽车零部件为特色的高端装备产业集群。

在产业协同方面，长三角围绕打造世界级先进制造业集群集聚区的目标，建设了上海松江、嘉兴、杭州、金华、苏州、湖州、宣城、芜湖、合肥九地协作共建的科技创新战略平台——G60科创走廊。

4. 新材料

长三角是我国新材料产业基地数量最多的地区，基地数量占全国新材料产业基地总量的 1/3 以上，形成了包括航空航天、新能源、电子信息、新兴化工等领域的新材料产业集群。据不完全统计，长三角新材料上市企业约 200 家。

上海是我国新材料科研、开发、生产的重要基地和最大的应用市场之一。新型金属材料、新型有机材料、新型建材已成为上海新材料行业的支柱，产值占全市新材料行业总产值的 90% 以上。江苏新材料产业综合实力较强，在全国新材料产业中占较大比重，在新型功能材料、纳米材料和多晶硅材料等领域处于国内领先地位。浙江则将新材料产业列为重点培育发展的战略性新兴产业和七大万亿级产业之一，拥有一批优秀的新材料企业和技术领先产品，尤其在磁性材料、氟硅新材料、高性能纤维等领域集聚优势突出。

5. 新能源汽车

长三角是我国新能源汽车产业迅速发展的先导区域，据不完全统计，长三角城市群中，有 14 个城市已拿到或正规划新能源汽车项目，已拿到稀缺的 15 张"准生证"中的 8 张，涉及新能源汽车项目 20 个，累计计划产能 280 万辆，累计计划投资 715.2 亿元。

长三角的新能源汽车所占比例已突破全国能源汽车市场的 1/3。目前，长三角的新能源汽车产业在动力架构、液压储能装置、驱动控制系统以及关键零部件等技术层面取得一定的突破，在充电基础设施建设方面也走在了发展前列。

在新能源汽车产业协同方面，长三角各城市通力合作。如 2016 年成立的长三角新能源汽车发展推进联盟，由区域内多个城市共同发力、协调配合，解决基础设施建设中的重难点问题，推进新能源汽车在长三角的长足发展。

（三）长三角一体化

多年来，长三角一体化发展取得了一系列具有重要历史意义的成就，为发展社会主义市场经济提供了重要的经验和范本。

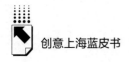

首先，以推进改革开放带动区域一体化发展。长三角作为中国改革开放的前沿阵地，民营经济发达，市场化程度高。长三角充分利用这些优势，有力推动了区域内产业转移和企业跨区域发展。通过要素的自由有序流动，逐步消解地区间的行政壁垒，推动了区域的联动发展。

其次，建立了多方协调的区域合作体制机制。长三角一体化发展起步早，进展稳，通过多年逐步推进，初步建立了一个三层四方的区域合作体制，包括三省一市主要领导的座谈会、常务副省长会议、省级发改委地区合作部门和长三角城市经济协调会。长三角还制定了包括《长江三角洲地区区域规划》《长江三角洲城市群发展规划》《长江三角洲地区交通运输更高质量一体化发展规划》等在内的重要文件，为一体化发展提供了成熟稳定的体制机制保证。

最后，构建了多元多中心网络化的世界大都市群。上海作为长三角龙头城市，同时也作为中国最大城市，继续发挥了龙头引领作用。杭州、南京、合肥、苏州、宁波、无锡等长三角城市也已成为国际或国内著名城市，形成了长三角国际化大都市的共同支撑。另外一些中小城市，如浙江义乌，江苏昆山、大仓、张家港等也已成为某些特色产业领域的国际化名城。在长三角的沪苏浙地区，区域经济发展已基本实现均等化，各城市的人均收入和人均产出已基本实现均等。

三　长三角地区代表性品牌

（一）城市品牌

1. 义乌世界小商品之都

义乌，从一个资源贫乏、交通闭塞的小县城发展为习近平口中的世界"小商品之都"、李克强口中的"中国名片"。在这个过程中，"鸡毛换糖"模式催生了更大规模的薄利多销，曾经的货郎担们成长为知名企业领导和隐形冠军，物流仓储、电商网络应运而生。随着中国经济的发展，义乌逐步走向国际，在全球化的大海中航行，在历史长河中勇立潮头。

曾经，"一台电脑、一根网线，就当起了老板"，是义乌流行的一句话。如今，只需一部手机，市场里的老板娘把店铺作背景进行直播，又成了市场新的风景。

义乌市场因改革开放而生、因改革开放而兴、因改革开放而强。如今，义乌正朝 6.0 市场努力。蓝图绘就，未来可期。

2. 乌镇世界互联网大会

2019 年 10 月 20 日，第六届世界互联网大会在乌镇如期举行，世界的目光再一次聚焦在乌镇这座白墙黛瓦的千年古镇上。但对于乌镇来说，世界互联网大会只是其接待的重大会展之一，长期以来，乌镇为国内外政府部门、大中型企事业集团成功策划实施了各类会议活动，成功接待大小会议上万个。庞大的会议规模、高规格的会议接待背后，是乌镇在经历了传统乌镇、度假乌镇再到文化乌镇的转变后，开始的第四次转型——会展乌镇。

3. 海宁中国皮革城

作为中国规模最大、最具影响力的皮革专业市场——海宁中国皮革城，历经 20 多年发展，已经在全国范围内建立了 12 座连锁市场，总规模达 360 万立方米。其中，海宁总部市场规模 160 万立方米，年客流量超千万，销售全国 50% 以上的皮革服装，产业集群达到了前所未有的高度。

近年来，海宁皮革城努力转型"寻新"，比如发展时尚产业、电商直播业务等。发展时装产业方面，海宁皮革城开发了时尚创业园，开辟了网商大厦设计创意空间、小镇设计师区域等。通过建设电商平台，与天猫、1688 网、快手、拼多多等建立合作，引进"网红"直播，提升品牌知名度，不断提升业绩。

（二）美丽乡村

1. 马庄经验

习近平前往徐州马庄村视察后，全国各个地方都在谈论并学习马庄，"马庄经验"成了一个热词。可"马庄经验"到底是什么？很多人或许没有

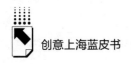

弄明白。

初入马庄，不少人的第一个感受就是：马庄人的精气神不一样。马庄并不十分富有，但村民们却拥有极其昂扬、乐观、团结的精神风貌。他们这种积极向上的精气神，来自文化生活的熏陶。文化，的确是马庄最鲜明的外在特征。

我们发现，30 多年坚持"文化兴村"道路的背后，是马庄村党建工作的一以贯之。20 世纪 80 年代，时任马庄村党支部书记的孟庆喜提出了"文化兴村"战略，这在追求经济发展速度的时代引起了轩然大波，一些上级领导坚决反对，社会上质疑的声音也很多。但马庄村两委班子认为，这是最适合马庄发展的一条路。孟庆喜带着班子成员顶住了极大压力，将农民乐团、民俗表演团、周末舞会、升旗仪式等活动坚持了下来，即使在经济最困难的时候也始终以丰富的文化活动保持村民们昂扬的精气神，这才成就了今日辉煌的马庄。

2. 余村

在浙江省湖州市安吉县余村村口的一块石碑上，镌刻着"绿水青山就是金山银山"10 个大字，这是所有外来游客都会参观的地方。随着习近平的足迹，"绿水青山就是金山银山"的理念在祖国大地生根发芽，枝繁叶茂。

20 世纪 90 年代末，余村依靠炸山开矿和经营水泥厂，一度成为"安吉首富村"，村集体年收入达 300 万元。老百姓钱包鼓起来了，但生态环境却遭到了破坏。因为开矿，村里常年灰尘笼罩。村民不敢开窗，无法晾衣，就连百年银杏也结不出果。痛定思痛，余村决定关停污染企业，向绿色发展转型。但关了水泥厂和矿山，几乎断了村里的财路，很多村民失业，村集体年收入最少时降到 21 万元。回头走老路，还是坚定绿色发展，余村人站在了十字路口。2005 年习近平的到来为彷徨中的余村人注入了"强心剂"，也为余村未来发展指明了方向。

余村从卖石头到卖风景，再到卖文化、卖品牌，乡村产业羽翼渐丰，各种业态蓬勃发展。冷水洞矿山建起了矿山遗址公园，村里凹凸不平的路修成了"两山绿道"。还打造了荷花山漂流、田园采摘农庄等生态旅游项目。余村的"两山"景区已成为兼具生态旅游区、美丽宜居区和田园观光区的国家4A级景区，是全国首个以"两山"实践为主题的生态旅游、乡村度假景区。

3. 金山嘴渔村

金山嘴渔村是上海市沿海陆地最早的渔村，也是上海最后一个渔村。历史上金山嘴是上海地区有名的渔港，渔业产业十分兴旺。金山嘴渔村濒临杭州湾，天然亲近大海，与金山三岛隔海相望。品种多样、味道鲜美的海鲜美食是渔村的一大特色，海鲜美食街的饭店各具特色，吸引了越来越多的游客。

（三）产业品牌

1. 上海品牌

"上品"标志是"上海品牌"认证的标识。主体部分是"品"字，由充满中国古典韵味的青铜器回纹构成，基本色调为白底红字。

2018年6月，"上海品牌"认证获证企业发布会暨2018年世界认可日宣传活动启动仪式在锦江小礼堂隆重举行。这亦是上海打响"上海服务""上海制造""上海购物""上海文化"四大品牌（以下简称"四大品牌"）的重要举措，给品牌理论界和实务界树立了"上海品牌"标杆。

"四大品牌"是一个有机整体，其中"上海服务"重在提升城市核心功能和辐射带动能力，"上海制造"重在强化创新驱动和扩大高端产品技术供给，"上海购物"重在满足和引领消费升级需求，"上海文化"重在提升城市文化软实力和影响力。

2. 浙江制造

跟上数字时代步伐的企业才能在产业激烈变革的浪潮中获得新的竞争优势。浙江制造正在拥抱数字经济，向数字化转型升级，变成浙江"智造"。

浙江的传统制造业充分利用数字网络技术，不断向个性化、定制化、精细化的方向发展，向"产品＋服务"的混合商业模式转型。如老牌鞋企奥

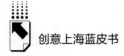

康的 C2M 智慧门店，通过搭建大数据云平台，能更好地对消费者个性化的需求进行精准、高效的匹配，进而为企业赋能。在智慧门店里，消费者的脚型数据及订单，会立即传输到企业大数据平台，实现 1 分钟定制，10 分钟计划派单，7 天完成生产，1~2 周交付客户。而这样的"高端私人定制"，价格只比非定制鞋贵 20%。

浙江的制造企业不仅综合运用互联网、大数据等技术，围绕客户需求开展个性定制、柔性生产，同时也将创新延伸至销售端，实现物联网技术的产品生成并上传数据，根据实时数据反馈，不断提升服务水平。如兆丰机电在汽车轮毂轴承内安装轮速传感器，全国各地的产品信息可以实时汇总到"工厂大脑"，一旦发现产品使用状态异常，企业就会提醒用户到附近的维修店进行保养或维修。

3. G60 科创走廊

2019 年，长三角一体化发展战略成为国内媒体关注的重点。与此同时，G60 科创走廊 3.0 版也吸引了众多媒体的目光。G60 科创走廊是利用长三角区位优势、产业基础良好和高校科研机构集中等特点打造的区域协同创新发展平台，未来将成为长三角更高水平一体化发展的重要引擎。G60 科创走廊沿线是中国最具活力、城镇化水平最高的区域之一，部分区域有望在未来发挥示范区作用。

（四）制造业品牌

1. 方太

方太成立于 1996 年，由茅忠群和父亲茅理翔共同创办。当时中国已有 250 多家油烟机厂，但缺乏自主品牌和自主技术。在调研全国各地市场的基础上，茅忠群将方太油烟机定位为符合中国人烹饪习惯、自主设计的高端品牌。方太运用工业设计的思路研发产品，并迅速推出四个系列产品，其中一款深型吸油烟机年销量超过 40 万台，单一品种型号销量居当时全国第一，奠定了行业领先地位。

自此，方太坚持"创自主技术，创自主品牌"的创新创业思想，通过研发符合方太高端定位的新产品，不断开拓新领域、占领新市场。2018年起，厨电行业一改往年双位数的增长态势，开始步入凛冬。作为行业首家也是目前唯一一家百亿企业，方太坚持创新立美、品牌立义、品质立信、文化立命，依然稳定增长，展现了可持续经营的发展模式。

2. 森马服饰

2019年，森马服饰在公告中表示，其继续坚持围绕服饰主业，全力推动森马发展的平台和四大产业集群——"服装产业集群""儿童产业集群""电商产业集群""新兴产业集群"的建设。

森马服饰营收增长得益于渠道的合理布局，公司采用直营与加盟相结合、线上与线下互补的多元化营销网络发展模式。截至2018年12月31日，公司已在全国各省、自治区、直辖市及海外建立了9905家线下门店，其中直营店1218家，联营店280家，加盟店8407家；同时，公司在淘宝、天猫、唯品会等国内知名电子商务平台建立了线上销售渠道。公司线上收入增长31%至40.8亿元；线下方面，整体收入增长22%至108亿元。再加上收入增长快于店数及面积增长，马莉认为这在一定程度上从侧面体现了其店效、平效的提升，渠道效率也进一步提升。

森马服饰自成立之初，就采取了虚拟经营、轻资产的模式，生产外包有利于降低成本、分散风险、提高效率。森马服饰为了能够更好地把控风险，不断加强供应链管理能力，这让森马服饰对上游供应商和下游经销商形成了牢固的控制力。

3. 蔚来汽车

作为一家成立于2014年的互联网造车企业，蔚来汽车以汽车界的新秀身份赢得广泛关注。蔚来组织媒体记者参加"科技蔚来"研发考察之旅，走进蔚来总部、江淮蔚来合肥先进制造基地、上海试验中心和蔚来南京先进制造技术中心进行考察。

蔚来一直是一家注重核心科技独立正向研发的企业。对于智能电动汽车的六大核心技术——"三电"系统的电机、电控、电池包和"三智"系统的智能网关、智能座舱、自动辅助驾驶系统，蔚来通过独立正向研发，全部

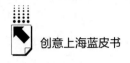

拥有自主知识产权。

蔚来的核心研发实体主要集约分布于长三角。在上海，除了蔚来总部，蔚来还建设了两大试验中心。其中，蔚来第一试验中心位于嘉定区安驰路，实验室建筑面积 2367 平方米，目前有六大功能板块，共十个实验室，主要承担电驱动系统、电池系统、四驱系统的研发与测试。上海蔚来第二试验中心，位于嘉定区安晓路，于 2016 年 8 月启动建设。该试验中心建筑面积约3 万平方米，拥有软件试验室、电子电气试验室、整车半消声试验室、EMC电磁试验室、车身材料试验室、材料环境分析试验室、驾驶体验仿真模拟平台与电池换电测试试验室等八大试验室。

（五）农业

以金山蟠桃节为例，2019 年 7 月 20 日上午，上海金山蟠桃节在吕巷水果公园开幕，活动历时 20 天。值得注意的是，开幕式吸引了上海市金山区廊下、吕巷、张堰和浙江省平湖市广陈、新仓长三角"田园五镇"一起到场，掀起了沪、浙毗邻地区携手推动乡村产业振兴的小高潮。

据镇志记载，早在 1934 年吕巷镇和平村就已开始种植蟠桃。吕巷蟠桃皮薄汁多、色嫩如婴、甜中带鲜，被誉为"桃中之王""人间鲜果"。吕巷镇"皇母"蟠桃是国家地理标志产品、国家生态原产地保护产品和上海市知名品牌、上海市著名商标，在上海市乃至长三角具有较高品牌知名度。

吕巷水果公园占地面积 720 万平方米，是一座集生态示范、生产创收、休闲度假于一体的开放式水果主题公园，2018 年游客接待数突破百万，已经成为长三角"微度假"目的地。开幕式结束后，主办方在搭建线上线下销售平台、多途径促销蟠桃的同时，还全面做好"桃"文章，与春秋旅游等合作开展"蟠桃之乡幸福之旅"直通车、"幸福吕巷、茶韵桃香"游园品茗系列活动，持续营造浓厚的农业节庆活动氛围，以"小"蟠桃撬动"大"旅游，延伸农业产业链，带动当地农民增收致富。

（六）服务业

1. 上海现代服务业发展研究院

上海现代服务业发展研究院（以下简称"研究院"）是上海现代服务业联合会于 2011 年创办成立的研究机构。成立至今，先后完成了多个政府部门的委托课题，包括上海市发展和改革委员会委托的《关于"十一五"上海服务业发展引导资金使用和管理情况评估》的课题；上海市商务委员会和上海市浦东新区发展和改革委员会委托的《上海综合保税区率先建成国际化贸易服务平台的发展思路及政策举措》的课题；上海市杨浦区发展和改革委员会委托的对四个获得服务业发展引导资金支持的项目进行结项评估；受上海现代服务业联合会委托，与莫尼塔（上海）投资发展有限公司合作完成了《国内外经济新形势下上海服务业面临的挑战和机遇》的专题研究；同时，受上海市人民代表大会财政经济委员会委托，研究院与上海市社会科学院世界经济研究所正在着手对上海专业服务业的发展情况、存在问题和对策建议进行研究。

2. 拼多多

2019 年 10 月 25 日，成立仅 4 年的拼多多市值超过了京东，成为中国市值第四大的互联网企业。与此同时，也成了中国市值第二高的电商企业，仅次于阿里。

在此之前，拼多多一直是京东的"小弟"，对京东一直是追赶的姿态，如今终于在市值上完成逆袭。2019 年 6 月开始，拼多多正式开启"百亿补贴"计划，联合市场品牌商针对市场上最热门商品共同补贴 100 亿元。

根据拼多多的产品运营路径，2018 年，拼多多对用户的补贴，从原"千万级红包""1 亿红包"，增至"3 亿红包""5 亿红包""8 亿红包"。可推测由于补贴幅度增强，活跃买家数增长速度达到峰值。

2018 年第 4 季度开始，活跃用户数增速放缓，此时拼多多开始步入成熟期。App 功能迭代的核心，逐渐从"促进拉新"，转至"提高活跃"。例如会员权益、商品举报、推荐算法优化等。

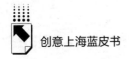

总体上看，拼多多的"社交＋电商"模式、价格刺激和游戏化体验三方面，契合下沉市场的熟人型社会、价格敏感属性与闲暇娱乐属性。而低价抽成、低价流量，也成功抓住了"边缘化"卖家的核心需求。

3.上海现代服务业联合会品牌服务专业委员会

上海现代服务业联合会品牌服务专业委员会（以下简称"上海品牌委"），是为上海企业、相关协会等提供相关品牌指导和营销服务，在上海现代服务业联合会领导下成立的全国第一个、上海唯一一个省级品牌协会组织。上海品牌委汇集了国际知名品牌、本土老字号品牌、上海新品牌等的创始人、企业家、管理者、政府机构、协会、专家，通过业内知名人士的共同努力，推动品牌创造、品牌创新、品牌传承和品牌推广，进而实现品牌的复兴、转型、升级和长期发展。

四　长三角品牌发展前景及趋势

（一）特色化、细分化、产业化、城市化、资本化和 IP 化六化融合

特色化是品牌发展的核心之一，目前大多数品牌的崛起都是依靠区别现有的品牌，在既有的市场里加入新的有特色的元素，打造特色化品牌。

细分化是品牌发展的关键。由于消费需求的不断"换代"，目前的消费、零售市场出现越来越多的变化。个性化需求越来越多，而要满足这些个性化、细分化的需求，生产组织效率也得提升。

产业化即是指要使具有同一属性的企业或组织集合成社会承认的规模程度，以完成质的激变，真正成为国民经济中的一门产业。

城市化与资本化是品牌发展的进阶步骤。现代城市的发展，经历了城市行政、城市管理和城市经营三个阶段。而品牌发展经历了从城市形象到城市营销，再到城市品牌的三个阶段。品牌城市化和资本化是未来发展的必经之路，体现了城市经营者的水平和城市可持续发展的程度。

IP 化依托品牌的基因，挖掘品牌的人性，通过内容的生产，饱和的内容分发，持续吸引用户参与，进而使用户产生共鸣，最终让品牌自带话题、自带流量。

（二）B 端、C 端和 G 端三端一体

新冠肺炎疫情让 C 端消费者、B 端企业和 G 端政府的数字化认知和行为都发生了改变。在疫情的影响下，长三角互联网产业的机会出现在以下方面：由需求侧（C 端和 B 端）使用习惯养成而催熟的互联网应用，由供给侧（B 端和 G 端）的数字化觉醒而带动的数字化转型投入。

1. 由 C 端消费互联网带动 B 端产业互联网服务，C2B 模式的产业互联网最为受益

疫情让消费者更多地选择在线方式获得生活服务。网上买菜、在线义诊、线上教育等 O2O 在线服务因为疫情得到更大规模的普及。疫情不仅改变了用户认知，培养了线上消费新习惯，促进了零售、医疗、教育等传统行业加大数字化投入和线上线下全渠道扩展，还带动了智慧零售、互联网医疗、在线教育等产业互联网板块的增长。

值得关注的是，由消费互联网带动的产业互联网服务中，C2B 的产业互联网模式大行其道。无论是网上买菜、在线义诊还是网上听课，大多通过小程序、微信支付、企业微信的入口完成。

2. 企业的数字化觉醒和降本增效需求，为相关数字化工具和 SaaS 应用带来大机会

疫情防控时期，企业普遍启动了远程协同办公模式，利用腾讯、阿里、华为等公司推出的视频会议服务，实现日常工作线上推进，减少线下交流。

这种模式具有典型的路径依赖，通过一段时间的使用，企业和员工已习惯远程视频会议的工作方式，之后还会继续使用。

疫情防控时期，很多企业收入骤减，都主动或被动开拓数字化营销，改善经营。例如，餐饮企业西贝通过企业微信与微信的互通功能，让全国 200 多家门店客户经理和 9 万多名顾客紧密连接，为顾客提供食材订购和线上送

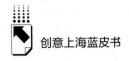

餐服务，截至 2020 年 2 月 12 日，西贝线上营收占到了总营收的 80% 以上。对于制造企业来说，智能化水平越高的工厂，复工进度和复工效率越高，这将促使制造企业加快向智能化、数字化转型，更愿意接受工业互联网。

总体来看，能够相对从容应对疫情的都是数字化转型比较到位的企业，这激发了很多传统企业的数字化觉醒，将促进企业对数字化转型的投入。

3. 政府提升社会治理和公共服务，数字政府和智慧城市建设会迎来大的窗口期

疫情防控，也是对国家治理体系和治理能力的一次大考。疫情暴露了大城市的防控重在社区，而当前智慧城市建设很难覆盖到社区的问题。疫情让智慧城市的决策者们意识到，今后智慧城市建设的关键在于提高城市的快速反应管理能力。

可以预见的是，在经历疫情大考后，像上海这样对原有城市治理体系进行优化和升级的智慧城市建设将会加速。囊括 5G、数据中心、人工智能、物联网的数字政府和智慧城市建设有望迎来大的发展窗口期。

（三）产业品牌和消费品牌相融共生

产业品牌是品牌大概念的从属概念。根据商品的使用主体和特性可以将商品划分为两类：产业市场商品和消费品。因此，在不同的市场领域，产业品牌与消费品牌可以分别作为独立的研究对象。

首先，产业品牌与消费品牌的营销对象不同。产业品牌营销对象是工商企业等组织客户，而消费品牌的营销对象是个人消费者。其次，购买目的不同。产业客户商品购买是为了生产经营，消费者购买商品则出于消费目的。最后，品牌所涵盖的产品或服务不同。与最终消费品相比，产业市场购买的商品居于产业链上游，具有技术复杂、价格高昂、按用需定制的特点。在品牌的表现形式、传播方式、塑造方法上，也有较大差异。产业品牌突出表现为公司品牌，主要通过企业员工与客户的互动进行传播；消费品牌则突出表现为具体产品品牌，主要通过电视、报刊等大众传媒进行传播。相应地，二者塑造方法也不同。

（四）品牌经济将成为最大的抓手

所谓品牌经济，就是以品牌为核心，整合各种生产要素，带动经济发展的一种经济形态。品牌经济是企业经营的高级形态，也是市场经济高级阶段形态。品牌经济具有市场经济的基本要素，但又具备市场经济初级阶段不具备的新经济要素，乃至新文化要素，它具有一系列新的结构、规范和秩序。

我国经济正在向形态更高级、分工更复杂、结构更合理的阶段演化，经济发展已进入新常态。而品牌经济是一个国家或地区综合实力和竞争力的重要体现。习近平强调，要推动中国制造向中国创造转变、中国速度向中国质量转变、中国产品向中国品牌转变。这深刻揭示了我国发展新阶段打造品牌经济的重要性，也说明了品牌经济未来将是我国经济发展新常态下的重要抓手。

参考文献

《长江三角洲城市群发展规划》，中华人民共和国国家发展和改革委员会网站，2016年6月3日，https：//www.ndrc.gov.cn/xxgk/zcfb/tz/201606/t20160603_963084.html?code=&state=123。

丁宏：《长三角一体化中的文化协调发展研究》，《南京社会科学》2007年第9期。

《城市测量师行上海产业研究回顾》，智库云网站，2020年2月26日，https：//www.ivcc.org.cn/report/detail/id/18438。

王志华：《长江三角洲地区制造业同构若干问题研究》，博士学位论文，南京航空航天大学，2006。

曾光：《聚集经济效应与城市经济增长比较分析——基于"长三角"的实证》，《湖北经济学院学报》2007年第5期。

Jean Gottmann, *Megalopolis*：*The Urbanized Northeastern Seaboard of the United States* (New York：The Twentieth Century Fund, 1961).

Patrick Geddes, *Cities in Evolution*：*An Introduction to the Town Planning Movement and to the Study of Civics* (London：Wentworth Press, 1915).

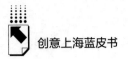

John Rennie Short, *The Liquid City of Megalopolis* (Washington: John Wiley & Sons, Ltd, 2009).

Li Yingcheng, Nicholas A Phelps, "Megalopolis Unbound: Knowledge Collaboration and Functional Polycentricity within and beyond the Yangtze River Delta Region in China," *Urban Studies* 55 (2018): 443 – 460.

长三角区域一体化视野下的
长三角非遗特征研究报告

毕旭玲 *

摘　要：　与全国其他地区相比，长三角地区非遗保护起步早，成绩突
出，而且在类型与地域分布上具有鲜明特征。其一，长三角
各地非遗在类型上具有高度相似性，传统技艺类非遗发达，
民俗类、传统美术类、传统舞蹈类非遗丰富，体现了长三角
各地文化在漫长的历史发展过程中曾互相交融的特点。这些
相似的类型实际上是未来长三角各地开展非遗保护与开发合
作的重点领域。其二，长三角非遗的地域分布具有鲜明的多
中心特点。总的来看，长三角地区先后存在七大重要非遗文
化圈，这些非遗文化圈的发展及互动将有力地促进长三角区
域一体化的发展。

关键词：　区域一体化　非遗文化圈　长三角

　　长江三角洲（以下简称"长三角"）是顺流而下的泥沙在入海口堆积
而成的冲积平原。长三角包括多个各具特色的冲积平原，比如处于三角
洲中央的太湖平原，南面的杭嘉湖平原、宁绍平原，北面的里下河平原。
这些冲积平原具有优越的自然条件，以及四通八达的运输网络，在历史

---

* 毕旭玲，博士，上海社会科学院文学所民俗与非遗研究室主任、副研究员，中国民间文艺家
协会理论评论专委会副主任，研究方向为民俗文化、非物质文化遗产。

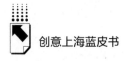

上就成为中国最有名的粮仓所在地和人口密集、经济文化最发达的地区之一。长三角各地不仅在地理上连为一体，在漫长的历史发展过程中，其文化也不断交融，且文化意义上的长三角比地理范围的长三角更广阔。正是基于这种地理上、文化上交融一体的历史与现实，从 1982 年提出"以上海为中心建立长三角经济圈"开始，长三角各地逐渐走上了一体化的路径。2018 年 11 月，习近平在首届中国国际进口博览会开幕式上宣布，支持长三角区域一体化发展并将其上升为国家战略。长三角区域一体化涉及经济、文化、社会各方面，也势必对区域内的非物质文化遗产（以下简称"非遗"）的保护与开发产生重要影响。本报告试图在长三角一体化的视野下梳理长三角非遗的特征，并分析未来长三角非遗的发展方向。

一　长三角地区非遗概况

2019 年 12 月，中共中央、国务院印发了《长江三角洲区域一体化发展规划纲要》，明确了长三角一体化的规划范围包括上海市、江苏省、浙江省和安徽省全域，因此本报告探讨的长三角非遗从地理空间上涵括了上述三省一市的全部非遗项目与资源。众所周知，中国非物质文化遗产名录是包括国家级、省（自治区、直辖市）级（以下简称"省级"）、市级、区县级在内的四级体系。具体的非遗实际上可以分为两大类，一类是进入四类名录体系的资源，我们称为"非遗项目"；另一类属于非遗文化的范畴，但因为种种原因尚未被选入各级非遗名录，我们称为"非遗资源"。非遗资源因为尚未被筛选出来，无法对其进行定量分析。而四级非遗项目的数量也相当庞大，本报告仅以省级非遗名录为例进行分析。

与全国其他地区相比，长三角地区的非遗保护起步早，成绩突出，尤以浙江省的非遗保护工作最为突出。2005 年 5 月 18 日，浙江省公布了第一批省级非遗名录，比首批国家级非遗名录的公布还早了一年。截至 2020 年底，长三角地区三省一市共公布省级非遗名录情况如下：浙江省于 2005 年公布了第一批共 64 项省级非遗名录，于 2007 年公布了第二批共 225 项省级非遗名录，于 2009 年公布了第三批共 246 项省级非遗名录，于 2012 年公布了第四批共 202 项省级非遗名录，于 2016 年公布了第五批共 98 项非遗名录，以上总计 835 项；江苏省于 2007 年公布了第一批共 123 项省级非遗名录，于 2009 年公布了第二批共 112 项省级非遗名录，于 2011 年公布了第三批共 63 项非遗名录，于 2016 年公布了第四批共 94 项非遗名录，以上总计 392 项；安徽省于 2006 年公布了第一批共 83 项省级非遗名录，于 2008 年公布了第二批共 90 项省级非遗名录，于 2010 年公布了第三批共 66 项省级非遗名录，于 2014 年公布了第四批共 65 项省级非遗名录，于 2017 年公布了第五批共 123 项省级非遗名录，以上总计 427 项；上海市于 2007 年公布了第一批共 83 项市级非遗名录，于 2009 年公布了第二批共 45 项市级非遗名录，于 2011 年公布了第三批共 29 项市级非遗名录，于 2013 年公布了第四批共 22 项市级非遗名录，于 2015 年公布了第五批共 41 项市级非遗名录，于 2019 年公布了第六批共 31 项市级非遗名录，以上总计 251 项。长三角地区省级非遗名录共计 1905 项，各地非遗名录的批次与数量见表 1。

表 1 长三角地区省级非遗项目数量统计

单位：项

	第一批	第二批	第三批	第四批	第五批	第六批	总计
浙江	64	225	246	202	98	0	835
江苏	123	112	63	94	0	0	392
安徽	83	90	66	65	123	0	427
上海	83	45	29	22	41	31	251
总计	353	472	404	383	262	31	1905

资料来源：笔者根据长三角地区的省级非遗名录整理。

浙江、江苏、安徽与上海，虽然同属于长三角地区，但各地的非遗保护与发展水平并不均衡。从四地省级非遗名录的分布密度来看，上海市、浙江省的省级非遗在空间分布密度和人口拥有比例上都较为靠前，而江苏省和安徽省则稍逊一些。上海市陆地面积 0.634 万平方公里，常住人口约

2487 万人，① 平均每万平方公里分布着约396 项省级非遗，平均每万人拥有约 0.10 项省级非遗；浙江省陆域面积 10.55 万平方公里，常住人口约 6457 万，② 平均每万平方公里分布着约 79 项省级非遗，平均每万人拥有约 0.13 项省级非遗；江苏省陆域面积 10.72 万平方公里，常住人口约 8475 万人，③ 平均每万平方公里分布着约 37 项省级非遗，平均每万人拥有约 0.05 项省级非遗；安徽省陆地面积 14.01 万平方公里，常住人口约 6103 万人，④ 平均每万平方公里分布着约 30 项省级非遗，平均每万人拥有约 0.07 项省级非遗。从上述数据来看，四地的非遗保护工作存在比较大的差异。其中的原因比较复杂，比如浙江省非遗项目的数量居四地之冠，申报工作的进度远超全国平均水平，就与习近平主政浙江时重视传统文化发展密切相关。当然，上述的数字仅能说明过去，笔者认为在未来长三角地区一体化发展的过程中，四地非遗保护与发展工作将开展更加密切的交流与合作，地区之间的差异会逐步缩小。

二 长三角地区非遗的类型特征与区域合作的重点领域

虽然长三角各地省级非遗项目的数量、公布的频次有很大的不同，但从具体项目的类别构成来看，四省市的非遗文化有不少共同点值得重视。

笔者按照中国国家级非遗名录十大类的分类法对各地省级名录的类型进行了整理，其结果见表 2。

---

① 《上海市第七次全国人口普查主要数据发布》，上海市统计局网站，2021 年 5 月 18 日，http：//tjj. sh. gov. cn/tjxw/20210517/4254aba799c840d2a54f9ef82858bcf5. html。
② 《浙江省第七次人口普查主要数据公报》，浙江省统计局网站，2021 年 5 月 13 日，http：//tjj. zj. gov. cn/art/2021/5/13/art_ 1229129205_ 4632764. html。
③ 《江苏省第七次全国人口普查公报》，江苏省人民政府网站，2021 年 5 月 18 日，http：//www. jiangsu. gov. cn/art/2021/5/18/art_ 34151_ 9817826. html。
④ 《安徽省第七次全国人口普查主要数据情况》，安徽省人民政府网站，2021 年 5 月 18 日，https：//www. ah. gov. cn/zfsj/sjjd/553988141. html。

表2　长三角地区省级非遗名录类型统计表

单位：项

	民间文学	传统音乐	传统舞蹈	传统戏剧	曲艺	传统体育、游艺与杂技	传统美术	传统技艺	传统医药	民俗	其他	总计
浙江省	77	35	85	52	44	59	94	212	28	149	0	835
江苏省	45	26	38	23	22	14	44	116	36	27	1	392
安徽省	27	38	50	24	25	20	45	121	17	60	0	427
上海市	15	16	10	10	6	17	37	103	17	20	0	251
总计	164	115	183	109	97	110	220	552	98	256	1	1905

注：浙江与江苏二省的省级名录中出现了一些没有按照国家非遗名录分类体系划分的情况，可能与当时国家名录分类体系的不成熟有关。为了研究的方便，本报告在统计时尽量按照国家名录分类体系进行分类，但有一项无法纳入十大类中任何一类，即江苏省第二批省级非遗名录中的"南通范氏世家诗文"，因此将其归入了"其他"。

资料来源：笔者根据长三角地区的省级非遗名录整理。

从表2来看，在1905个长三角非遗项目中，传统技艺类非遗占比最大，共552项，约占全部名录项目的29%，其次是民俗类、传统美术类、传统舞蹈类非遗项目，分别有256项、220项和183项，分别约占全部项目的13%、12%、10%，占比最少的是曲艺，仅有97项，约占全部省级项目的5%。饼图能更清晰地呈现这种类型特点（见图1）。

表2反映的是长三角地区非遗项目的整体类型特征，即传统技艺类非遗发达，民俗类、传统美术类、传统舞蹈类非遗丰富。更有意思的，虽然分属不同的省级行政区，但三省一市各自的非遗项目在类型构成上也表现出惊人的相似性。如表2所示，在浙江省835项省级非遗名录中，数量最多的前四类分别为传统技艺类（212项）、民俗类（149项）、传统美术类（94项）、传统舞蹈类（85项），分别约占省级名录项目总量的25%、18%、11%、10%。在安徽省427项省级非遗项目中，数量最多的前四类分别为传统技艺类（121项）、民俗类（60项）、传统舞蹈类（50项）、传统美术类（45项），分别占省级名录项目总量的28%、14%、12%、11%。江苏省以及上海市的情况稍有差别。在江苏省392项省级非遗项目中，数量最多的前四类分别为传统技艺类（116项）、民间文学类45项、传统美术类（44项）、传统舞蹈类（38

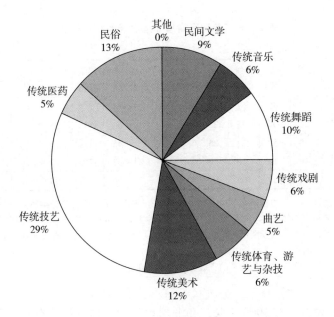

图1 长三角地区省级非遗名录类别占比情况

资料来源：笔者根据长三角地区的省级非遗名录整理。

项），分别占省级名录项目总量的30%、11%、11%、10%，民俗类（27项）
排名第五。在上海市251项市级非遗项目中，传统技艺类、传统美术类与民俗
类分别有103项、37项、20项，是数量最多的前三类，分别占市级名录项目
总量的41%、15%、8%，只有传统舞蹈类项目数量较少，仅10项。当然，
这属于大同小异。虽然具体到每一类非遗，各省市的情况多少有些差异，但
总体表现出来的特征却极其相似。我们将四地省级非遗名录的类别以柱状图
的形式进行比较，能更清晰地表现出各地传统技艺类非遗发达，民俗类、传
统美术类、传统舞蹈类非遗项目数量丰富的特征（见图2）。

　　长三角各地非遗表现出的在类型上的高度相似，正是长三角各地文化在
漫长的发展历史中互相交融的反映。造成长三角各地的传统技艺类、民俗
类、传统美术类与传统舞蹈类的非遗相对发达繁荣的原因是多方面的，而这
些类型实际上也是未来长三角区域一体化过程中，四地可以开展合作的重点
领域，试分析如下。

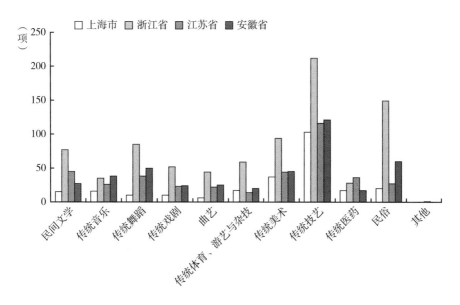

图2　长三角地区省级非遗名录类别数量

资料来源：笔者根据长三角地区的省级非遗名录整理。

长三角各地传统技艺类非遗普遍比较发达的现象是多种因素共同作用的结果。从人类早期历史来看，在新石器时期，长三角地区就孕育了著名的良渚文化，良渚先民的琢玉技艺、竹器制作技艺、木器制作技艺等都达到了相当高的水平，这说明长三角地区手工技艺源远流长，手工技术水平与审美能力有深厚的积淀；进入文明社会后，长三角地区长期远离中原政治中心，是很少被战争波及的安稳地区，因此往往成为中原移民在战乱时期的移居目的地，甚至南宋朝廷还定都于今浙江杭州。在中原地区的移民中，不乏掌握精湛手工技艺的工匠，他们将中原的手工技术带入长三角地区，促进了长三角手工技艺的发展。随着经济重心逐渐南移，长三角日渐富庶繁华，不仅城市商业迅速发展起来，人口也迅猛增长。商业的繁荣和众多的人口为手工技艺产品提供了广阔的市场，而市场的不断发展也刺激传统手工技艺从业者不断提高技术，创造更精致的产品。总的来说，上述历史的因素、移民的因素、经济的因素共同促进了长三角地区传统技艺类非遗的发达。

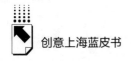

虽然在国家级非遗名录的十大类中，传统美术与传统技艺分作两类，但这两类非遗实际上具有很多共同点，都属于传统工艺技艺，只是前者的产品强调审美，而后者的产品强调实用性。长三角地区传统美术类非遗发达的原因与地区传统文化的积累、中原手工业移民和地区经济的繁荣发达等有关。除此之外，长三角地区美术类非遗的繁荣还与本地区民众发达的艺术审美情趣相关。物质的丰富使长三角民众对生产生活的要求也超越了单纯的实用性，为了满足这些需求，大量的传统美术类非遗产品应运而生。当然，长三角地区的传统美术类非遗与其他地区的美术类非遗在审美倾向上有明显区别，无论是在刺绣，还是在剪纸或雕刻项目中，都能比较清晰地分辨出中原地区与长三角地区不同的审美特征。

传统技艺、美术类非遗是长三角区域内部合作进行非遗保护与开发的重点领域之一，近几年这方面已经有不少实践，比如长三角民间艺术大师邀请展于2019年8月在上海亚振艺术馆举行，汇集了20多位工艺美术大师、国家级非遗代表性传承人、中国民间文艺"山花奖"得主等艺术家的涉及核雕、紫砂、竹雕、石雕、龙泉青墨、徽墨等几十个艺术门类的众多工艺美术作品，为长三角民间艺术的交流互鉴和发展提供了一个较好的平台。

民俗类非遗数量占比较大，与长三角各地比较重视传统文化的保护有关，这一点超出了笔者的预料。长三角地区民俗类非遗的内容相当丰富，传统纪念、祭祀仪式、传统节庆、传统庙会等项目都属于此类，这些民俗类非遗都是传统礼制文化的延续。传统礼制文化指向了作为制度世代传承的传统礼仪，具有较强的约束力，比如绍兴大禹陵的大禹祭典、丽水市缙云县的轩辕氏（黄帝）祭典都是祭祀中华民族共祖的礼仪，这种祭祀礼仪对于祭祀的时间、祭祀的程序、祭祀的组织模式、主祭人、祭祀经费的来源等都有具体的规定。其中，绍兴大禹陵的祭祀礼仪可以追溯至夏初，是中华文明史上最早由官方组织的祭祀典礼之一。在年复一年的祭祀过程中，传统礼制文化巩固了中华文化认同。但在漫长的历史发展过程中，受诸多因素的影响，很多传统礼仪制度都衰落了，幸存下来的实在寥寥无几。

与全国其他地区相比，长三角地区保存的非遗规格较高、影响较大、数量较为丰富。"礼失而求诸野"，虽然传统礼仪制度衰落了，但我们依然可以通过发掘民俗类非遗使其得到振兴，其对于传统文化的振兴也有重要意义。此外，深入发掘代表传统礼制文化的民俗类非遗是提升长三角地区文化品格的重要手段，也是未来区域合作发展的重点之一。

传统舞蹈类非遗的繁荣是区域民间文艺发达的表现。这些跨省市的传统舞蹈类非遗项目还表现出高度的趋同性。以在长三角地区省级名录中多见的滚灯与龙舞两种舞蹈形式为例，经过统计，滚灯主要集中分布于浙江、江苏、上海，而龙舞则在四地均有分布，且数量相当多（见表3）。

表3　长三角地区滚灯与龙舞两种舞蹈形式的非遗名录

序号	项目名称	类别	来源与级别	申报单位与地区
1	余杭滚灯	传统舞蹈	第二批浙江省非遗名录	杭州市余杭区
2	马啸滚灯	传统舞蹈	第三批浙江省非遗名录	临安市
3	海盐滚灯	传统舞蹈	第一批浙江省非遗名录	嘉兴市海盐县
4	滚灯	传统舞蹈	第一批江苏省非遗名录	苏州市太仓市
5	常熟滚灯	传统舞蹈	第四批江苏省扩展名录	苏州市常熟市
6	滚灯	传统舞蹈	第五批上海市非遗名录	上海市奉贤区
7	龙舞（梓树布龙、滚花龙、郭吴金龙、横街草龙）	传统舞蹈	第四批浙江省非遗名录	富阳市、龙游县安吉县、临安市
8	狴犴龙舞	传统舞蹈	第三批浙江省非遗名录	上虞市
9	彰坞狮毛龙舞、上方节节龙	传统舞蹈	第五批浙江省非遗名录	桐庐县、衢州市衢江区
10	骆山大龙	传统舞蹈	第一批江苏省非遗名录	南京市溧水区
11	二龙戏珠	传统舞蹈	第一批江苏省非遗名录	镇江市句容市
12	凤羽龙	传统舞蹈	第一批江苏省非遗名录	无锡市惠山区
13	睢宁龙虎斗	传统舞蹈	第二批江苏省非遗名录	徐州市睢宁县
14	龙吟车	传统舞蹈	第二批江苏省非遗名录	南京市高淳区
15	栖霞龙舞（龙舞扩展）	传统舞蹈	第一批江苏省扩展名录	南京市栖霞区
16	长芦抬龙（龙舞扩展）	传统舞蹈	第一批江苏省扩展名录	南京市高淳区
17	直溪巨龙（龙舞扩展）	传统舞蹈	第一批江苏省扩展名录	金坛市
18	段龙舞（龙舞扩展）	传统舞蹈	第一批江苏省扩展名录	无锡市江阴市
19	沙沟板凳龙舞（龙舞扩展）	传统舞蹈	第一批江苏省扩展名录	泰州市兴化市

序号	项目名称	类别	来源与级别	申报单位与地区
20	太平龙灯（龙舞扩展）	传统舞蹈	第一批江苏省扩展名录	常州市新北区
21	玉祈龙舞（龙舞扩展）	传统舞蹈	第二批江苏省扩展名录	无锡市惠山区
22	海安苍龙舞（龙舞扩展）	传统舞蹈	第二批江苏省扩展名录	南通市海安县
23	海安罗汉龙（龙舞扩展）	传统舞蹈	第二批江苏省扩展名录	南通市海安县
24	丁伙龙舞（龙舞扩展）	传统舞蹈	第二批江苏省扩展名录	江都市
25	陆家段龙舞（龙舞扩展）	传统舞蹈	第四批江苏省扩展名录	苏州市昆山市
26	吕巷小白龙	传统舞蹈	第三批上海市非遗名录	上海市金山区
27	鲤鱼跳龙门	传统舞蹈	第四批上海市非遗名录	上海市闵行区
28	平安草龙灯	传统舞蹈	第二批安徽省非遗名录	池州市东至县
29	徽州板凳龙	传统舞蹈	第二批安徽省非遗名录	黄山市休宁县、徽州区
30	二龙戏珠	传统舞蹈	第三批安徽省非遗名录	滁州市定远县
31	手龙舞	传统舞蹈	第三批安徽省非遗名录	宣城市绩溪县
32	绩溪草龙舞	传统舞蹈	第五批安徽省非遗名录	宣城市绩溪县
33	新市滚龙	传统舞蹈	第五批安徽省非遗名录	马鞍山市博望区

资料来源：笔者根据长三角地区的省级非遗名录整理。

从表3归纳的数量与地域分布来看，以滚灯与龙舞为代表的传统舞蹈类非遗同样是未来长三角区域非遗保护与开发合作的重点之一。

三 长三角区域非遗分布的多中心特征与七大非遗文化圈

除了类型特征，长三角非遗的地域分布还具有鲜明的多中心特征。虽然长三角一体化具有深刻的历史地理原因，也有深厚的文化基础，但长三角各地毕竟属于不同的行政区域，且气候、地理与物产各自不同，在古代还曾数次分属不同的国家，因此包括非遗在内的各地传统文化实际上存在这样或那样的差别。这些差别最终导致了长三角文化分布的多中心现象。比如吴越时期的长三角地区，苏州、绍兴先后扮演过文化中心的角色。其实际上曾是吴国与越国的王都所在地，作为政治中心，王都自然集中了大批知识文化精英和掌握精湛手工技艺的匠人，因而成为文化中心。流行的文化样式和内容都从这些地方向外辐射，并在一定区域内产生了相似的文化样式和内容，其中就包括非遗资源，由此形成了不同的非遗文化圈。

长三角地区先后存在过不少大大小小的非遗文化圈，总的来看，比较重要的非遗文化圈有 7 个，分别是：以苏州为中心的非遗文化圈、以绍兴为中心的非遗文化圈、以杭州为中心的非遗文化圈、以南京为中心的非遗文化圈、以古徽州为中心的非遗文化圈、环巢湖非遗文化圈以及海派非遗文化圈。

（一）以苏州为中心的非遗文化圈

苏州有文字可载的文化史至少可以追溯到商末泰伯、仲雍奔吴。泰伯、仲雍在吴地建国，几经迁移，最终选定苏州作为其都城。与中原文化相比，当时的长三角文化较为原始，因此苏州也就成为中原文化辐射长三角地区的中心，而且是外来的中原文化与本土文化相互融合的中心。根据《吴越春秋》的记录，受到中原地区先进的农业技术和文化知识的影响，苏州及其周边在短短的数年之间，就富裕起来。苏州的手工业和商业早在春秋时期就有了发展。相传，干将、莫邪曾设立过一所规模很大的铸剑坊。而吴国的造船水平也已大大领先于全国其他地区，甚至因为造船业的发达而较早地设立了水军。此外，陶瓷器皿的烧制，玉器、竹器和木器的制作，以及丝织业也都有了一定发展。很明显，当时的苏州已经逐渐成为长三角地区的引领者，并保持了数千年。随着苏州文化影响的扩散，逐渐形成了以苏州为中心的非遗文化圈。从地理范围上看，今天的无锡、常州、上海等地都曾属于该非遗文化圈。吴歌、苏绣与江南丝竹都是以苏州为中心的非遗文化圈的代表性非遗项目，都有着悠久的历史，比如吴歌相传是泰伯为教化民众而作，至今已有 3000 多年的历史。以苏州为中心，吴歌在吴方言地区广为流传，2006 年被列入国家级非物质文化遗产名录。

（二）以绍兴为中心的非遗文化圈

绍兴古称会稽，曾是古於越部族的聚居中心，也是传说中大禹召集部落联盟首领集会之地，相传大禹逝世后也安葬于此。春秋时期，越国以绍兴为都城，虽然后来勾践曾迁都琅琊，但绍兴依然是於越的重要基地。大约是因为大禹在此留下踪迹颇多，先秦时期的绍兴已经颇有盛名。相传，秦始皇统一中国后曾东巡至会稽山祭祀大禹，为自己的统治正名。秦汉时期，绍兴的农业和手工业都有了较大发展，不仅修建了许多早期农田水利灌溉设施，冶铁、铸钱和煮盐等手工业也得到了发展。农业与手工业的发展带动了文化的发展，著名思想家王充、学者严子陵等都先后成长起来。绍兴在手工技艺、文学艺术等领域都长期领先。在绍兴文化的辐射与影响下，绍兴周边地区形成了以绍兴为中心的非遗文化圈。从地理范围上看，今天的宁波、金华、舟山、台州、温州等都属此非遗文化圈。此非遗文化圈濒海，因此不少非遗项目都有鲜明的海洋文化特色。越医、绍兴大禹陵大禹祭典、海洋渔民号子等都是以绍兴为中心的非遗文化圈的代表性项目。以越医为例，越医产生的背景是宋室南渡，当时随朝廷一起南迁的还有一大批太医院、御医院的医官及家属，他们中的一些选择在绍兴定居，为绍兴带来了很多宫廷医术与医方。这些医官不仅在绍兴安居，也培养了当地医生，由此形成了著名的越医群体。

（三）以杭州为中心的非遗文化圈

杭州有文字可载的文化史至少可以追溯至秦代设立的钱塘县，后隋文帝废钱唐郡置杭州，治余杭，始有"杭州"之名。杭州的丝织业自古就比较发达，唐时杭州所产的缕纱已有盛名，被列为贡品。五代时期，杭州成为吴越国的王都。由于重视海外贸易，杭州城日渐繁华，民众也很快富裕起来。杭州发达的手工业和商业都在此时奠定了基础，尤其是雕版印刷业。根据文献记录，北宋国子监校刻的史书、子书、医书、算书、类书，以及诗文总集，大都是在杭州雕版。杭州在南宋时期成为都城，城市经济继续发展，很快成为世界上最繁华的大都市之一。除了印刷业，丝织业、制瓷业、造船业发展得也很快。杭州的文化影响力辐射到周边的嘉兴、湖州、金华等地，形成了以杭州为中心的非遗文化圈。杭罗织造技艺、余杭清水丝绵制作技艺、辑里湖丝传统制作技艺等都属于此非遗文化圈的代表性非遗项目。

（四）以南京为中心的非遗文化圈

以南京为中心的非遗文化圈的发展可以追溯至春秋时期。早在春秋末年，吴王夫差就在南京修筑冶城，开办作坊，从事冶铸铜器的手工劳作。六朝时，南京已经发展为世界上最大的城市之一，造纸业与印刷业都领先全国其他地方。当时南京所产的"黄麻纸"既美观又能保存较长时间，不仅受到书法家们的青睐，也很受公务人员与僧人的欢迎，许多政府公文和经文都是用黄麻纸抄写的。南京的造纸业持续繁荣，工匠们挖空心思造出了花样繁多的纸品，银光纸、赤纸、法纸、缥纸、彩纸等都是当时的名品。宋元时期，南京的纺织业迅速发展起来，并成为江南纺织业的中心之一。南京工匠织造的云锦还被列为皇家御用贡品。明清的南京建起了规模庞大的江宁织造府，为朝廷供应高品质的丝织品。从地理空间上看，镇江、扬州、泰州、南通等地都属于以南京为中心的非遗文化圈。当代在南京、扬州、南通等地流传的木雕技艺，在南京、盐城大丰等地流传的瓷刻技艺都属于此非遗文化圈的代表性非遗项目。

（五）以古徽州为中心的非遗文化圈

古徽州并非一个行政区划概念，而是一个历史地理概念。从空间范围上看，它位于新安江上游，黄山与天目山脉之间。古徽州的历史可以追溯至秦代，当时古徽州境内就设置了歙县与黟县两个县级行政区。西晋时期，古徽州境内设立新安郡，宋徽宗时期设徽州，治歙县。古徽州的地域范围主要包括歙县、黟县、休宁、祁门、绩溪与婺源六县，按照当代行政区划分属于安徽省的黄山市、宣城市与江西省的上饶市。古徽州的商业文化、建筑文化、传统美术与传统戏剧都比较发达，区域文化特色鲜明。今天的安徽省黄山市、宣城市等属于以古徽州为中心的非遗文化圈范围。该非遗文化圈的代表性非遗项目包括徽州民谣、徽州民歌、徽州建筑艺术等。

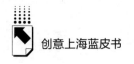

（六）环巢湖非遗文化圈

巢湖是我国五大淡水湖之一，也是安徽境内最大的湖泊，位于安徽省中部。巢湖因状如鸟巢而得名，湖蟹、银鱼、虾米与珍珠都是巢湖名产。合肥、巢湖、肥东、肥西、庐江等分布于巢湖周围，构成环巢湖地区。环巢湖地区的发展与便利的水上交通条件有关，早在汉代，环巢湖地区的古庐州就成为江淮之间的水运中心和商业中心。环巢湖文化在早期受楚、越的影响较深，与水乡环境有关的水上民间文艺比较发达。唐宋以后，随着环巢湖地区经济与社会的发展，富有地方特色的民间说唱、歌谣、传统戏剧、鼓乐等民间文艺得到了较大发展，并在此基础上形成了当代环巢湖非遗文化圈的代表性项目——庐剧、徽州民谣、徽州民歌、徽州建筑艺术等。以庐剧为例，作为安徽四大剧种之一的庐剧就是在合肥、巢湖等地的民歌的基础上，吸取了淮河一带的花灯歌舞技艺，并接收了锣鼓书、端公戏等唱腔特色发展而成的。

（七）海派非遗文化圈

海派非遗文化圈形成于近代上海开埠以后。"海派"一词起源于上海的绘画界和京剧界，因为表现出前所未有的商业气息而遭受质疑，当时海派文化的重要特征是远离艺术性而更贴近时俗性与商业性。这一特征的产生与鸦片战争之后上海成为对外通商港口的历史有关，上海由此形成了都市气息浓厚的以商业化、西方化、世俗化为重要特征的文化风貌，也就是海派文化。在长期的发展过程中，海派文化逐渐具有了海纳百川、兼收并蓄的文化品格，而作为海派文化代表的海派非遗同样延续了此种品格，不少海派非遗项目，如海派评弹艺术、海派工艺美术等都体现出兼收并蓄的鲜明特征。

七大非遗文化圈是在历史发展过程中自然形成的，在长三角区域一体化的过程中，这些非遗文化圈的发展将有力地促进长三角非遗项目与资源的整合，从而推动长三角区域一体化的进程。

B.11
高铁旅游助推长三角一体化发展

于秋阳 王倩*

摘　要：　旅游一体化是长三角一体化的重要内容，而高铁旅游则是推动
长三角旅游一体化发展的重要途径。随着长三角区域高铁网络
的不断完善，"高铁＋旅游"趋势逐渐渗入长三角一体化进
程。新时代，长三角地区高铁运营状况不断向好，整体发展水
平全国领先，高铁旅游的发展呈现出较为旺盛的势头，且基于
良好的社会环境，高铁旅游的发展潜力巨大，但区域内部仍存
在发展差异。本报告结合现下高铁旅游市场特征，就长三角地
区如何抓住高铁旅游发展机遇，在产品特色、服务设施、产品
组合等方面提出了相应的建议。

关键词：　高铁旅游　区域旅游一体化　文旅融合　长三角

高铁动车建设体现的是中国装备制造业水平，其在"走出去"和"一带一
路"建设等方面是一种名片式存在。十八大以来，中国高铁建设突飞猛进，习近
平多次点赞中国高铁。秉持"核心技术必须要把握在自己手里"的发展理念，中
国高铁在新时代跑出新速度，实现由"追赶者"到"领跑者"的角色转换，为全
面建成小康社会提供先行保障，成为代表中国形象的"亮丽名片"。①

＊　于秋阳，经济学博士，上海社会科学院应用经济研究所副研究员，研究方向为旅游产业经济、区
域经济、文化创意产业；王倩，上海社会科学院旅游管理硕士研究生，研究方向为旅游经济。
①　《这张中国的"亮丽名片"，习近平多次点赞》，央广网，2020 年 10 月 3 日，https：//baijiahao.
baidu．com/s？ id ＝1679533683499272902&wfr ＝spider&for ＝pc。

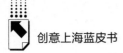

随着《中长期铁路网规划》的深入推进，我国铁路网不断完善。2020年，一批重大标志性项目建成投产，铁路网规模达到 15 万公里，其中高速铁路 3 万公里，覆盖 80% 以上的大城市；到 2025 年，铁路网规模要达到 17.5 万公里左右，其中高速铁路 3.8 万公里左右；到 2030 年，要基本实现内外互联互通、区际多路畅通、省会高铁连通、地市快速通达、县域基本覆盖。根据《新时代交通强国铁路先行规划纲要》，到 2035 年，要率先建成服务安全优质、保障坚强有力、实力国际领先的现代化铁路强国；到 2050 年，要全面建成更高水平的现代化铁路强国，全面服务和保障社会主义现代化强国建设。[①] 近年来随着我国经济实力和综合实力的不断增强，关于铁路强国建设战略目标的逐一落实，我国正在逐步形成辐射功能强大的现代铁路产业体系，其中高铁建设成就尤为突出。

一　长三角高铁旅游发展基础不断完善

（一）全国高速铁路运营状况总体向好

1. 高速铁路发展经济基础不断增强

为建成更加强大的现代铁路体系，我国铁路固定资产投资额度近年保持较高水平。2018 年我国全国铁路固定资产投资完成 8028 亿元，投产新线 4683 公里，其中高速铁路 4100 公里；2019 年全国铁路固定资产投资完成 8029 亿元，投产新线 8489 公里，其中高速铁路 5474 公里（见图 1）。统计显示，2020 年 7 月，全国铁路固定资产投资完成 671 亿元，同比增长 3.6%，其中基建大中型项目投资完成 499 亿元，同比增长 11.3%。

2. 全国高速铁路网络系统不断完善

随着铁路建设投入的增加，铁路运营里程不断增加。2019 年末全国铁路营业里程 13.90 万公里，比上年增长 6.1%，其中高铁营业里程达到 3.5

---

① 《2020 年中国铁路投资建设现状及发展规划分析》，腾讯网，2020 年 8 月 28 日，https：// new.qq.com/omn/20200828/20200828A03RB500.html。

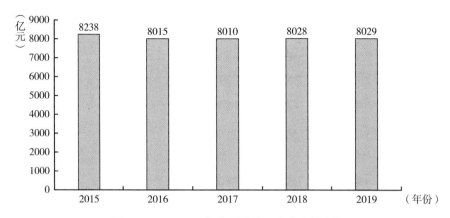

图1 2015～2019年全国铁路固定资产投资额

资料来源：中国交通运输部网站。

万公里。2019年全国铁路路网密度145.5公里/万公里^2。截至2020年7月底，全国铁路已投产新线1310公里，其中高铁733公里。截至2020年，中国铁路营业里程达到14.63万公里（见图2），位居世界第二；高铁营业里程3.8万公里，稳居世界第一。

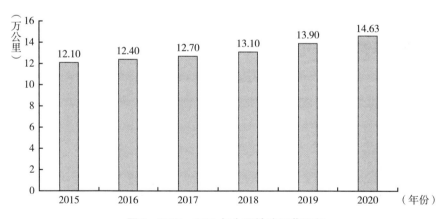

图2 2015～2020年全国铁路运营里程

资料来源：中国交通运输部网站。

3. 全国高铁客运量和周转量逐年增加

随着"八纵八横"铁路网络的不断完善，全国铁路旅客客运量和全国铁路旅客周转量近年来都有大幅提升。截至 2019 年底，全国铁路旅客客运量完成 36.60 亿人，比上年增加 2.85 亿人，增长 8.4%（见图 3）。全国铁路旅客周转量完成 14706.64 亿人公里，比上年增加 560.06 亿人公里，增长 4.0%（见图 4）。

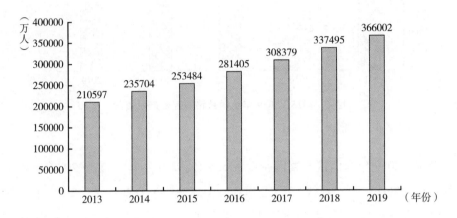

图 3   2013～2019 年全国铁路旅客客运量

资料来源：中国交通运输部网站。

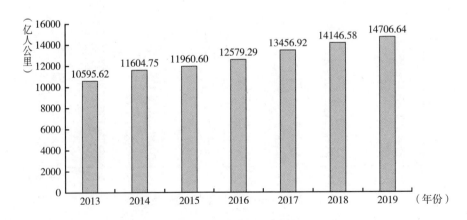

图 4   2013～2019 年全国铁路旅客周转量

资料来源：中国交通运输部网站。

（二）长三角高铁发展水平不断提升

1. 长三角高铁网络建设逐步完善

长三角地区高铁网络在全国范围内最为密集。近十年来，长三角地区铁路加强安徽、江苏、浙江、上海三省一市的联系，持续推进大规模、高标准的铁路建设，先后建成、运营合宁、合武、沪宁、宁杭等 16 条高铁路线。2017 年长三角地区高铁路线便占全国总铁路路线的 1/6，已经形成全国最为密集、完善的高铁网。2018 年随着杭黄高铁、青盐铁路的开通，长三角铁路共拥有了 18 条高铁铁路线。其中，以南京、合肥、上海、杭州、温州和铜陵为主要站点端建成的高铁线路有 15 条（见表 1），所经站点超过 200 个县、市站点（见表 2）。

表 1　截至 2018 年长三角主要建成高铁路线信息

线路名称	起始站点	途经站点数	里程数	运营速度	开通时间
沪宁线	南京站—上海站	21 站	301km	350km/h	2010.7.1
宁杭线	南京南站—杭州东站	11 站	256km	350km/h	2013.7.1
宁安线	南京南站—安庆站	10 站	257km	250km/h	2015.12.6
合宁线	合肥南站—南京南站	8 站	157km	250km/h	2008.4.18
合武线	合肥站—汉口站	14 站	359km	250km/h	2009.4.1
合蚌线	合肥站—蚌埠南站	5 站 1 所	130.67km	350km/h	2012.10.16
合福线	合肥北城站—福州站	24 站	852km	300km/h	2015.6.28
京沪线	北京南站—上海虹桥站	24 站	1318km	350km/h	2011.6.30
沪昆线	上海虹桥站—昆明南站	53 站	2252km	300km/h	2016.12.28
杭黄线	杭州东站—黄山北站	10 站	287km	250km/h	2018.12.25
杭甬线	杭州东站—宁波站	7 站	150km	300km/h	2013.7.1
甬温线	宁波站—瓯海站	15 站	282.39km	200km/h	2009.9.28
温福线	温州南站—福州站	12 站	302km	200km/h	2009.9.28
金温线	东孝站—温州南站	9 站	188.8km	200km/h	2015.12.26
铜九线	狮子山站—九江站	18 站	251km	140km/h	2008.7.1

资料来源：中国交通运输部网站。

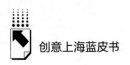

表2　截至2020年长三角地区主要高铁路线途经站点

线路名称	途经站点
沪宁线	南京站、仙林站、宝华山站、镇江站、丹徒站、丹阳站、常州站、戚墅堰站、惠山站、无锡站、无锡新区站、苏州新区站、苏州站、苏州园区站、阳澄湖站、昆山南站、花桥站、安亭北站、南翔北站、上海西站、上海站
宁杭线	南京南站、江宁站、句容西站、溧水站、瓦屋山站、溧阳站、宜兴站、长兴站、湖州站、德清站、杭州东站
宁安线	南京南站、江宁西站、马鞍山东站、当涂东站、芜湖站、弋江站、繁昌西站、铜陵站、池州站、安庆站
合宁线	合肥南站、肥东站、巢北站、黄庵站、全椒站、亭子山线路所、江浦站、南京南站
合武线	合肥站、桃花店站、合肥西站、长安集站、南分路站、六安站、独山站、金寨站、天堂寨站、墩义堂站、三河站、麻城北站、红安西站、汉口站
合蚌线	合肥站、合肥北城站、大包郢线路所、水家湖站、淮南东站、蚌埠南站
合福线	合肥北城站、蜀山东站（未启用）、合肥南站、长临河站、巢湖东站、无为站、铜陵北站、南陵站、泾县站、旌德站、绩溪北站、歙县北站、黄山北站、婺源站、德兴站、上饶站、五府山站、武夷山北站、南平市站、建瓯西站、延平站、古田北站、闽清北站、福州站
京沪线	北京南站、廊坊站、天津西站、天津南站、沧州西站、德州东站、济南西站、泰安站、曲阜东站、滕州东站、枣庄站、徐州东站、宿州东站、蚌埠南站、定远站、滁州站、南京南站、镇江南站、丹阳北站、常州北站、无锡东站、苏州北站、昆山南站、上海虹桥站
沪昆线	上海虹桥站、松江南站、金山北站、嘉善南站、嘉兴南站、桐乡站、海宁西站、余杭站、杭州东站、杭州南站、诸暨站、义乌站、金华站、龙游站、衢州站、江山站、玉山南站、上饶站、弋阳站、鹰潭北站、抚州东站、进贤南站、南昌西站、高安站、新余北站、宜春站、萍乡北站、醴陵东站、长沙南站、湘潭北站、韶山南站、娄底南站、邵阳北站、新化南站、溆浦南站、怀化南站、芷江站、新晃西站、铜仁南站、三穗站、凯里南站、贵定北站、贵阳东站、贵阳北站、平坝南站、安顺西站、关岭站、普安县站、盘州站、富源北站、曲靖北站、嵩明站、昆明南站
杭黄线	杭州东站、杭州南站（暂不办理客运业务）、富阳站、桐庐站、建德站、千岛湖站、三阳站、绩溪北站、歙县北站、黄山北站
杭甬线	杭州东站、杭州南站、绍兴北站、绍兴东站、余姚北站、庄桥站、宁波站
甬温线	宁波站、宁波东站、奉化站、宁海站、三门县站、临海站、台州站、台州南站、温岭站、雁荡山站、绅坊站、乐清站、永嘉站、温州南站、瓯海站
温福线	温州南站、瑞安站、平阳站、苍南站、福鼎站、太姥山站、霞浦站、福安站、宁德站、罗源站、连江站、福州站
金温线	东孝站、金华南站、武义北站、永康南站、缙云西站、丽水站、陈篆站、青田站、温州南站
铜九线	狮子山站、铜陵站、铜陵南站、缸窑湖站、清河镇站、观前站、马衙站、池州站、涓桥站、殷汇站、唐田站、东至站、香隅站、马当站、彭泽站、湖口站、琵琶湖站、九江站

资料来源：中国交通运输部网站。

2. 长三角高铁客运量规模巨大

长三角地区经济发展水平高，铁路发展历史悠久，其铁路网络占全国铁路8%的营业里程，承担了近20%的铁路旅客输送量。截至2019年底，长三角地区铁路客运总量超过7.4亿人，其中浙江省和江苏省超过2.3亿人（见图5）。铁路旅客周转量超过2549亿人公里，其中江苏省和安徽省超过820亿人公里（见图6）。

图5 2014～2019年长三角地区铁路客运量

资料来源：中国交通运输部网站。

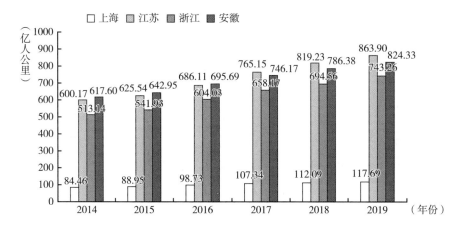

图6 2014～2019年长三角地区铁路旅客周转量

资料来源：中国交通运输部网站。

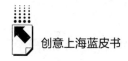
2020 年新冠肺炎疫情突袭而至，中国旅游业受到一定冲击。在中秋节与国庆节假期，长三角铁路迎来了疫情防控常态化时期的客运加速复苏，高铁客流以短、中途出行为主，呈现高度集中、高位运行的态势。2020 年 10 月 1 日，长三角地区铁路当日发送旅客 309. 9 万人次，创 2020 年以来单日旅客发送量新高。[1] 假期动车组列车发送旅客 2122 万人次，同比增长 26 万人次。主要高铁站点杭州东站假期共发送旅客 237. 3 万人次，日均发送旅客 21. 58 万人次，发送量位列长三角首位，恢复至 2019 年同期的 93. 7%；上海虹桥站共发送旅客 228. 5 万人次，日均发送旅客 20. 8 万人次，客发量恢复至 2019 年同期的 86. 9%；南京南站、合肥南站分别发送旅客 157. 1 万人次、110. 3 万人次，客发量分别恢复至 2019 年同期的 86. 1%、102. 6%。

二　长三角高铁旅游发展潜力不断提升

（一）长三角高铁旅游发展基础好

长三角地区作为国内经济领先区域，从整体来看，其以旅游业为代表的文化产业发展在全国占据领先地位。根据 2019 年中国各省（市）文化产业发展指数，长三角地区上海、江苏、浙江三个省市位于全国第一方阵，表明长三角地区发展水平较高，且发展的稳定性很好（见图 7）。[2]

从综合指数来看，浙江、江苏、上海进入前十，其中浙江以 82. 48 的分数位居第二，说明其文化产业生产力、影响力和驱动力方面表现均衡。江苏和上海分别位于第三和第五。安徽省虽未进入前十，但其产业均衡度位居全国第二，整体水平亦有很大提升。整体来讲，相较于其他区域，长三角地区

---

① 《长三角铁路小长假发送旅客破 2600 万人次，恢复至去年 9 成》，"长三角铁路"微信公众号，2020 年 10 月 9 日，http://news. cnwest. com/tianxia/a/2020/10/09/19165358. html。
② 《2019 中国文化产业发展指数和文化消费指数发布》，"中经文化产业"微信公众号，2019 年 12 月 21 日，https://mp. weixin. qq. com/s/a5xIgZggwwiv2fki3c7h6A。

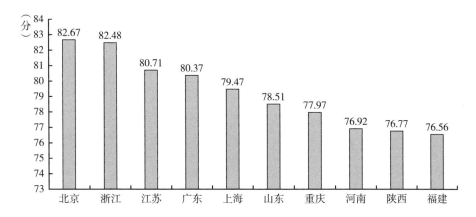

图7 2019年中国部分省（市）文化产业发展综合指数

资料来源：中经文化产业网站。

文化产业发展水平较高，意味着其拥有充足的旅游消费市场和旅游发展潜力。

（二）长三角高铁旅游产品日益丰富

1. 主题性高铁旅游线路日益丰富

针对高铁旅游景点串联，上海市铁路局推出"浙江绿谷丽水游"、"灵秀九华祈愿游"、"仙山婺水金华游"、"丹霞岩茶武夷游"和"魅力婺源黄山游"五大主题高铁旅游线路（见表3），以"高铁+旅游"的模式为游客带来全面旅游体验的同时节省了出行成本。[①] 2018年底，杭黄高铁开通，其被冠以"最美高铁线路"的名称，此线路从杭州、上海、南京至黄山分别只需要1小时26分、2小时26分、3小时24分，全线穿过7个5A级景区。[②]

[①] 《上海铁路局首推"春游"时间》，人民网，2016年3月1日，http：//paper.people.com.cn/rmrbhwb/html/2016－03/31/content_ 1665924.htm。

[②] 《杭黄高铁今起开通运营 杭州至黄山最快1小时26分》，搜狐网，2018年12月25日，https：//www.sohu.com/a/284276942_ 114967。

表3   五大主题高铁游名称

序号	高铁旅游线路名称	主要往返地
1	浙江绿谷丽水游	从上海、杭州、南京到丽水等地的一日往返游
2	灵秀九华祈愿游	从合肥、南京到池州、安庆等地的一日往返游
3	仙山婺水金华游	从上海、杭州到金华、衢州等地的一日往返游
4	丹霞岩茶武夷游	从上海、杭州、南京到上饶(三清山)、武夷山等地的二日往返游
5	魅力婺源黄山游	从上海、杭州到婺源、黄山等地的二日往返游

资料来源：上海市旅游局网站。

2. 高铁旅游专列参与度持续上升

随着主题性高铁旅游线路的发展，游客对于旅游专列的参与度也持续上升。2019年成贵高铁作为我国第一条旅游高铁正式开通。成贵高铁始于成都市，终于贵阳市，全程648公里，设计时速为250公里/小时，跑完全程最快为2小时58分。[①] 沿线经过的四川、云南、贵州3省拥有26个国家5A级景区，386个国家4A级景区，不同分段景区各具特色。随着旅游专列热度的上升，近年来我国其他地区纷纷开设不同主题的旅游专列（见表4）。

表4   全国部分旅游专列

主题	始发地	终点站	地位及意义
赏花专列	乌鲁木齐	吐鲁番	开启新疆"第一春"赏花之旅
周末游龙江	哈尔滨	齐齐哈尔	黑龙江省内首个高铁旅游专列发车
贵州景区直达专列	安顺	铜仁	贯穿贵州的东西黄金旅游线路
追爱专列	成都	雅安	主题为"寻爱高铁·圆梦同行"，这是首个"高铁＋相亲＋旅游"的专列
罗平赏花专列	昆明	罗平	方便各方游客踏青赏花
沈阳旅游专列	沈阳	上河口	沈阳铁路局在凤上线开行的首趟旅游专列
重走长征路	日照	内蒙古等地	红色旅游专线

资料来源：人民铁道网。

---

① 《成贵高铁全线拉通模拟运行，途径（经）眉山、乐山、宜宾、昭通》，澎湃网，2019年12月11日，https：//www.thepaper.cn/newsDetail_ forward_ 5128790。

（三）长三角高铁旅游产品注重文化创意融合

1. 高铁旅游线路设计注重文化资源

随着旅游产品需求升级，高铁旅游产品的设计更注重融入文化资源和创意手段。数据显示，2019 年国庆期间，重点博物馆、主题乐园、古街与古镇成为全国热门文化旅游景区品类，消费人次同比增长 22.9%。节假日期间，近 70% 的游客选择参观人文旅游景点（见图 8），83.36% 的游客参加了两项及以上的文化活动，参与群众文化体验、文艺演出、文化熏陶和艺术创造体验的游客超过 50%。由此可见，文化与旅游资源的融合开发不断丰富旅游市场，尤其在新兴市场上，"高铁 + 文化 + 创意" 旅游项目具有巨大的发展潜力。

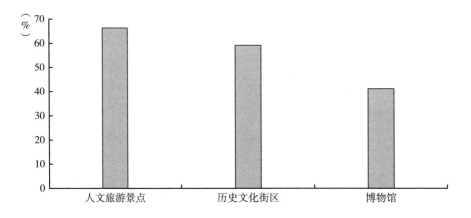

图 8　2019 年节假日文化类景点参观比例

资料来源：中国旅游研究院。

从长三角的情况来看，2020 年，长三角各省（市）联合推出的 60 条 "高铁 + 旅游产品" 线路、6 条 "高铁 + 跨省主题游" 线路以及 "高铁 + 自由行" 专列等产品十分注重文化创意的融合。66 条 "高铁 +" 线路包含 95 处热门文化旅游景点，覆盖了以苏州园林为代表的长三角地区世界文化遗产、以上海博物馆为代表的著名文博场馆等资源。同时，在长三角

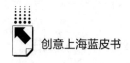

"高铁＋跨省主题游"线路的设计中注重挖掘文化特色，如以红色文化为主题的"不忘初心之旅"让游客追寻"一大"足迹，感受时代变迁下不忘初心的精神；以生态文化为主题的"绿色生态之旅"让游客领略长三角的青山绿水，打卡绿色生态的春夏秋冬。

2. 高铁旅游产品注入创意手段

高铁旅游在提供便捷交通的同时，也逐步加强特色内容建设，结合创意手段发掘地域文化、民俗资源，开发组合产品，将传统的列车车厢打造成主题场景。如中国铁路北京局联合多家单位打造"书香专列"，在列车车厢内提供免费的数字阅读服务，车内乘客可扫码领取 200 余本数字图书，"书香专列"示范线已覆盖京津、京雄两线高铁超过 300 个车厢。长三角地区也注重借助创意手段开发红色旅游专列。首趟红色文化旅游专列从蚌埠站开出，前往革命根据地井冈山，线路特地安排了井冈山、十里军港等红色旅游景点，行程内安排了敬献花篮、千人朗读井冈山经典诗词、共唱红歌给党听、分享红色经典故事、体验红军生活等形式多样的活动，列车上也推出"列车微党课"、"党史知识问答"以及"红歌大家唱"等宣讲、互动、互学活动，游客可以在列车上借阅红色读物、购买明信片并寄出，高铁旅游的趣味性、体验性不断增强。

三　长三角地区高铁旅游发展展望

（一）创意注入，高铁旅游强化区域文化特色

创意注入是长江经济带旅游业挖掘特色资源、彰显特色魅力的重要抓手，也是提升人民群众的获得感、满意度的重要途径，是利用文化资源实现高铁旅游产品业态升级的重要方式。从区域旅游资源的丰富程度来看，长三角地区的文化旅游资源数量大，质量高，在高铁网络基础良好的条件下，长三角地区可以联合发展文化主题性强的高铁旅游线路或者高铁专列。在高铁线路的串联下，可以重点开采徽派文化、淮扬文化、吴越文化和海派文化等

文化体验之旅，开发相关主题的高铁旅游文化产品，以游客体验为基点实现高铁旅游产品的业态升级。

（二）科技赋能，高铁旅游活动体验多样化

在旅游市场日益饱和的背景下，旅游产品优势的凸显需要借助新型科技力量。而在与其对应的需求端，越来越多的游客倾向于演艺类等旅游活动。因此作为旅游业供给侧的旅游景点、旅行社等需要盘活科技在旅游中的应用，丰富旅游活动的表现形式。长三角地区可利用的文化资源丰富，在此基础上，高铁旅游可以通过科技实现高铁与文化艺术类展览的结合，将游客旅游交通景点化。

（三）上海引领，高铁旅游产品组合化、创意化发展

长三角地区高铁的整体发展由上海铁路局调度和推进，在高铁旅游方面，上海应进一步发挥引领示范作用，从区域一体化角度推动区域高铁旅游产品组合化开发。一是以高铁网络为核心实现区域内的部门联动。由上海牵头，建立协同机制，与铁路部门、旅游企业共同推出更多高品质、便捷化的高铁旅游线路和产品。[1] 二是上海要发挥在线经济以及科技优势，带领长三角旅游打破地域壁垒，共同推进游客联程联运，[2] 解决高铁旅游"门票 + 住宿 + 交通"的一体化问题[3]。在此过程中，上海要发挥文化创意发展优势，积极组织长三角地区开发主题化、个性化的"高铁 +"文旅产品。

参考文献

郭强、尹寿兵：《长三角旅游一体化的发展历程及路径探索》，《上海城市规划》2020 年第 4 期。

---

[1] 过云松：《期待有更多"高铁 +"旅游产品》，《经济日报》2020 年 9 月 1 日，第 3 版。

[2] 王新平、秦玉霞：《高速铁路与旅游业融合发展研究》，《山东交通科技》2020 年第 4 期。

[3] 于秋阳：《铁路旅游潜能释放与产品创新》，《旅游学刊》2015 年第 1 期。

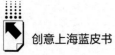

于秋阳：《基于 SEM 的高铁时代出游行为机理测度模型研究》，《华东师范大学学报》（哲学社会科学版）2012 年第 3 期。

许晓俊：《不充分竞争市场环境下我国高铁旅游产业发展初探》，《安阳师范学院学报》2020 年第 2 期。

王敏：《高铁对江苏淮安旅游业的影响及对策研究》，《经济研究导刊》2020 年第10 期。

B.12
长三角文旅小镇案例研究

秦　彪[*]

摘　要：　特色小镇在促进经济发展等方面发挥了积极作用，得到了国家的大力支持。但特色小镇在快速发展的同时，出现了重复建设、房地产化等问题，需要及时纠偏。作为以旅游为主导产业的文旅小镇，整合文化资源与旅游资源，可以变得特色鲜明。本报告以长三角四个特色文旅小镇为案例，从文化底色、产业运营角度分析成功特色小镇的典型特征，总结文旅小镇的成功经验，为全国特色小镇实现良性发展提供一定借鉴。

关键词：　特色小镇　文旅小镇　文化旅游　长三角

一　研究背景和研究思路

特色小镇自2014年发源于浙江，取得了长足发展，在促进当地经济发展、增加就业等方面发挥积极引领示范作用，同时也是地方政府改善区域生态环境、提升区域形象的有力抓手。住建部、国家发改委、财政部等三部委曾在2016年发布了《关于开展特色小镇培育工作的通知》，提出到2020年培育1000个左右特色小镇，并先后公布了两批共403个中国特

---

* 秦彪，产业经济学硕士，现就职于融创中国，任投资经理，研究方向为文化创意产业、产业集群。

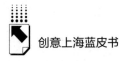
色小镇，通过示范引领带动了全国特色小镇建设，长三角共有 69 个特色小镇成功入选。

在特色小镇迅猛发展的同时，出现了部分地方政府和投资建设方热衷追赶短期潮流的情况。在未充分研究特色小镇建设的目的和逻辑前，为政绩和短期经济效益，仓促提出并建设了大量特色小镇，导致了一系列问题。一部分特色小镇房地产化愈加明显，一部分特色小镇虽然投入大量经济和社会资源，但并没有实现原来设想的产业导入和人流聚集，浪费了大量资源。针对这些问题，国家发改委在 2018 ~ 2020 年的新型城镇化建设重点任务的通知中，提出要规范特色小镇发展，严控"房地产化"，建立健全特色小镇淘汰机制。

随着经济的持续快速发展，人民基本生存需求已得到极大满足，更高层次的精神需求逐渐显现。旅游作为重要的休闲方式之一，近年来发展迅速。长三角地区拥有丰富的文化遗产和旅游资源，文化、旅游等产业也始终走在全国前列。

文旅小镇是以旅游为主导产业的一类特色小镇，作为新型的旅游载体将文化资源与旅游资源有机融合在一起。文旅小镇的蓬勃发展不仅为大量游客提供了旅游休闲目的地，也刺激地方政府、企业等投资主体将大量资源聚集到这一领域。全国各地打造了众多文旅小镇，但在特色小镇发展过程中出现了大量重复建设现象，诸多以文化、旅游为卖点的旅游小镇，由于缺乏实质文化内核，变成了千篇一律的提供餐饮、简单休闲的古镇。而结合当地特色文化，通过高水平的建设和优秀的运营，形成具有持续生命力的文旅小镇才是旅游小镇的终极追求。

长三角地区人文历史资源丰富，大部分旅游特色小镇已融合丰富的文化元素，通过文化资源与旅游资源的有机整合，形成了特色鲜明的文旅小镇。本报告选取的长三角特色文旅小镇在本省市乃至全国都形成了巨大的影响力。研究成功的典型文旅小镇，从文化底色、产业运营角度分析其典型特征，总结经验，可为其他特色小镇的运营提供参考，帮助全国各地文旅小镇实现可持续发展。

二 长三角典型小镇一览

本报告选取江苏无锡的拈花湾小镇、浙江杭州的乌镇、上海青浦的朱家角古镇和安徽黄山的宏村为研究对象。

拈花湾小镇位于太湖北侧灵山最西部的耿湾，距无锡市区 40 公里，距苏州市 80 公里。其总占地面积 1.07 平方公里，依托独特的太湖山水风光和深厚的灵山佛教文化，打造以"禅意"为主题的禅文化休闲度假小镇。拈花湾主要由无锡市属国企——灵山集团打造，投资规模达 48.74 亿元，于 2015 年正式开园，2018 年游客达到 230 万人次。

乌镇是闻名遐迩的江南水乡和旅游古镇，距桐乡市区 13 公里，距杭州、苏州均为 80 公里，距上海 140 公里。镇域面积 79 平方公里，城区面积 2.5 平方公里。乌镇全镇常住人口 8 万，旅游产业发达，年接待游客突破 1000 万人次。2014 年 11 月始，乌镇成为世界互联网大会永久会址。

朱家角古镇位于上海市青浦区淀山湖畔，上海市与江苏省交界处，距上海市人民广场 50 公里，距苏州市 80 公里，全镇总面积 138 平方公里，截至 2019 年末，全镇户籍总人口 59842 人。朱家角古镇历史悠久，1991 年，被列为上海市四大文化名镇之一。2004 年古镇旅游区顺利通过国家 4A 级景区验收。2016 年，朱家角古镇入选首批（127 个）中国特色小镇，全年接待游客 567 万人次。

宏村位于安徽省黄山市黟县东北部的黄山南麓，规划面积 3.5 平方公里（其中核心区 1.48 平方公里），处在著名风景区黄山的一小时交通范围内，距离黄山风景区仅 29 公里，距离黄山屯溪机场仅半小时车程，区位交通便捷。宏村距今已有 800 多年的历史，现存 137 幢明清古民居，属于徽州文化的核心区，是徽州古村落的典型代表，被誉为"中国画里乡村"。2016 年，安徽省黄山市黟县宏村镇被认定为第一批中国特色小镇。2018 年，宏村接待游客超过 250 万人次。

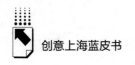

三 长三角文旅小镇发展分析

（一）文化底色

建设、运营成功的特色文旅小镇，都必须以深厚的文化为基底。只有通过专业运营，尊重传统文化，将小镇的文化基因充分发掘并精心呵护，小镇才拥有源源不断的发展动力，在激烈的竞争中胜出。文化底色的不同才是一个小镇从根本上区别于另一个小镇的根本。

1. 拈花湾

拈花湾所处的小灵山自古以来就是佛教圣地，佛教文化和禅文化极为浓厚。小灵山脚下的千年古刹——祥符寺，拥有悠久的历史，香火鼎盛且高僧辈出，具有较强的文化影响力。传说唐代著名高僧玄奘法师就曾在祥符寺停留，见祥符寺后的主峰钟灵毓秀，与天竺佛陀说法处的灵鹫山非常相似，于是将其命名为"小灵山"。

在拈花湾开发之前，其所处的无锡灵山胜境景区经历了核心旅游吸引物的多次迭代，而核心旅游吸引物的不断更新是文化旅游景区具有持续吸引力的基础。基于此，拈花湾小镇取名于"佛祖拈花，伽叶微笑"之典故，定调于"佛文化＋度假＝禅意生活方式"这一主旨。在建筑风格方面，拈花湾也参考了日本奈良的风格，同时融入江南小镇特有的水系风格，努力打造典型的"禅文化"城郊游憩型旅游度假地。

2. 乌镇

乌镇是典型的江南水乡古镇，水乡文化是乌镇最底层的文化基因。2010年之前，乌镇的文化底色始终是江南的水乡文化，故其依托古建筑、原有水系和民俗风情打造江南水乡。2001年，乌镇被列入联合国世界文化遗产保护预备清单;① 2003年，联合国授予乌镇"亚太地区文化遗产保护杰出成就

---

① 《乌镇实现历史遗产保护再利用 打造"乌镇模式"》，乌镇旅游网，http：//www. wuzhenyou. com/article/html/376. html。

奖"；2006 年，乌镇被列入中国世界文化遗产预备名单重设目录。2010 年，乌镇开始丰富其文化内涵，旗帜鲜明地提出打造"文化乌镇"，融合传统戏剧、当地艺术等文化元素的意见。成功举办了乌镇戏剧节、乌镇国际当代艺术邀请展、"乌镇国际未来视觉艺术计划"展，建造并于 2015 年正式开放了木心美术馆。

3. 朱家角

朱家角古镇俗称"角里"，位于江南水乡的太湖—淀山湖一带，与周庄分列淀山湖东西两侧，是上海四大历史文化名镇之一。水乡文化也是朱家角古镇的文化底色。

朱家角古镇历史源远流长，民风厚重，文化内涵深厚，目前依然可看到古朴的明清时期建筑以及水乡的风土人情。镇内小桥流水，古意盎然，展现出江南水乡的缩影，素有"江南明珠""上海威尼斯""沪郊好莱坞"之誉。朱家角古镇内有 36 座古朴典雅的古桥，9 条临水而建的长街，民居宅地也是依水而建，一式明清建筑，古韵浓郁。

4. 宏村

宏村是"徽文化"的集中发祥地和古徽商的重要聚集地之一。全村完好保存明清民居 140 余幢，多以住宅和私家园林为主，辅以书院、祠堂等公共建筑，整体建筑组群完整。宏村内各类建筑都非常注重雕饰，内部的木雕、砖雕和石雕等都极为细腻精美，这些白墙黛瓦的古民居集中体现了古代徽派建筑的特点，具有不可复制的文化、历史和艺术价值，建筑是文化的载体，宏村的建筑则完美传承了徽文化。

（二）产业运营

仅仅拥有悠久的文化基础和优美的旅游资源，可以发展成旅游景区，但并不能确保打造出优秀的文旅小镇。文旅小镇要持续经营，带动当地产业和经济发展，实现经济效益、社会效益、生态效益的统一，除了发展传统旅游，还需要培育出其他高附加值的产业。长三角各文旅小镇在产业培育和运营方面，都有独特之处。

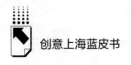

1. 拈花湾

（1）旅游业打底

拈花湾所处的无锡灵山，具有丰富的佛教资源，但全国各地类似资源数不胜数，只有打造出与众不同的 IP，才能形成自身特色。祥符寺几经兴衰，于 20 世纪 90 年代得以重修，同时寺后的小灵山上修建了一座高达 88 米的灵山大佛，此后灵山大佛成为无锡极为重要的旅游 IP，吸引无数游客前去游览，在无锡佛教文化旅游中占有非常重要的地位。

（2）发展会展旅游产业

世界佛教论坛于 2006 年首次在浙江举办，并在 2012 年第三届论坛上确定无锡灵山为论坛永久会址，拈花湾小镇及时抓住这一契机，借此发展了具有主题特色的会展旅游产业，比如修建了高标准、高规格的禅主题度假酒店——无锡灵山君来波罗蜜多酒店，这一禅主题酒店也成为世界佛教论坛的核心会址。

拈花湾同时配置了世界顶级的会议设施。位于禅心谷的会议中心设施完备，配备了多种规格的多功能厅、专业灯光音响设备，可满足举办世界佛教论坛及各类会议的要求。

依托佛文化，拈花湾打造了佛教博览园的配套工程，为景区提供了丰富的休闲养生配套设施。同时，拈花湾积极转变旅游形式，丰富景区内容，使传统单一的观光游变为持续时间较长的度假游，增加了过夜率和平均客单价，实现了良好的经济效益。

（3）小镇运营

拈花湾在文化商业活动上下了一番心思，充分结合佛教特色，针对来访的具有相对明确目标的游客受众，创设了一系列丰富的浸入式体验和演艺活动，将生活方式与休闲度假结合起来。

比如每晚进行的全年龄层特色活动——禅行，即充分运用现代数字多媒体技术和舞台表演艺术，进行多场景的表演。此外还有针对都市白领放松身心的禅修抄经等活动。作为旅游度假地，拈花湾还定期举办亲子活动，增加亲子互动体验。

拈花湾还将度假地产作为运营的重要变现手段。拈花湾在项目进行时，配套了别墅房产，根据客群需求特征，精准进行市场定位，主力别墅户型是40～70平方米的小户型。为应对度假型物业的潮汐性和空置期，拈花湾引入了分销商渠道，业主可把度假别墅的空余时间段委托给分销平台，再由平台出租给游客，获得的租金收益由平台和业主进行分成。虽然并不提倡特色小镇在建设和运营中引入过多房地产开发，但若有实际市场需求，部分短期内有经济压力的特色小镇可以借鉴拈花湾的度假地产模式。

2. 乌镇

除了传统的水乡观光旅游产业，乌镇运营主体嗅觉敏锐，不同发展阶段成功与文化、互联网结合，形成多种产业齐头并进的局面。

（1）改造与保护同步，打造旅游 IP

1999 年，乌镇开始对古镇进行保护和旅游开发工程，并于 2001 年正式对外开放东栅景区，之后又开发开放了西栅景区，乌镇成为全球知名的古镇旅游胜地和中国江南水乡体验地。2010 年，乌镇旅游荣膺嘉兴市首个国家5A 级旅游景区称号，年接待游客突破 1000 万人次。

（2）塑造文化特征

文化特征是一个古镇最大的个性。2010 年起，乌镇开始向文化小镇转型，打造"文化乌镇"。成功举办了乌镇戏剧节、乌镇国际当代艺术邀请展、"乌镇国际未来视觉艺术计划"展，建造并于 2015 年正式开放了木心美术馆。每当乌镇戏剧节举办时，游客中有 80% 慕名而来，乌镇除了获得源源不断的游客资源，还将文化基因不断沉淀并持续发展。

（3）不断进行产业升级

2014 年 11 月，乌镇以世界互联网大会永久落户为契机，实现产业的转型和升级，提出乌镇互联网小镇的概念。乌镇以打造浙江省互联网经济特色小镇为目标，充分利用云计算、大数据等新一代信息技术，打造"互联网会务会展小镇""互联感知体验小镇""智慧应用示范小镇""互联网产业特色小镇"，成为"互联网＋"的先导者和实践者，乌镇产业、文化、旅游和社区四大功能融合发展，提升了乌镇互联网能级。

乌镇的产业发展最初探索中国特色古镇旅游开发管理模式，成功将乌镇打造为中国著名的旅游小镇。之后对这一同质化程度极高的开发模式引入中国传统戏剧等文化元素，对小镇旅游产业进行文化转型，大力塑造"文化古镇"的形象，加入更多人文元素，成功升级为著名的文化小镇。2014 年，乌镇借互联网会议东风进一步构建起小镇互联网"生态圈"，从而再次转型升级为"互联网特色小镇"，乌镇经济发展模式的持续转型升级创新奠定和建立了乌镇经济可持续发展的基础和长效机制。

3. 朱家角古镇

（1）放弃门票收入，打造旅游生态圈

对于绝大多数古镇旅游景点而言，门票收入是其运营收入的最重要部分，对于运营初期的旅游景点而言，旅游门票收入更是景点能否持续经营的关键。然而朱家角却主动放弃门票收入，着眼于长远利益，通过免门票而吸引大量游客，从而带动休闲产业的快速发展。

朱家角旅游资源丰富，休闲设施闻名中外。朱家角古镇区开发开放城隍庙、放生桥、北大街等 20 多个景点。上海水上运动场已是具有国际现代化水上设施的活动中心；东方绿舟已成为最知名的上海市青少年校外活动营地，也是上海最大的校外教育场所，全年接待国内外学生和社会游客 150 余万人次；上海太阳岛国际俱乐部是上海集商务、度假、休闲于一体的娱乐旅游基地。

朱家角在 1991 年的时候已经被列为上海市四大文化名镇，2004 年成为国家 4A 级旅游景区。但朱家角所处区域有周庄、同里等古镇以及乌镇等知名度更高的江南水乡古镇，在持续发展过程中，朱家角的危机感也越来越强，于是在 2008 年，朱家角决定实行免票制度，只保留一些付费景区供游客选择自费参观。免票的政策延续至今。在 2016 年，朱家角全年接待游客567.6 万人次。

朱家角放弃门票收入后，吸引了大量上海及外地市民前往游览，凭借东方绿舟、上海太阳岛国际俱乐部等形成了旅游、休闲生态圈，各景点除了自按可比口径同比增长 144.6%，恢复至疫前同期的 94.5%。酒店预订方面，高星酒店优势明显，较 2019 年增幅约为 35%。消费升级趋势下，消费者的旅游观念正在改变，不再满足于景点游览，更加注重个性化旅游享受，对中高端休闲度假服务的需求在不断提升。目前国内的旅游目的地及景区仍然呈现同质化、旅游地产化等特征，如何打造满足消费者个性化旅游需求的高品质旅游产品，旅游产品设计和 IP 品牌打造成为亟须研究的课题。

二 倡导高品质休闲度假理念，复星旅文
提出全新"FOLIDAY"生活方式

人类社会正处于从工业化革命向信息化革命转型的时期，我们的休闲度假方式发生深刻的变革，复星旅游文化集团（以下简称"复星"）正是诞生在这样的历史背景下。一方面，物联网、5G、人工智能等最新科技的发展极大地促进了劳动生产率的提高，传统大规模工业化生产的模式正在被"柔性制造""无人工厂"等新生产模式取代。劳动者们不再千篇一律地朝九晚五，他们获得了更多的闲暇时间和支配时间的自由，渴望并追求新的休闲和生活方式。另一方面，移动互联网的出现，改变了人们沟通交流的方式。人们在虚拟世界中花费的时间越来越多，但与朋友及家庭成员间相聚交流的时间越来越少。在这样的趋势及背景下，复星希望能打造一种新的产品，可以代表新的生活理念和生活方式，能满足劳动者工作与休闲生活的需求，改变亲朋交流欢聚的方式。

因此，复星提出"Everyday is FOLIDAY"的创新理念，即"快乐每一天"，希望通过这个理念传递一种新的生活方式。复星的使命就是让"FOLIDAY"成为休闲度假的代名词。"FOLIDAY"生活方式可以用"Fun，Family，Friend"（以下简称"3F"）来诠释。复星的产品和服务希望让客户体验更快乐，让家庭互动更亲密，让社交更体面轻松。在这样的理念引导下，持续追求产品的创新和升级成为复星立足市场的竞争优势。

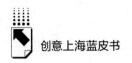

三 收购 Club Med，中国动力完美 嫁接全球优质品牌资源

2015 年复星完成全面收购 Club Med（地中海俱乐部），之后，Club Med 的发展逐步走上了快车道。在复星的帮助下，Club Med 加快了全球度假村布局速度。截至 2020 年底，Club Med 已新开约 10 家度假村，并且均以轻资产方式拓展。2020 年年报数据显示，预计到 2023 年底，Club Med 将于全球新开 16 家度假村，其中 8 家度假村位于中国，同时，Club Med 还计划对全球 10 多家度假村进行翻新及扩容。

另外，为满足中国旅游市场的独特需求，针对中国快速增长的短途自驾游、周末游和亲子游市场，复星与 Club Med 协力打造 "Club Med Joyview" 度假村的创新产品线。度假村继承了 Club Med 的优点——"G. O" 文化和丰富的活动，同时，聚焦精致短途游，选址距离一线大城市 2~3 小时车程；套餐的价格选择更加灵活丰富，除了 Club Med 标志性的 "一价全包" 套餐，还可以单独选择客房和早餐的搭配，更加符合中国人的休闲度假需求。中国已成为继法国后 Club Med 度假村的第二大客源地市场。疫情防控常态化时期，Club Med Joyview 度假村的恢复情况明显优于市场同类产品：2021 年春节期间（2 月 7~22 日），Club Med Joyview 北京延庆度假村有 10 晚满房，Club Med Joyview 安吉度假村 2 月 12~18 日的 7 天平均入住率均约达到 80%。

四 三亚亚特兰蒂斯现象级 IP， 开启旅游3.0时代

在 Club Med 收购及整合取得巨大成功后，复星继续开启产品创新之路。作为复星第一个自主打造的休闲度假明星产品，三亚亚特兰蒂斯度假区汇集酒店、娱乐、餐饮、购物、演艺、物业、国际会展及特色海洋文化体验八大

丰富业态于一体，是复星历时四年多打造的休闲度假目的地的代表作品，也是三亚旅游转型升级 3.0 版本的标杆。

在定位三亚产品的初期，复星就明确了强化创新和追求卓越的目标，所以不会满足于复制三亚当时已有的产品。海棠湾在当时已经呈现出成为国际水准旅游度假区的潜力，合计投资上千亿元，建立包括免税城、高端酒店、医院等在内的旅游配套设施。亚特兰蒂斯落户三亚后，一方面能够充分利用海棠湾现有的基础和配套设施，使项目自身的价值获得提升；另一方面，可以进一步丰富和提升海南旅游产品的业态和品质，有效推动海南定位国际旅游岛的建设。复星没有简单复制国外亚特兰蒂斯，而是从最初的设计方案就力求优秀，追求独一无二。例如改善酒店内部的构造，使客人能快速方便到达每一间客房；建成中国最大的天然海水水族馆之一，拥有约 8.6 万只海洋生物；有 5 间特色水下套房，让客人能随时观赏水族馆的生物；有约 20 家高品质餐厅，让客人在用餐的同时观赏鱼群；亚特水世界配有全天供暖系统，可同时容纳约 13500 人，全年营业；作为中国第一个使用天然海水的海豚湾，水世界给予海豚最自然的生活环境。因此，在正式开业前，三亚亚特兰蒂斯就已经获得"全国优选旅游项目"等多项荣誉，现在已经成为三亚的网红打卡地。复星的 FOLIDAY 生态系统让亚特兰蒂斯的度假内容更加丰富，演艺、展览、模拟滑雪、旅拍、水世界派对等新增内容让亚特兰蒂斯越来越好玩、越来越有吸引力，人脸识别入园等科技手段让游玩体验更好。

2019 年亚特兰蒂斯单个旅游目的地年到访客户达 520 万人次，运营收入达 13.1 亿元，年增幅达 74.2%；EBITDA 增至 5.88 亿元，EBITDA 率高达 44.9%。疫情防控常态化时期，亚特兰蒂斯表现出了非常强的经营韧性，率先在 2020 年下半年实现逆势增长。复星财报显示，2020 年下半年，亚特兰蒂斯的营业额同比增长 36.5%，经调整全年 EBITDA 较 2019 年有所提升，为 6.08 亿元（酒店账面 5.95 亿元），创开业以来最佳纪录。数据证明，复星所打造的亚特兰蒂斯经营模式比传统的单体酒店更有竞争力，更符合旅游业发展的趋势。

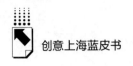
五　持续不断创新，打造符合市场趋势和消费者需求的一站式休闲度假产品

亚特兰蒂斯之后，复星推出了"复游城"品牌，将高品质旅游目的地综合体业态向市场和消费者进行了全新的诠释。复游城作为 FOLIDAY 品质生活的线下场景，为全球家庭提供以 3F 为基础的度假和生活体验。复游城·太仓阿尔卑斯国际度假区，作为复星在长三角的重要项目，围绕城市客群休闲度假以及生活社交的升级需求，带来与城市不一样的全新场景和生活方式。复游城·太仓阿尔卑斯国际度假区项目将引入复星旗下众多全球著名品牌，例如以阿尔卑斯滑雪度假及冰雪运动体验为主题的 Club Med Joyview 度假村、新时代潮流度假酒店 Cook's Club 和城市亲子度假酒店 Casa City 三大国际著名度假酒店品牌，除此之外，还将打造 70 万平方米阿尔卑斯国际社区，引入 9 年一贯制国际学校、幼儿园和社区商业等，为业主提供全新的度假与居住生活相融合的体验。而复游城·丽江地中海国际度假区直面玉龙雪山，位于西南旅游枢纽，面向全球游客，旨在以世界级的产品体验、运营管理团队、持续创新精神来弥补丽江旅游市场高端化、差异化的不足，为丽江旅游提质升级打开新的局面。

"复游城"将打造一个全年龄段、全场景、多业态、国际化的生活方式场所，打造一个快乐之城。但在具体内容上每个复游城会有所不同，国际品牌和元素会和当地文化充分结合。亚特兰蒂斯的成功为太仓复游城和丽江复游城树立了信心，未来复游城的开发会通过自己投资及与第三方合作两种模式展开，复星也会布局更多的复游城项目，使复游城成为人们充满快乐的第二个家。

六　丰富旅游生态系统，打造 C2M 生活方式服务平台

除了"复游城"品牌，在复星现有的生态系统中，已经有像 Club Med、亚特兰蒂斯这样国际知名的休闲度假品牌，而新加入的品牌受益于生态系统

的赋能，能够迅速成长。复星自主创立的国际亲子玩学俱乐部品牌"迷你营"，首家门店落位于亚特兰蒂斯酒店的第一层。亚特兰蒂斯的大量客流，为刚刚"出生"的迷你营带来了客流，迅速建立了品牌影响力，为其在后续城市拓展奠定了基础，实现低频消费向相对高频的消费场景的转变。除了迷你营，复星陆续孵化了文化和娱乐活动提供商泛秀、旅拍服务商复游拍、模拟滑雪服务商复游雪等，未来将会在亲子、教育、康养、体育、演艺等领域继续丰富新的 IP 和内容。这些 IP 和内容都将在复星的线下场景中得到呈现。

产品端打造的同时，复星着重落实 C2M（Customer to Maker，客户到制造者）战略，希望能够将客户和产品直接联系在一起，为客户创造丰富价值。复星在 2019 年成功收购 Thomas Cook 全球品牌以及 Casa Cook 和 Cook's Club 两个酒店品牌。一方面，两个新酒店品牌的加入，丰富了复星度假村业务的品牌矩阵；另一方面，利用 Thomas Cook 的全球影响力，建立自有的渠道品牌。2020 年 7 月 18 日，复星在中国率先重启 Thomas Cook 业务，与其在欧洲作为传统线下旅行社定位不同，重启后的 Thomas Cook 定位为服务全球家庭用户的全新生活方式平台。未来，无论是把欧洲客人带进中国，还是给中国人提供更多海外度假选择，Thomas Cook 都将为消费者呈现并提供更优质的产品、内容与服务体验，实现 C2M。C2M 战略将通过无缝链接用户和休闲度假产品端，进一步赋能循环的方式，针对家庭客户的需求及痛点，利用消费大数据，精准定位客户画像，助力产品的创新与引进，让制造端在规模化和工业化的同时，更高效及低成本地响应客户的个性化市场需求，为客户提供带来更多快乐的休闲度假解决方案。Thomas Cook 全球生活方式平台的推出将进一步提升复星对全球家庭客户的覆盖和触达，优化 C端家庭客户与 M 端优质度假产品和服务的匹配，实现 C2M 战略的具体落地，这是不掌握资源端的 OTA 无法做到的。

附 录*

Appendices

B.15
附录Ⅰ 2019年上海文化创意
产业增加值统计表

	增加值(亿元)	比上年增长(%)
合计	4970.97	6.5
第一部分 文化创意核心领域	4784.35	6.6
一、媒体业	380.43	-2.0
二、艺术业	90.64	2.1
三、工业设计业	511.31	6.7
四、建筑设计业	512.18	7.8
五、时尚创意业	438.80	2.5
六、互联网和相关服务业	227.67	4.4
七、软件和信息技术服务业	1123.79	14.4
八、咨询服务业	725.72	6.4
九、广告及会展服务业	306.29	1.5
十、休闲娱乐业	305.25	9.8
十一、文化装备制造业	162.27	-7.2
第二部分 文化创意相关领域	186.62	5.1
十二、文化创意投资运营	79.58	0.8
十三、文化创意用品生产	107.04	8.5

资料来源：上海市文化创意产业推进领导小组办公室网站。

---

* 附录部分由秦彪整理。秦彪，产业经济学硕士，现就职于融创中国，任投资经理，研究方向为文化创意产业、产业集群。

附录Ⅱ　文化创意园区与政策汇总列表

一　2021~2022年度上海市文化创意产业园区名单

序号	园区名称	申请单位
1	上海张江文化创意产业园区	上海张江文化控股有限公司
2	国家对外文化贸易基地(上海)	上海东方汇文国际文化服务贸易有限公司
3	上海世博城市最佳实践区	上海世博城市最佳实践区商务有限公司
4	上海8号桥文化创意产业园区	上海八号桥房屋租赁有限公司
5	800秀	上海八佰秀企业管理有限公司
6	锦和越界田林坊	上海锦和商业经营管理股份有限公司
7	上海普天信息产业园	上海普天科创电子有限公司
8	长宁德必易园	上海德必易园多媒体发展有限公司
9	SkybridgeHQ天会商务广场	搜候(上海)投资有限公司
10	上海天地软件园	上海天地软件创业园有限公司
11	M50艺术产业园	上海M50文化创意产业发展有限公司
12	音乐谷产业园区	上海音乐谷(集团)有限公司
13	国际时尚中心	上海国际时尚中心园区管理有限公司
14	城市概念软件信息服务园	上海睿置投资管理有限公司
15	智慧湾	上海智慧湾投资管理有限公司
16	三邻桥体育文化园	上海启保企业经营管理有限公司
17	中国(上海)网络视听产业基地	上海紫竹数字创意港有限公司
18	中版创意设计产业基地	上海昇禾水润文化投资有限公司
19	中广国际广告创意产业园	中广国际广告创意产业基地发展有限公司
20	上海南翔智地企业总部园	上海南翔智地企业投资管理有限公司
21	海阔东岸文化创意产业园	上海林泉高致文化发展有限公司

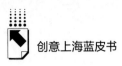

序号	园区名称	申请单位
22	金山国家绿色创意印刷示范园	上海金山绿色创意印刷示范园发展有限公司
23	创异工房	上海佳利特实业有限公司
24	中国北斗产业技术创新西虹桥基地	上海西虹桥导航产业发展有限公司
25	术界创 e 园	上海术界文化发展有限公司
26	中国移动互联网视听产业基地	上海金桥出口加工区开发股份有限公司
27	盛大天地源创谷	盛大天地(上海)经济发展有限公司
28	万香国际创意产业园区	上海居福商务服务有限公司
29	波特营	上海圣博锦康投资发展有限公司
30	创智空间	上海创智空间创业孵化器管理有限公司
31	上海翡翠滨江文化艺术中心	上海翡翠滨江艺术发展有限公司
32	康桥 E·ONE 文创园	上海康儒文化创意有限公司
33	上海华飞文化创意园	上海东郊实业发展有限公司
34	天纳创意产业园	上海天纳企业发展有限公司
35	田子坊	上海田子坊商业发展有限公司
36	江南智造—8 号桥·JML457	上海尚禧房屋租赁有限公司
37	江南智造—SOHO 丽园	上海八号桥投资管理(集团)有限公司
38	江南智造—宏慧·盟智园	上海宏慧创意产业投资管理有限公司
39	江南智造—锦和越界智坊	上海和矩商务发展有限公司
40	江南智造—龙之苑	上海龙头(集团)股份有限公司
41	江南智造—锦和越界智造局	上海史坦舍商务服务有限公司
42	江南智造—8 号桥·JML436	上海尚义房屋租赁有限公司
43	江南智造—红双喜研发中心	上海红双喜体育用品销售有限公司
44	卓维 700 文化创意产业园区	上海卓维 700 文化创意产业发展有限公司
45	创邑 SPACE∣老码头	上海璞邑文化发展有限公司
46	江南智造—8 号桥·JML550	上海尚乐房屋租赁有限公司
47	宏慧视界 BOX	上海万福资产管理有限公司
48	一百 O 八上苑	上海昱乐文化创意发展有限公司
49	锦和越界乐平方	上海锦灵企业管理有限公司
50	静安新业坊	上海新业坊尚影企业发展有限公司
51	汇智·园满星空	上海星满园企业管理有限公司
52	大宁德必易园	上海大宁德必创意产业发展有限公司
53	珠江创意中心	上海合金材料总厂有限公司
54	上海多媒体谷	上海欧亚多媒体产业发展有限公司

续表

序号	园区名称	申请单位
55	汇智安垦园区	上海星旼嘉实业有限公司
56	秀 709 媒体园	上海电气集团置业有限公司
57	大宁中心广场二期	上海大宁商业资产管理有限公司
58	98 创意园	上海共鑫投资管理有限公司
59	汇智创意园	上海星海时尚物业经营管理有限公司
60	新华文化科技园	上海新华文化创新科技产业有限公司
61	四行天地	上海河岸商业开发有限公司
62	同乐坊文化创意园区	上海同乐坊文化发展有限公司
63	上海新慧谷科技产业园	上海新慧谷科技产业园有限公司
64	徐汇德必易园	上海徐汇德必文化创意服务有限公司
65	徐汇软件园	上海徐汇软件发展有限公司
66	上海影视文化产业园	上海电影艺术发展有限公司
67	慧谷软件园	上海慧谷高科技创业中心有限公司
68	尚街 Loft 时尚生活园	上海尚界投资有限公司
69	锦和越界文化创意园	上海锦和商业经营管理股份有限公司
70	文定生活文化创意产业园	上海文定生活企业管理有限公司
71	锦和越界 500	上海锦瑞企业管理有限公司
72	华鑫天地	上海华鑫资产管理有限公司
73	浦原科技园	上海浦原实业有限公司
74	西岸创意园	上海西岸投资发展有限公司
75	锦和越界 X2 创意空间	上海数娱产业管理有限公司
76	华鑫中心	上海华鑫资产管理有限公司
77	昭化德必易园	上海德必昭航文化创意产业发展有限公司
78	创邑 SPACE|弘基	上海创邑实业有限公司
79	嘉春 753	上海嘉春投资管理有限公司
80	幸福里	上海幸福里文化创意产业发展有限公司
81	上海东方虹桥国际创意出版产业基地	东方出版中心有限公司
82	时尚园	上海时尚园投资管理有限公司
83	上生新所	上海万宁文化创意产业发展有限公司
84	谈家 28—文化信息商务港	上海盛泉实业(集团)有限公司
85	景源时尚产业园	上海纺织原料有限公司
86	上海明珠创意产业园	上海明珠创意产业园有限公司
87	上海花园坊节能环保产业园	上海花园坊节能技术有限公司

序号	园区名称	申请单位
88	1876 老站创意园	上海文创建饰设计咨询有限公司
89	运动 loft 国际体育产业园	上海虹口德必创意产业发展有限公司
90	天安数码城·虹控 T 创园	天安数码城集团上海企业发展有限公司
91	1933 老场坊	上海众桁企业管理咨询有限公司
92	优族 173 文化创意产业园区	上海旭捷实业投资有限公司
93	国科(上海)国际创新产业基地	国科(上海)企业发展有限公司
94	同济虹口绿色科技产业园	上海同虹投资管理有限公司
95	上海半岛湾时尚文化创意产业园	上海半岛湾创意产业投资有限公司
96	中国出版蓝桥创意产业园	上海中图文化发展有限公司
97	上海智慧桥创意产业园	上海智慧桥创意产业园有限公司
98	大柏树"930"科技创意园	上海新丰投资管理有限公司
99	绿地创客	上海虹口	上海虹口绿地商业管理有限公司
100	上海长阳谷创意产业园	上海杨科实业有限公司
101	创智天地	上海杨浦中央社区发展有限公司
102	同和创意产业园	上海同和文化创意产业投资有限公司
103	中环滨江 128	上海理工科技园有限公司
104	上海国际设计交流中心	上海国际设计交流中心企业管理有限公司
105	昂立设计创意园	上海昂立同科经济发展有限公司
106	尚街 Loft 上海婚纱艺术产业园	上海五维婚纱艺术产业发展有限公司
107	同和凤城巷	上海同和文化创意产业投资有限公司
108	63 号设计创意工场	上海同研投资管理有限公司
109	复地四季广场	复地商务管理(上海)有限公司
110	印坊数字文化创意园	上海绿坊企业管理有限公司
111	芯工创意园	上海绒玛文化发展有限公司
112	东纺谷创意园	上海东纺科技发展有限公司
113	中成智谷	上海中成智谷文化创意有限公司
114	长江软件园	上海长江软件园投资管理有限公司
115	中设科技园	中设集团上海国际货代储运有限公司
116	半岛 1919 文化创意产业园	上海吾灵创意文化艺术发展有限公司
117	上海玻璃博物馆园区	上海集佳文化创意发展有限公司
118	上海木文化博览园	上海福人林产品批发市场经营管理有限公司
119	同一创意园	上海同一创园企业管理有限公司

续表

序号	园区名称	申请单位
120	上海机器人产业园海宝研发基地	上海工业房地产信息服务有限公司
121	上海国际工业设计中心	上海国际工业设计中心管理有限公司
122	麦可将文创园	上海麦可将工业有限公司
123	七宝老街民俗文化产业基地	上海七宝古镇实业发展有限公司
124	得丘礼享谷文化创意园	上海得丘礼享谷企业管理有限公司
125	七宝德必易园	上海七宝德必科技发展有限公司
126	大树下新媒体创意产业园	上海大树下创意服务有限公司
127	中国梦谷—南上海文化创意产业园	上海梦治投资有限公司
128	Recity 文化创意产业基地	上海申闻实业有限公司
129	上海航天创新创业中心	上海航天国合科技发展有限公司
130	79 意库	上海观骅文化创意发展有限公司
131	老外街国际文创生活园	上海衡畅投资有限公司
132	汽车·创新港	上海国际汽车城发展有限公司
133	北虹桥时尚创意园	上海虹俏企业管理有限公司
134	环球 ACG 产业基地	上海环融文化传播有限公司
135	e3131 电子商务创新园	上海智耀谷投资管理有限公司
136	东方慧谷	上海东方文信科技有限公司
137	金山嘴渔村文化创意产业园	上海金山嘴渔村投资管理有限公司
138	叁零·SHANGHAI 文化创意产业园	叁零(上海)文化创意有限公司
139	时尚谷创意园	上海华汇流行面料工程发展有限公司
140	仓城影视文化产业园区	上海仓城文化创意发展有限公司
141	麦迪睿医械 e 港	上海麦迪睿医疗科技集团有限公司
142	移动智地文化创意产业园	上海锐嘉科实业有限公司
143	e 通世界	上海一通世界投资管理有限公司
144	上海尚之坊时尚文化创意园	上海法诗图投资集团有限公司
145	中国梦谷—上海西虹桥文化创意产业园	上海申虹经济发展有限公司
146	微格文化创意园	微格(上海)物业管理有限公司
147	上海悠口园区	上海悠口企业管理股份有限公司
148	南上海文化创意产业园	上海庄发企业管理有限公司
149	江南三民文化村	上海万穗文化传播有限公司

注：排名不分先后，前 25 家为市级示范园区。
资料来源：上海市文化创意产业推进领导小组办公室网站。

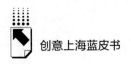

二 文化政策汇总列表

（一）全国文化创意产业政策

序号	政策名称	发布单位	发布时间	文号
1	《关于加强知识产权审判领域改革创新若干问题的意见》	中共中央办公厅、国务院办公厅	2018 年 2 月	
2	《知识产权对外转让有关工作办法（试行）》	国务院办公厅	2018 年 3 月	国办发〔2018〕19 号
3	《关于延续动漫产业增值税政策的通知》	财政部、税务总局	2018 年 4 月	财税〔2018〕38 号
4	《关于 2018 年继续开展知识产权运营服务体系建设工作的通知》	财政部办公厅、国家知识产权局办公室	2018 年 5 月	财办建〔2018〕96 号
5	《关于延续宣传文化增值税优惠政策的通知》	财政部、税务总局	2018 年 6 月	财税〔2018〕53 号
6	《关于建立特色小镇和特色小城镇高质量发展机制的通知》	国家发展和改革委员会	2018 年 8 月	发改办规划〔2018〕1041 号
7	《关于发展数字经济稳定并扩大就业的指导意见》	国家发展改革委等19 部门	2018 年 9 月	发改就业〔2018〕1363 号
8	《完善促进消费体制机制实施方案(2018—2020 年)》	国务院办公厅	2018 年 9 月	国办发〔2018〕93 号
9	《关于加强文物保护利用改革的若干意见》	国家文物局	2018 年 10 月	文物政发〔2018〕19 号
10	《关于促进乡村旅游可持续发展的指导意见》	文化和旅游部等17 部门	2018 年 11 月	文旅资源发〔2018〕98 号
11	《关于在文化领域推广政府和社会资本合作模式的指导意见》	文化和旅游部、财政部	2018 年 11 月	文旅产业发〔2018〕96 号
12	《关于对知识产权（专利）领域严重失信主体开展联合惩戒的合作备忘录》	国家发展改革委等38 部门	2018 年 11 月	发改财金〔2018〕1702 号
13	《文化体制改革中经营性文化事业单位转制为企业的规定》	国务院办公厅	2018 年 12 月	国办发〔2018〕124 号

续表

序号	政策名称	发布单位	发布时间	文号
14	《进一步支持文化企业发展的规定》	国务院办公厅	2018 年 12 月	国办发〔2018〕124 号
15	《关于对文化市场领域严重违法失信市场主体及有关人员开展联合惩戒的合作备忘录》	国家发展改革委等 17 部门	2018 年 12 月	发改财金〔2018〕1933 号
16	《关于实施旅游服务质量提升计划的指导意见》	文化和旅游部	2019 年 1 月	文旅市场发〔2019〕12 号
17	《关于继续实施支持文化企业发展增值税政策的通知》	财政部、国家税务总局	2019 年 2 月	财税〔2019〕17 号
18	《关于促进旅游演艺发展的指导意见》	文化和旅游部	2019 年 3 月	文旅政法发〔2019〕29 号
19	《文化和旅游规划管理办法》	文化和旅游部	2019 年 5 月	文旅政法发〔2019〕60 号
20	《关于集成电路设计和软件产业企业所得税政策的公告》	财政部、税务总局	2019 年 5 月	财政部、税务总局公告 2019 年第 68 号
21	《曲艺传承发展计划》	文化和旅游部	2019 年 7 月	文旅非遗发〔2019〕92 号
22	《关于进一步激发文化和旅游消费潜力的意见》	国务院办公厅	2019 年 8 月	国办发〔2019〕41 号
23	《关于促进文化和科技深度融合的指导意见》	科技部、中央宣传部、中央网信办、财政部、文化和旅游部、国家广播电视总局	2019 年 8 月	国科发高〔2019〕280 号
24	《网络音视频信息服务管理规定》	国家互联网信息办公室、文化和旅游部、国家广播电视总局	2019 年 11 月	国信办通字〔2019〕3 号
25	《关于强化知识产权保护的意见》	中共中央办公厅、国务院办公厅	2019 年 11 月	
26	《关于深化知识产权领域"放管服"改革营造良好营商环境的实施意见》	国家知识产权局	2020 年 1 月	国知发服字〔2020〕1 号
27	《〈关于强化知识产权保护的意见〉系统内分工方案》	国家知识产权局	2020 年 2 月	国知办发保字〔2020〕5 号
28	《关于构建更加完善的要素市场化配置体制机制的意见》	中共中央、国务院	2020 年 3 月	

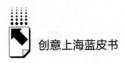

续表

序号	政策名称	发布单位	发布时间	文号
29	《关于修订印发〈国家全域旅游示范区验收、认定和管理实施办法（试行）〉和〈国家全域旅游示范区验收标准（试行）〉的通知(2020)》	文化和旅游部	2020 年 4 月	办资源发〔2020〕30 号
30	《关于新时代加快完善社会主义市场经济体制的意见》	中共中央、国务院	2020 年 5 月	
31	《关于进一步优化营商环境更好服务市场主体的实施意见》	国务院办公厅	2020 年 7 月	国办发〔2020〕24 号
32	《关于促进国家高新技术产业开发区高质量发展的若干意见》	国务院	2020 年 7 月	国发〔2020〕7 号
33	《关于开展第二批国家全域旅游示范区验收认定工作的通知》	文化和旅游部办公厅	2020 年 7 月	办资源发〔2020〕74 号
34	《关于推进旅游企业扩大复工复业有关事项的通知》	文化和旅游部	2020 年 7 月	
35	《关于新时期促进集成电路产业和软件产业高质量发展的若干政策的通知》	国务院	2020 年 8 月	国发〔2020〕8 号
36	《国务院办公厅转发国家发展改革委关于促进特色小镇规范健康发展意见的通知》	国务院办公厅	2020 年 9 月	国办发〔2020〕33 号
37	《关于以新业态新模式引领新型消费加快发展的意见》	国务院办公厅	2020 年 9 月	国办发〔2020〕32 号
38	《关于加快推进媒体深度融合发展的意见》	中共中央办公厅、国务院办公厅	2020 年 9 月	
39	《关于深化"放管服"改革促进演出市场繁荣发展的通知》	文化和旅游部	2020 年 9 月	文旅市场发〔2020〕62 号
40	《关于加强石窟寺保护利用工作的指导意见》	国务院办公厅	2020 年 10 月	国办发〔2020〕41 号
41	《关于开展文化和旅游消费试点示范工作的通知》	文化和旅游部、国家发展改革委、财政部	2020 年 10 月	文旅产业发〔2020〕71 号

续表

序号	政策名称	发布单位	发布时间	文号
42	《关于促进集成电路产业和软件产业高质量发展企业所得税政策的公告》	财政部、国家税务总局、国家发展改革委员会、工业和信息化部	2020 年 12 月	财政部、国家税务总局、发展改革委、工业和信息化部公告 2020 年第 45 号
43	《关于公布第二批国家级文化产业示范园区创建名单的通知》	文化和旅游部	2020 年 12 月	文旅产业发〔2020〕96 号

（二）上海文化创意产业政策

序号	政策名称	发布单位	发布时间	文号
1	《上海版权示范单位和示范园区（基地）认定办法》	上海市版权局	2014 年 9 月	沪版权〔2014〕33 号
2	《关于加快本市文化创意产业创新发展的若干意见》	中共上海市委、上海市人民政府	2017 年 12 月	
3	《关于全力打响上海"四大品牌"率先推动高质量发展的若干意见》	中共上海市委、上海市人民政府	2018 年 4 月	
4	《关于废止〈上海市著名商标认定和保护办法〉的决定》	上海市人民政府	2018 年 5 月	上海市人民政府令 5 号
5	《关于促进上海影视产业发展的若干实施办法》	中共上海市委宣传部等 11 部门	2018 年 5 月	沪文广影视〔2018〕149 号
6	《关于促进上海艺术品产业发展的实施办法》	中共上海市委宣传部等 11 部门	2018 年 5 月	沪文广影视〔2018〕145 号
7	《关于促进上海演艺产业发展的若干实施办法》	中共上海市委宣传部等 11 部门	2018 年 5 月	沪文广影视〔2018〕148 号
8	《关于促进上海网络视听产业发展的实施办法》	中共上海市委宣传部等 12 部门	2018 年 5 月	沪文广影视〔2018〕146 号
9	《关于促进上海动漫游戏产业发展的实施办法》	中共上海市委宣传部等 13 部门	2018 年 5 月	沪文广影视〔2018〕147 号
10	《全力打响"上海文化"品牌加快建成国际文化大都市三年行动计划（2018—2020 年）》	中共上海市委办公厅、上海市人民政府办公厅	2018 年 5 月	

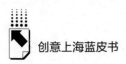
续表

序号	政策名称	发布单位	发布时间	文号
11	《上海市文化创意产业示范楼宇和空间管理办法(试行)》	上海市文化创意产业推进领导小组办公室	2018 年 7 月	沪文创办〔2018〕17 号
12	《上海市文化创意产业园区管理办法》	上海市文化创意产业推进领导小组办公室	2018 年 7 月	沪文创办〔2018〕16 号
13	《关于促进上海旅游高品质发展加快建成世界著名旅游城市的若干意见》	上海市人民政府	2018 年 8 月	沪府发〔2018〕33 号
14	《上海市传统工艺振兴计划》	上海市人民政府	2019 年 2 月	沪府办发〔2019〕5 号
15	《促进上海电子竞技产业健康发展的若干意见》	中共上海市委宣传部、上海市文化和旅游局、上海市体育局	2019 年 6 月	
16	《关于我市加强文物保护利用改革的实施意见》	中共上海市委、上海市人民政府	2019 年 9 月	
17	《上海市民间收藏文物经营管理办法》	上海市人民政府	2019 年 12 月	上海市人民政府令第 27 号
18	《关于推动我市服务业高质量发展的若干意见》	中共上海市委、上海市人民政府	2019 年 12 月	
19	《上海市推进科技创新中心建设条例》	上海市人大(含常委会)	2020 年 1 月	上海市人民代表大会公告第 13 号
20	《全力支持服务本市文化企业疫情防控平稳健康发展的若干政策措施》	中共上海市委宣传部	2020 年 2 月	
21	《上海市促进在线新经济发展行动方案(2020—2022 年)》	上海市人民政府办公厅	2020 年 4 月	沪府办发〔2020〕1 号
22	《中国(上海)自由贸易试验区临港新片区促进文化产业发展若干政策》	中国(上海)自由贸易试验区临港新片区管理委员会	2020 年 4 月	
23	《关于强化知识产权保护的实施方案》	中共上海市委、上海市人民政府	2020 年 4 月	
24	《上海市促进在线新经济发展行动方案(2020—2022 年)》	上海市人民政府办公厅	2020 年 4 月	沪府办发〔2020〕1 号
25	《关于加快特色产业园区建设促进产业投资的若干政策措施》	上海市人民政府	2020 年 5 月	沪府办〔2020〕31 号

续表

序号	政策名称	发布单位	发布时间	文号
26	《上海在线新文旅发展行动方案(2020—2022年)》	上海市文化和旅游局	2020年9月	
27	《关于推进花卉产业高质量发展服务高品质生活的意见》	上海市人民政府	2020年12月	沪府办〔2020〕72号

B.17

附录Ⅲ 重点活动节庆展会
及大事记列表

一 2018~2020年上海重点活动节庆展会列表

序号	活动名称	举办时间	届数
1	上海国际广告技术设备展览会	2018年3月	第26届
2	2018秋冬上海时装周	2018年3~4月	
3	上海国际服装文化节国际时尚论坛	2018年4月	第24届
4	上海白玉兰戏剧表演艺术奖	2018年4月	第28届
5	"上海之春"国际音乐节	2018年4~5月	第34届
6	上海国际珠宝首饰展览会	2018年5月	
7	上海科技节	2018年5~6月	
8	第十届中国网络视听产业论坛	2018年6月	第10届
9	上海国际电影节	2018年6月	第21届
10	上海电视节	2018年6月	第24届
11	2018全国手工艺产业博览会暨非物质文化遗产传统技艺展	2018年6月	
12	上海国际文化装备博览会	2018年6月	第1届
13	中国国际动漫游戏博览会	2018年7月	第14届
14	中国国际数码互动娱乐展览会	2018年8月	第16届
15	上海书展	2018年8月	第15届
16	2018上海设计之都活动周	2018年8~9月	第7届
17	2018中国室内设计周暨上海国际室内设计节	2018年9月	
18	上海旅游节	2018年9~10月	第29届
19	上海购物节	2018年9~10月	第12届
20	上海国际广告展	2018年9月	第16届

续表

序号	活动名称	举办时间	届数
21	中国国际工业博览会	2018 年 9 月	第 20 届
22	2019 春夏上海时装周	2018 年 10 月	
23	金投赏国际创意节	2018 年 10 月	第 11 届
24	第二十届中国上海国际艺术节	2018 年 10 ～ 11 月	第 20 届
25	上海艺术博览会	2018 年 11 月	第 22 届
26	西岸艺术与设计博览会	2018 年 11 月	第 5 届
27	中国上海国际童书展	2018 年 11 月	第 6 届
28	上海双年展	2018 年 11 月	第 12 届
29	首届长三角国际文化产业博览会	2018 年 11 ～ 12 月	第 1 届
30	2019 秋冬上海时装周	2019 年 3 月	
31	上海白玉兰戏剧表演艺术奖	2019 年 3 月	第 29 届
32	上海汽车文化节	2019 年 3 月	
33	2019 上海国际广告节	2019 年 3 月	
34	上海国际广告技术设备展览会	2019 年 3 月	第 27 届
35	上海国际服装文化节国际时尚论坛	2019 年 4 月	第 25 届
36	2019 网络视听版权论坛	2019 年 4 月	
37	上海国际汽车工业展览会	2019 年 4 月	第 18 届
38	"上海之春"国际音乐节	2019 年 4 ～ 5 月	第 35 届
39	上海科技节	2019 年 5 月	
40	2019 年上海国际珠宝首饰展览会	2019 年 5 月	
41	上海国际电影节	2019 年 6 月	第 22 届
42	上海电视节	2019 年 6 月	第 25 届
43	中国国际动漫游戏博览会	2019 年 7 月	第 15 届
44	2019 全国手工艺产业博览会暨非物质文化遗产传统技艺展	2019 年 7 月	
45	第二届上海国际文化装备产业博览会	2019 年 7 月	第 2 届
46	中国国际数码互动娱乐展览会	2019 年 8 月	第 17 届
47	2019 上海书展	2019 年 8 月	第 16 届
48	上海设计之都活动周	2019 年 8 ～ 9 月	第 8 届
49	上海国际室内设计节	2019 年 9 月	
50	上海艺术博览会	2019 年 9 月	第 23 届
51	中国国际工业博览会	2019 年 9 月	第 21 届

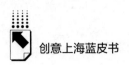

续表

序号	活动名称	举办时间	届数
52	上海旅游节	2019 年 9～10 月	第 30 届
53	上海购物节	2019 年 9～10 月	第 13 届
54	2020 春夏上海时装周	2019 年 10 月	
55	金投赏国际创意节	2019 年 10 月	第 12 届
56	第二十一届中国上海国际艺术节	2019 年 10～11 月	第 21 届
57	西岸艺术与设计博览会	2019 年 11 月	第 6 届
58	中国上海国际童书展	2019 年 11 月	第 7 届
59	第二届长三角国际文化产业博览会	2019 年 11 月	第 2 届
60	2019 上海网络视听产业周	2019 年 12 月	
61	上海国际广告技术设备展览会	2020 年 3 月	第 28 届
62	上海五五购物节	2020 年 4～6 月	
63	中国国际动漫游戏博览	2020 年 7 月	第 16 届
64	上海国际电影节	2020 年 7～8 月	第 23 届
65	中国国际数码互动娱乐展览会	2020 年 7～8 月	第 18 届
66	上海电视节	2020 年 8 月	第 26 届
67	上海科技节	2020 年 8 月	
68	上海书展暨"书香中国"上海周	2020 年 8 月	第 17 届
69	上海白玉兰戏剧表演艺术奖	2020 年 9 月	第 30 届
70	上海旅游节	2020 年 9 月	第 31 届
71	上海国际广告标识展	2020 年 9 月	第 20 届
72	中国国际工业博览会	2020 年 9 月	第 22 届
73	第 30 届上海白玉兰戏剧表演艺术奖	2020 年 9 月	第 30 届
74	2021 春夏上海时装周	2020 年 10 月	
75	金投赏国际创意节	2020 年 10 月	第 13 届
76	上海国际珠宝首饰展览会	2020 年 10 月	第 6 届
77	西岸艺术与设计博览会	2020 年 11 月	第 7 届
78	上海国际童书展	2020 年 11 月	第 8 届
79	上海双年展	2020 年 11 月	第 13 届
80	长三角国际文化产业博览	2020 年 11 月	第 3 届
81	上海国际文化装备产业博览会	2020 年 12 月	第 3 届
82	2020 上海艺术博览会	2020 年 12 月	第 24 届

二　2018 ~ 2020 年上海文创领域大事记

序号	重大事件	发生时间
1	2018 年度市、区文创办第一次工作例会召开	2018 年 1 月
2	上海市文化创意产教联盟成立	2018 年 5 月
3	2018 年度市、区文创办第二次工作例会召开	2018 年 7 月
4	上海市文创金融合作座谈会举行,"上海文创金融服务平台"正式上线	2018 年 8 月
5	2018 年上海市促进文化创意产业发展专项资金扶持项目培训会议召开	2018 年 10 月
6	上海文创金融服务平台网站上线试运行	2018 年 11 月
7	上海市产业地图上线	2018 年 11 月
8	2019 年度市、区文创办第一次工作例会召开	2019 年 1 月
9	2019 年市文创资金申报工作培训会议召开	2019 年 2 月
10	上海市文化创意产品开发工作推进会召开	2019 年 3 月
11	2019 年上海市文化创意产业推进工作会议召开	2019 年 7 月
12	"海上文创"开业	2019 年 7 月
13	2019 度年市、区文创办第二次工作例会召开	2019 年 7 月
14	上海国际艺术品交易中心揭牌	2019 年 10 月
15	上海首次召开全市知识产权保护大会	2020 年 4 月
16	长三角国际影视中心正式开工	2020 年 6 月
17	网易上海国际文创科技园在青浦正式开工	2020 年 6 月
18	2020 年度文化创意产业推进会召开	2020 年 9 月
19	市、区文创办工作例会召开	2020 年 10 月

Abstract

In June 2021, the Ministry of Culture and Tourism issued the "14th Five-Year Plan for Cultural and Tourism Development". For the cultural industry, there are three key points worthy of study in conjunction with the situation in Shanghai. First, the development of the cultural industry must adhere to the correct orientation and actively innovate on the basis of integrity. Second, it is important to strengthen the coordinated development of cultural industries between regions and between urban and rural areas. Third, it is essential to promote the in-depth integration of culture and technology to enhance the global competitiveness and influence of China's cultural industry in the new era.

In this context, we have completed the *Annual Report on Cultural and Creative Industries of Shanghai* (*2020 – 2021*), focusing on the integrated development of cultural and creative industries under the integration of the Yangtze River Delta. The book is based on a series of research projects conducted by the research group of the Creative Industry Research Center of the Shanghai Academy of Social Sciences from 2020 to 2021. It is a comprehensive and in-depth research demonstration and theoretical analysis. The general report provides a comprehensive review and summary of the development of Shanghai's cultural and creative industries in the past two years. The past two years have been the beginning of Shanghai's 14th Five-Year Plan. Shanghai's cultural and creative industries have overcome the unfavorable factors of COVID – 19, achieved steady growth, and continued to optimize their structure, especially in the field of digital cultural and creative industries. However, it should be noted that Shanghai's traditional cultural and creative industries are still facing the difficulties of digital transformation, and there are not many cultural and creative products with national and global influence. These problems will continue to be improved in the high-quality development covering the continuous upgrading of industrial clusters, the increasing degree of internationalization, and the increasing awareness of quality products.

In thespecial topics, this book mainly studies four fields of Shanghai's fashion creative industries, i. e. rural makers, film consumption and cultural space. In the comparrison retports, it focuses on the general situation of the cultural and creative industries in the Yangtze River Delta. The six reports separately study the convention and exhibition industry, homestay industry, brand development, intangible heritage features, high-speed rail tourism, cultural tourism towns in the Yangtze River Delta region. Most of these studies are based on live cases of cultural tourism, cultural consumption, cultural heritage, and cultural brands in the Yangtze River Delta, showing the intersection of economic integration and cultural integration in the Yangtze River Delta. From these studies, we can see that the Yangtze River Delta, as a regional platform for the deep integration of culture, commerce, and tourism, provides a huge market space for cultural innovation, a vibrant development theme for regional integration, and a deeply integrated industry chain support of technology and culture. In addition, there are two reports respectively examining the cultural and creative development of Watershed in Bristol, UK, and how to reconstruct the leisure vacation model through tourism IP.

Shanghai is in a critical period for the construction of a socialist international cultural metropolis, and the role of cultural and creative industries is becoming increasingly prominent. I believe this report will help to further inspire how to use the cultural and creative industries to carry forward the urban spirit and promote regional development, and provide valuable references and enlightenments for the theoretical and practical development of Shanghai's cultural and creative industries.

Keywords: Cultural and Creative Industries; Cultural Tourism; Cultural Consumption; The Yangtze River Delta

Contents

I General Reports

Abstract: Since the British government puts forward the "creative industries" in 1998, the global cultural and creative industries (CCI) have been galloping for more than 20 years. CCI have become a core dimension of the competitiveness of countries and cities. This report reviews and summarizes the global CCI since 2013, and conducts benchmarking studies on international cultural metropolises. On this basis, it analyzes Shanghai's advantages and challenges during the 14th Five-Year Plan period, and puts forward the strategy of clustering to build highly identifiable CCI pole of growth, strategy of synergy to coordinate CCI industrial chain, and strategy of ecology to plant creative capital of Shanghai.

Keywords: Cultural and Creative Industries; International Cultural Metropolis; Shanghai

B.2   Report on the Regional Development of Shanghai's
Cultural and Creative Industries

Cao Yixia，Geng Haoyi，Xu Fei and Zhang Yuntian / 048

Abstract：Shanghai's cultural and creative industrial gradient transfer is taking place, and there are obvious differences in factor agglomeration, resource endowment, and factor integration among different regions. Therefore, this report divides Shanghai's administrative regions into three large areas with roughly the same characteristics of cultural and creative industries: the main city area (Central area, Baoshan, Minhang), the new city area (Pudong, Songjiang, Qingpu, Fengxian, Jiading) and new town area (Chongming, Jinshan). This report first describes the development status of each district, classifies and narrates the development situation of each region from four aspects: factor aggregation, government policies, innovation progress, and related industry configuration. This report introduces the cultural creativity index as an evaluation system. The index introduces 6 secondary indicators and 17 tertiary indicators from the three environmental classifications of knowledge environment, integration environment and economic environment. This report calculated and ranked the cultural creativity index of each district. Finally, based on the current situation and cultural creativity index, this report proposes specific development directions for different regions. The main city area should work toward in-depth, market-oriented, and internationalized development. The new city area should deepen the concentration and radiation of the elements and lay a solid foundation for further development. The new town area should build distinctive cultural signs based on regional characteristics.

Keywords：Cultural and Creative Industries；Regional Development；Shanghai

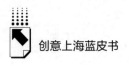
创意上海蓝皮书

Ⅱ Special Topics

B.3 Report on Shanghai Fashion and Creative Industry

Yao Rongwei, Pan Lu / 072

Abstract: This report contains the development of Shanghai fashion and creative industry in Pudong, Changning, Jingan, Huangpu, Yangpu, Xuhui and some other districts. It would analyse the essential fields and advantageous clusters of Shanghai fashion and creative industry, and delivery the necessity of coordinated development of Shanghai fashion and creative industry. Referring to practical data, the report illustrates the development status, individual advantages, and weaknesses of Shanghai fashion and creative industry. In terms of the current environment of Shanghai, the report proposes one trend that the assets of location, resources, and talents will be shifted to the merit of social and economic development. Meanwhile, not just more elements of creative resources would be efficiently integrated, but the radiating and driving effect of regional economic growth will be further amplified. With reference to these measures, it points out the development route and orientation can strive for high - quality development for Shanghai.

Keywords: Fashion and Creative Industry; Location Advantage; Regional Economy

B.4 Research on Maker Activities in Shanghai Rural Tourism

Wang Xin / 097

Abstract: Shanghai's countryside is a typical village located in a mega-city. It is influenced by both urban and rural forces. Rural tourism is a form of connecting urban and rural areas to achieve rural revitalization. Maker activities appear in large numbers in Shanghai's rural areas. They are closely related to rural tourism and bring new vitality to rural development. It is the proactive extension of urban power to the rural areas and also reflects the country's support for the city. This report sorts out the cases of maker activities that have occurred in many villages in Shanghai in recent years, and analyzes the characteristics of the case from five perspectives: the main participants of the maker, the connection between the maker and the village, the form of maker activity, the space carrier of the maker, and the maker market. Meanwhile, the report analyzes the positive significance of makers' activities from the perspectives of rural tourism, urban – rural relationship and innovation groups. Also, the report puts forward suggestions about maker – culture development guidance, career security support and makers' participation in the rural planning process.

Keywords: Rural Tourism; Maker; Shanghai

B.5   Report on Shanghai Residents' Cinematic Consumption

Ren Ming / 114

Abstract: "Survey on Shanghai Residents' Cinematic Consumption" is conducted by a research team from the Institute of Literature, Shanghai Academy of Social Sciences on WeChat from 31st May to 8th October, 2018, using a questionnaire consisting of 51 questions. It surveys the film consumption of local residents with a broad range of details. This report presents the consumer profiles and emerging consumption trends based on the quantitative findings of the survey, shedding lights on China's film production and consumption business, especially on the practice of local cinema chains, and the future of the co-operation of cinemas on the Yangtze River Delta.

Keywords: Cinematic Consumption; Film Industry; Shanghai

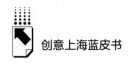

创意上海蓝皮书

B.6 Reproduction of Urban Cultural Space: Path and Spatial

Support *Sun Jie, Zeng Qi /* 134

Abstract: The continuous integration of economy and culture makes great changes in the economic space, social space and cultural space of the city. The construction of urban cultural space has become an important part of the current urban construction and development. From the perspective of reproduction path of urban cultural space, there are mainly two kinds: Cultural value-added path of commerce and economic development path of culture. From the perspective of spatial support for urban culture, park or block is usually used as the carrier for the renewal and succession of urban cultural space.

Keywords: Urban Cultural Space; Cultural Appreciation; Spatial Support for Culture

Ⅲ Comparison Reports

B.7 Report on the Development of MICE Industry

in the Yangtze River Delta *Gao Ming /* 148

Abstract: By analyzing the development of exhibition in Shanghai, Jiangsu, Zhejiang and Anhui, this report reflects the development of exhibition industry in three provinces and one city of the Yangtze River Delta with detailed data centering on exhibitions, conferences, activites and venue construction. It also analyzes the development characteristics of exhibition industry in three provinces and one city, and comments on typical exhibition cases in three provinces and one city. The report uses the corresponding data facts to clarify the development status of the exhibition industry in three provinces and one city, and to recognize the advantages and disadvantages of each region, which is conducive to the adjustment of industrial layout and optimization of resource allocation, and to the further coordinated development of the Yangtze River

Delta region.

Keywords: MICE Industry; Smart MICE; The Yangtze River Delta

B.8　Research on the Development of New Business Form

of "Homestay +" in Yangtze River Delta Region

Wu Wenzhi, *Cui Chunyu* / 177

Abstract: With the promotion of the rural revitalization strategy and the rise of the sojourn culture, the development of homestay industry is overwhelming. The Yangtze River Delta region has excellent economic and cultural environment, the number and investment of B&B ranks first in China and shows a trend of continuous growth. The types of home stay products, represented by Moganshan area, are gradually changing from a single business model to a diversified, personalized and set package model. As a new consumer upgrades, tourism consumption concept towards quality, customization and diversified experience. Therefore the homestay industry also needs to actively explore new business forms such as "homestay +Chinese culture", "homestay +folk custom" and "homestay + parent-child", so as to lead the upgrading and high-quality development of the homestay industry in the Yangtze River Delta region. This report summarizes the development situation, clustering characteristics, operation and development status and problems, as well as consumption and experience evaluation characteristics of homestay facilities in the Yangtze River Delta region. From aspects such as time, space, content, consumer preference to analyze the current extended demand of homestay vacation tourism, and then through the interpretation of the new business form of "homestay +", grasp the new reform trend of the supply side of homestay and the new changes of the innovative development of "homestay +", and actively look forward to the new way of homestay tourism and new lifestyle, in order to realize the benign and sustainable development of the homestay industry in the Yangtze River Delta region.

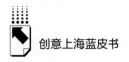

Keywords: "Homestay +"; Rural Revitalization; Yangtze River Delta Region

B.9   Research Report on the Development of Brand in the

Yangtze River Delta Brand   *Shi Zhangqiang*, *Qin Biao* / 197

Abstract: The Yangtze River Delta is rich in brand resources. The Yangtze River Delta city cluster brand is the fundamental force for the sustained, rapid and integrated development of the economy and society in the Yangtze River Delta region. The agglomeration effect produced by the brands of the Yangtze River Delta city cluster can improve the degree of specialization and collaboration of enterprises, reduce the transaction costs of enterprises, promote the formation of specialized markets, and enhance the innovation capabilities of enterprises and the cluster as a whole. Currently, as the leading city of the Yangtze River Delta city cluster, Shanghai has proposed to launch the four major brands of "Shanghai Service", "Shanghai Manufacturing", "Shanghai Shopping", and "Shanghai Culture". The Yangtze River Delta city cluster has a good international influence and has a preference for quality and taste. With the ability to consume urban brands, it has great potential to launch the Yangtze River Delta city cluster brand.

Keywords: Brand; Digital Economy; Modern Service Industry; The Yangtze River Delta

B.10   Analysis on the Intangible Cultural Heritage Characteristics

of the Yangtze River Delta from the Perspective

of Regional Integration in the Yangtze River Delta

Bi XuLing / 215

Abstract: Compared with other regions in the country, the Yangtze River Delta region's intangible cultural heritage protection started early, with outstanding achievements, and it has distinct characteristics in type and geographical distribution. First, the types of intangible cultural heritage in the Yangtze River Delta are highly similar in types and traditional techniques. The category of intangible cultural heritage is developed, and the intangible cultural heritage of folklore, traditional art, and traditional dance is rich, which reflects the integration of cultures from all parts of the Yangtze River Delta in the long history of development. In fact, these types are also the development of non-heritage in the three provinces and one city in the future regional integration of the Yangtze River Delta. Second, the regional distribution of intangible heritage in the Yangtze River Delta has a distinct multi-center feature. In general, the development and interaction of these intangible cultural circles will effectively promote the development of regional integration in the Yangtze River Delta.

Keywords: Regional Integration; Intangible Cultural Circles; The Yangtze River Delta

B.11   High-speed Rail Tourism Promotes the Integration of the

Abstract: Tourism integration is an important part of Yangtze River Delta integration, and high-speed rail tourism is an important way to promote the development of Yangtze River Delta tourism integration. With the continuous improvement of the high-speed rail network, the trend of "high-speed rail + tourism" has gradually infiltrated into the integration process of the Yangtze River Delta. In the new era, the operation status of high-speed rail in the Yangtze River Delta region keeps improving, and the overall development level takes the lead in China. The development of high-speed rail tourism also presents a relatively vigorous momentum. Based on the good social environment in the Yangtze River Delta region, the development potential of high-speed rail tourism is huge, but there are still development differences within the region. Based on the analysis of the characteristics of the current high-speed rail tourism market, this report puts

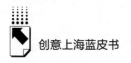

forward some suggestions on how to seize the development opportunities of high-speed rail tourism in the Yangtze River Delta region in terms of product characteristics, service facilities and product portfolio.

Keywords: High-speed Rail Tourism; Integrated Development of Regional Tourism; Integration of Culture and Tourism; The Yangtze River Delta

B.12　A Case Study of a Cultural Tourism Town in the
　　　　Yangtze River Delta　　　　　　　　　　　*Qin Biao* / 243

Abstract: Characteristic towns have played an active role in promoting economic development and other aspects, and have also received strong support from the state. However, with the rapid development of characteristic towns, there are also problems such as repeated construction and real estate, which need to be corrected in time. As a cultural tourism town with tourism as its leading industry, integrating cultural resources and tourism resources can form a cultural tourism town with distinctive characteristics. This report selects four characteristic cultural tourism towns in the Yangtze River Delta as cases, analyzes the typical characteristics of successful characteristic towns from the perspective of bottom culture and industrial operation, and summarizes the successful experience of cultural tourism towns, which can achieve benign characteristics for national characteristic towns Development provides a certain reference.

Keywords: Characteristic Town; Cultural Tourism Town; Cultural Tourism; The Yangtze River Delta

Ⅳ　Experience and Lessons

B. 13　Create High-quality Cultural Creations, Stimulate
New Economic Vitality
　　　—*Based on the Case of Watershed in the UK*

Li Le, Cao Yixia / 254

　　Abstract: According to the statistics of UNESCO, the output value of the world's cultural and creative industries is 2. 25 trillion US dollars. As culture has gradually become the largest immovable property in cities, cultural and creative industries have attracted more and more attention from all countries. The growth rate of cultural and creative industries is much higher than that of the overall national economy. It has become a new driving force for the growth of the world economy and leads the future development of the global economy. This report takes Watershed, a company committed to cultural and creative industry in the UK, as an example. By introducing the company's development history and main business in detail, this report reflects on the development path of Chinese enterprises in cultural and creative industry from multiple perspectives, starting from building a cultural and tourism exchange platform, improving the construction of cultural and travel - related talents, and integrating various resources. From the three aspects of building cultural and tourism exchange platform, improving the construction of cultural and travel - related talents and integrating all kinds of resources, this report puts forward relevant development suggestions for Chinese enterprises and provides ideas for better and faster development of cultural and creative industry.

　　Keywords: Cultural and Creative Industries; Cultural and Creative Industry Park; Watershed Company

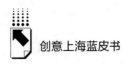

B.14　Create High-quality Tourism IP and Reconstruct a New

　　Model of Leisure and Vacation　　　　*Qian Jiannong* / 266

Abstract: In the regular epidemic prevention and control era, tourism industry has recovered gradually, and entered into a window period of upgrading. With the trend of consumption upgrading, customers are no longer satisfied with scenic spots, but pay more attention to personalized tourism enjoyment, and the demand for middle and high end leisure and vacation services is increasing. To promote the new concept of high-quality leisure and vacation generation, FTG introduced a new lifestyle slogan "Everyday is FOLIDAY", which means "happy everyday". As the first self-built star project of FTG, Sanya Atlantis, a phenomenal IP has opened the era of tourism 3.0. Moreover, it needs continuous innovation to create products that meet market trends. FTG provides a lifestyle service platform directly facing consumers to enrich its whole tourism ecosystem, and in this way, FTG dedicates to further improve customers' life quality.

Keywords: Culture and Tourism; Leisure and Vacation Services; Tourism IP

V　Appendices

权威报告·一手数据·特色资源

皮书数据库
ANNUAL REPORT(YEARBOOK)
DATABASE

分析解读当下中国发展变迁的高端智库平台

所获荣誉

- 2019年，入围国家新闻出版署数字出版精品遴选推荐计划项目
- 2016年，入选"'十三五'国家重点电子出版物出版规划骨干工程"
- 2015年，荣获"搜索中国正能量 点赞2015""创新中国科技创新奖"
- 2013年，荣获"中国出版政府奖·网络出版物奖"提名奖
- 连续多年荣获中国数字出版博览会"数字出版·优秀品牌"奖

成为会员

通过网址www.pishu.com.cn访问皮书数据库网站或下载皮书数据库APP，进行手机号码验证或邮箱验证即可成为皮书数据库会员。

会员福利

- 已注册用户购书后可免费获赠100元皮书数据库充值卡。刮开充值卡涂层获取充值密码，登录并进入"会员中心"—"在线充值"—"充值卡充值"，充值成功即可购买和查看数据库内容。
- 会员福利最终解释权归社会科学文献出版社所有。

数据库服务热线：400-008-6695
数据库服务QQ：2475522410
数据库服务邮箱：database@ssap.cn
图书销售热线：010-59367070/7028
图书服务QQ：1265056568
图书服务邮箱：duzhe@ssap.cn

社会科学文献出版社 皮书系列
SOCIAL SCIENCES ACADEMIC PRESS (CHINA)

卡号：457254492196
密码：

S 基本子库
SUB DATABASE

中国社会发展数据库（下设 12 个子库）

整合国内外中国社会发展研究成果，汇聚独家统计数据、深度分析报告，涉及社会、人口、政治、教育、法律等 12 个领域，为了解中国社会发展动态、跟踪社会核心热点、分析社会发展趋势提供一站式资源搜索和数据服务。

中国经济发展数据库（下设 12 个子库）

围绕国内外中国经济发展主题研究报告、学术资讯、基础数据等资料构建，内容涵盖宏观经济、农业经济、工业经济、产业经济等 12 个重点经济领域，为实时掌控经济运行态势、把握经济发展规律、洞察经济形势、进行经济决策提供参考和依据。

中国行业发展数据库（下设 17 个子库）

以中国国民经济行业分类为依据，覆盖金融业、旅游、医疗卫生、交通运输、能源矿产等 100 多个行业，跟踪分析国民经济相关行业市场运行状况和政策导向，汇集行业发展前沿资讯，为投资、从业及各种经济决策提供理论基础和实践指导。

中国区域发展数据库（下设 6 个子库）

对中国特定区域内的经济、社会、文化等领域现状与发展情况进行深度分析和预测，研究层级至县及县以下行政区，涉及省份、区域经济体、城市、农村等不同维度，为地方经济社会宏观态势研究、发展经验研究、案例分析提供数据服务。

中国文化传媒数据库（下设 18 个子库）

汇聚文化传媒领域专家观点、热点资讯，梳理国内外中国文化发展相关学术研究成果、一手统计数据，涵盖文化产业、新闻传播、电影娱乐、文学艺术、群众文化等 18 个重点研究领域。为文化传媒研究提供相关数据、研究报告和综合分析服务。

世界经济与国际关系数据库（下设 6 个子库）

立足"皮书系列"世界经济、国际关系相关学术资源，整合世界经济、国际政治、世界文化与科技、全球性问题、国际组织与国际法、区域研究 6 大领域研究成果，为世界经济与国际关系研究提供全方位数据分析，为决策和形势研判提供参考。

法律声明

"皮书系列"（含蓝皮书、绿皮书、黄皮书）之品牌由社会科学文献出版社最早使用并持续至今，现已被中国图书市场所熟知。"皮书系列"的相关商标已在中华人民共和国国家工商行政管理总局商标局注册，如 LOGO（ ▮ ）、皮书、Pishu、经济蓝皮书、社会蓝皮书等。"皮书系列"图书的注册商标专用权及封面设计、版式设计的著作权均为社会科学文献出版社所有。未经社会科学文献出版社书面授权许可，任何使用与"皮书系列"图书注册商标、封面设计、版式设计相同或者近似的文字、图形或其组合的行为均系侵权行为。

经作者授权，本书的专有出版权及信息网络传播权等为社会科学文献出版社享有。未经社会科学文献出版社书面授权许可，任何就本书内容的复制、发行或以数字形式进行网络传播的行为均系侵权行为。

社会科学文献出版社将通过法律途径追究上述侵权行为的法律责任，维护自身合法权益。

欢迎社会各界人士对侵犯社会科学文献出版社上述权利的侵权行为进行举报。电话：010-59367121，电子邮箱：fawubu@ssap.cn。

社会科学文献出版社